革命文献与民国时期文献
保护计划

成 果

中国近代华侨教育史料丛编

华侨教育图书馆建设（暨南大学图书馆史料）卷上

罗志欢
李炳球
刘　强 / 编

齊魯書社

前 言

一、华侨教育图书馆是近代的新生概念。在华侨教育有了其近代使命、成为近代教育的重要支系后,图书馆作为教育的重要资源依托也与华侨教育历史性地共同走上了近代舞台。华侨教育图书馆建设作为新生课题,既借鉴了普通教育机构图书馆和公共图书馆的经验,也有着鲜明的个性和独特的社会形象、社会定位。在较长的一段历史时期里,华侨教育图书馆与华侨教育学府一样与世沉浮、荣辱与共。

二、暨南大学图书馆的创设在中国近代教育机构尤其是华侨教育机构中颇具代表性,创设尚称顺利,却遭日寇炮火,经历搬迁之苦,又被拆分兼并。从聚到散,复聚复散,图书文献在水与火中走过那个时代而滋润着无数师生的心田,与它们的收藏之处一道见证了无数代人的成长和往还。

三、本卷以暨南大学图书馆的发展为个案,重点收录暨南大学图书馆在南京时期(1906—1923)、真如时期(1923.9—1937.8)、上海"孤岛"时期(1937.8—1941.12)、迁址建阳时期(1941年夏至1946年夏)、复员回沪时期(1946.3—1951.6)的部分史料,管中窥豹,以探讨近代华侨教育图书馆建设的历程和经验。

四、本卷内容包括图片资料、文字资料和附录三部分。图片资料按主题大致分类,再按时间先后排列。文字资料采用编年方式,以时间为经,以史事为纬,反映各个时期图书馆建设的历史事件、馆务活动、馆藏资料变化情况。附录《暨南大学图书馆年表》,以见史概。

五、本卷资料主要来源于报纸杂志或图书之相关章节,不包括文书档案。相关专著或已成册之藏书目录仅录其序跋。部分标题为编者所拟。所录资料均注明出处。

六、暨南校刊各期所载院系图书室以及中学部图书馆资料暂不收录，但相关资料仍编入本卷后所附《暨南大学图书馆年表》。

七、本卷资料来源不一，体例各异，编辑时尽量加以统一。原文错字和标点符号酌情修改，其余包括标题结构层次、字体、数字之汉字与阿拉伯数字混用、表格数字上下不一致等则照录，不予改动。尤其是民国时期的一些杂志在排录等方面存在不少错讹，比如表格所列数字总分之间存在矛盾之处，因为缺乏资料佐证，故除了明显讹误或可据上下文推断之处加以修改，其他不加考证修改。一些人名在不同杂志或同一杂志不同刊期亦有不同如“汪善录—汪善禄、江应梁—江应樑”等，基本保留原貌。原文缺字或模糊不能辨认者，以“□”代替。

八、本卷目录相对复杂，尤其是一些公告和书目。为了增加区别度，在目录上部分篇目后加了括注，包括时间或者公告号次，与正文并未完全对应。一些英文图书目录亦如此例，部分本来附于中文书目后，部分独立登载，且字母大小写等颇不统一，本卷收录时采照录原则并灵活编入目录，不强求统一。

九、暨南大学图书馆创立以来，素无馆史之编。关于图书馆之概况、规则、布告、日记、启事等文字记录，只言片语，弥足珍贵，可资日后纂修馆史之素材，可供纂修华侨教育图书馆建设相关史书之素材。

十、近代华侨教育图书馆从无到有，在探索中走过了风雨泥泞的几十年，过程令人不胜唏嘘。在几十年的岁月里，图书馆积淀了庞杂的史料。然而，由于资料分散在浩繁杂乱的文献之中，本书所录，遗漏在所难免，敬请大家补充完善，是为编者之期盼。

目 录

图片资料

文 字 资 料

南京初创时期（1906—1923）

真如发展时期(1923.9—1937.8)

附 录

暨南大学图书馆创立及沿革考

罗志欢

我国华侨最高学府暨南大学肇始于1906年两江总督端方创设的暨南学堂。作为大学三大支柱之一,暨南大学图书馆创立于何时,历史沿革如何,暨南大学校史语焉不详,亦未见专文探讨。本文根据暨南大学历史沿革之相关资料[1],略述1949年以前暨南大学图书馆的设立情况,并对所掌握的材料进行梳理辨析,以考证暨南大学图书馆的创立时间及相关历史沿革。

一、南京初创时期(1906至1923)

南京初创时期,暨南学堂有图书馆吗?在暨南大学图书馆相关历史沿革资料中有这样的记述:"1907年3月23日,国内第一所华侨学府暨南学堂开学。图书馆也随之建立,是暨南大学最早的组织机构之一。"[2]学校创立,图书馆也"随之建立"?笔者认为此提法有点想当然。到目前为止,并没有找到确切的相关资料支持暨南学堂图书馆就是"暨南大学最早的组织机构之一"的说法。

起初,暨南学堂并不是建好校舍后再招生的。按照两江总督端方的计划,并没有专设学堂的打算:只"候该生等来宁,即查询志愿,分送各学堂肄业"[3]。"但在学生来到之后,发现他们的国文、国语都需要补习,况且南洋各岛陆续还有学生来南京就学,不设立一所专门学校,就很难按照侨生的特点进行教学和管理。因此决定建立一所专收侨生的学堂。"[4]先是"借实业学堂洋楼为校舍,其教习均由实业学堂兼充。"①[5]嗣因各埠华侨学生陆续回国，原校舍无以收容，"特迁往妙相庵初级师范旧址以为校舍"[6]。同时，端方饬令江宁提学使陈伯陶、洋务局总办温秉忠照料一切，"并筹拨经费，择度校舍，延订教习，分科教授，派员管理，统合画一，名曰暨南学堂"[7]。"是年三月二十三日，迁入新校舍，设班实习。派郑洪年任堂长，是为暨南学堂成立之始。"②[8]在比较仓促的情况下，暨南学堂从无到有、从小到大，逐步发展起来。但好事多磨，暨南学堂创办4年后，1911年武昌起义爆发，清朝覆灭，学堂因而停办了6年之久，1918年春复校，改称国立暨南学校。

暨南学堂创办之初的4年中，校舍方面利用的是妙相庵的房屋，没有进行较大规模扩建[9]。目前没有直接或间接相关的证据显示当初设有图书馆。期间相关的负责官员奏拨经费，主要用于建筑校舍，添置住宿、器具等学习生活基础设备，而购置书籍经费事项亦偶有提及，比如，宣统元年（1909）六月初九日，端方奏《暨南学堂医药书籍等费请仍由闽海等关分拨片》称："本年全班学生一百七十余人，购办英文书籍，添置理化器具，共需银二千两。"[10]既然购买了书籍，就得有存放之所，这个地方一般称为"阅书报室"或"图书室"，但目前尚未发现有关暨南学堂图书室的文字记载。当时学生不多，阅读量和购书量不大，关键是校舍草创未就，因此"图书馆也随之建立"的可能性不大。另一条资料可作参证：1917年，黄炎培等奉命复校，曾向教育部呈报的《暨南学校五年间进行计划表并造送七年度预算册》中提到："暨校房屋均系旧时建筑，形式位置殊少合宜，以后年增学额，亟须添购校地，翻建旧屋，添建新舍。"[11]在其"五年计划"中，图书馆一项是"筹备附设"，即"添建"而非"翻建"，说明之前并没有旧馆舍可供"翻建"。按常理，在暨南学堂创办之初的4年中或设有图书室，至于图书馆的存在仍是一个疑问，需要进一步考证，找到确信的文字记录。

辛亥革命后，暨南学堂在旧址恢复办学，改名国立暨南学校，此时始考虑修建独立的图书馆馆舍。1917年夏，教育部委托黄炎培赴南洋考察教育，既归，决定规复暨南学校[12]。同年11月1日，教育部派黄炎培筹办暨南学校。黄炎培等向教育部呈报的《暨南学校五年间进行计划表并造送七年度预算册》中云:“暨校停闭年久,图书仪器存者无多。今筹规复,依校章第一条第三项,应规划施设者如图书馆、商业博物院、学校银行以及附属小学、农工业附设机关,均须次第筹设。”1918年4月16日,教育部下达指令:“该校五年间进行计划,切要可行”“七年度预算亦属核实”“仰即遵照”,均准照办[13]。所谓“五年间进行计划”包括预备期(民国六年十一月至民国七年七月,共9个月)、民国七年度至民国十一年度(共5年)需要筹备和实施的事项。预备期筹备设施第一项是“筹备附设图书馆”;民国七年度开办的设施第一项也是“图书馆开办”。所谓“开办”,即指建立或举办。筹备与开办事项均首列图书馆,足见学校的重视。

鉴于图书存放及学生阅读的需要,在图书馆未成立之前,1918年3月11日学校先行在“校内设学生阅书报室”[14]。同年4月18日,学校颁布《阅书报室规则》,共9条,对开放时间、管理人员、阅览规定、借阅手续以及荐购、保护书刊等事项进行了规定。《阅书报室规则》前言称“在图书馆未成立以前,暂时适用此规则”[15],由此旁证了此前图书馆并不存在的事实。

图书馆的建设基本按“五年间进行计划”推进。经过近1年的筹备和建设,1918年秋图书馆竣工:“10月6日,图书馆行开幕式,计有图书一千二百十三册。”[16]此则资料明确记录了学校有史以来始有了“图书馆”之名,而且有了图书馆之实,馆藏图书数量也是首次公之于世。1947年编印的《本校概况》有云:“民国七年,暨南学校规复,本校初有图书馆。”[17]一个“初”字道出了“本校图书馆”的创始。

二、真如发展时期(1923年9月至1937年8月)

1923年,暨南学校陆续迁到上海真茹镇(真茹后改作真如,即今上海普陀区真如镇),《百年暨南史》称:“自1921年校董会规划在上海西乡真如建设新校址时起,在海内外热心华侨教育人士的支持下,经过近两年的苦心经营,耗资23万余元,到1923年夏末,新校舍第一批工程已经落成,计有学生宿舍3座,办公室、大教室、饭堂、调养室、浴室各 1 座,可容纳师生 500 余人。”[18]第一批工程并没有提到图书馆。而《普陀区志》则称:“1923 年秋,暨南学校真如新校舍落成,校图书馆同期竣工。”[19]呈报教育部的《本校概况 · 本校行政系统》(1926 年 5 月)中云:“总务主任(总务处)”下设“图书管理员(图书馆)”。[20]这两条资料说明真如校区在洪年图书馆之前确有一所图书馆,可惜语焉不详,有待进一步考证。图书馆竣工仅 1 年,1924 年 9 月江浙战争爆发,“真茹当兵火之冲,本校为营垒者两月,图书仪器荡然无存”[21]。

暨南学校图书馆经过 3 年的发展,藏书益增,但 1924 年图书馆遭到江浙战争破坏,原有馆舍已不敷应用。1926 年 3 月 31 日,校长姜琦在校董会议上提议募捐建筑图书馆,议决通过。[22]“并请延杜定友、王云五诸君赞襄一切,庶几一切设备办法均能合于现代图书馆原理云。”[23]建筑费以一万五千元为度。范文照绘图,张源兴营造厂中标。图书馆的外形为凸字形,占地六分零九毫四丝;分上下两层,上层全作阅览室及书库,可容纳一百二十人;下层分作教室及馆员办事室。[24]4 月 14 日第十四次校务会议及图书馆委员会联席会议议决通过图书馆募捐委员会规程,推定王曦晨为图书馆委员会主席。[25]4 月 28 日第十六次校务会议宣布图书馆募捐委员会成立,选举潘序伦、雷宾南(沛鸿)、马景常、邓只淳、姜伯韩(琦)、贾佛如等 26 人为委员,公推校长为图书馆募捐委员会委员长,贾佛如为会计员,议决图书馆募捐由全体教职员及学生分队劝募。[26]5 月,呈报教育部《本校概况》在未来计划“关于建立图书馆”项称:“两载以来次第添购,百不及一,学术研求大感困难,因之拟向国内外热心教育诸公募集捐款,建立图书馆一所,以为实施之用。”[27]5 月 8 日,《暨南周刊》第 29 期登载《图书馆募捐委员会规程》。5 月 27 日,新图书馆奠基。[28]6 月,举行图书馆募捐。校董郑洪年首先认捐 5000 元,并允将承担募足不敷之款。遂由校长提议、校务会议议决,定名“洪年图书馆”,以为纪念。至 7 月,募捐共得万余金,校长敦促先行兴工。12 月,图书馆动工兴建,原定以半年竣工。[29]

1927 年 2 月,沪宁路线发生战事,全校师生迁徙沪上,图书馆相关建筑因此停工。5月27日,藉本校20周年纪念之便,先行洪年图书馆开幕典礼,继续开工。6月14日,国立暨南学校改组升格为国立暨南大学。9月,兵复来校,馆舍为军人盘踞月余,工程受阻,延期复延期,直至是年秋天,图书馆始全部落成,遂安装书柜桌椅,布置馆舍。11月21日,图书馆正式开馆。符大昺作《洪年图书馆记》记之。[30]

洪年图书馆建立之前,图书馆长期隶于学校教务处图书课,由校长聘任许克诚主其事。[31]郑洪年长校后,对于图书馆的扩充更加重视。1928年1月25日,图书馆从教务处分离出来,改为独立机关,设馆长一人,由校长聘叶崇智(公超)为馆长[32],从此图书馆在学校的地位得到提升。《申报》曾以《暨大洪年图书馆之蔚观》为题进行报道:"自改为独立机关,聘图书专家叶崇智氏担任馆长,力事扩充,现又添建馆舍,内辟毕业生研究院。上学期由郑校长指定一万八千元,分配于各系,购置大宗书籍。……现藏中文书籍十五万卷,精订一万六千余册;西文书八千余册;日文书五百册。典藏充实,蔚为大观。每日平均到馆阅览在五百人以上。"[33]新馆既成,时虽"为沪上各校图书馆之最大者"[34],但不久因学校教室不敷,馆中楼下房屋,强半被辟为教室,原规划馆内附设"南洋馆"等计划也无法实现。扩充图书馆工程纳入学校第二期建筑规划中:"第二期建筑为礼堂、高中宿舍、体育馆,扩充图书馆及膳堂,约于明年寒假暑假前次第完成。"[35]实则开工时间定在当年暑假期间:"爰拟将馆舍再事扩大。仍由范工程师绘就图样,定于暑期内即行开工。一俟添建之新屋告成,设备等或可渐臻完善。"[36]1929年夏,馆长叶崇智就职北平,聘张天方(凤)博士继任馆长③[37]。由于学校课室一直处于紧张状态,叶崇智离校后,他原住之卧室以及附近之存书室也暂改为课室,扩充图书馆势在必行。但后来图书馆的扩建计划没了下文,实施与否不得而知。

1932年"一·二八事变"后,真如镇处于战区,学校再次遭受重大损毁。2月2日,蔡元培电国联文化合作委员会,抗议日军摧残文化机构:"此次日陆战队及飞机二十余架,在上海之闸北横施暴行,故意摧毁文化机关,如中国最大出版事业之商务印书馆、东方图书馆、暨南大学等均被焚殆尽。"[38]为安全起见,学校决定在学生较为集中的上海租界、苏州、广州三地分别办学。上海租界校区分为两院,第一院在赫德路,第二院在新闸路。奉校长之命,图书馆于2月21日开始陆续将图书馆藏书搬出,部分暂存华龙路中华职业教育社,部分存放于莫利爱路本校临时办公处。至25日,除报纸及尚未装订的杂志外,所有图书已全部搬出。后因临时办事处房屋不敷,再租新闸路1758号(位于第二院西部)为图书馆,遂于3月27日迁入新址。原藏于莫利爱路临时办公处的所有图书也迁到新闸路图书馆。经过两周的整理,新闸路图书馆的全部图书整理就绪,并于4月25日正式开馆。[39]

嗣停战协定签字,1932年5月23日,暨南大学战后整理委员会校舍组开始接收和清理真如校舍,并从各处搜回书架30余件[40],往真如维持会搬回各项不全书籍、杂志、印刷品等十数麻袋。[41]7月,新闸路图书馆用房租赁期满,而真如馆舍的清理也大致就绪,遂于是月13日开始回迁,16日全部搬运完毕。[42]回迁图书凡1991组(捆),分装木箱225个,麻袋117包。23日,搬回真如洪年图书馆的图书全部整理完成。[43]

战后,"本校各地面及各校舍,被日军抛弃之书籍,狼藉不堪"[44]。至于图书损失,《国立暨南大学损失报告》称,因"沪变"(即"一·二八事变")损失校产中中外书籍杂志报章类5000元,教职员书籍类20000元,学生书籍类160000元。[45]从这份报告看,师生个人书籍损失巨大。当时文学院代院长兼图书馆馆长张凤赋诗《接收真如有感》一首,诗曰:"莫问楹书近无恙,未曾博塞等亡羊。"自注称:"二十年余所积古物悉数沦陷,价达万余金。"[46]相比师生个人的书籍损失,属于校产的图书馆藏书损失较小。据《暨南校刊》报道:"本校图书馆藏书共四万余册,即在最近四年来,亦增书凡十万余元,幸在十九路军退却前三日迁出大部,得免全部损失。……沪变之后,本校师生之书籍几全损失,惟本校图书馆图书尚存大部,智识粮食,得有接济,可谓幸矣。"[47]图书馆藏书有幸得以留存,有赖于图书馆同仁的及时抢运和妥善保存。1932年5月4日,《申报》报道了这一事实:"暨南大学以地理上之关系,时受日空军之重大威胁,早经分别迁往上海、苏州、广州照常上课,而该校图书馆所藏中西文图书颇多,'一·二八'事变后,即设法迁来沪上,除一部分报纸及未装订之杂志外,其余均无损失。……该馆藏书约数万册,今得保存无恙。"[48]战争期间,图书馆曾为日军占据,虽然图书转运及时,损失无多,但"图书亦多残缺,而中文善本及西文书散失尤多。尚存三万四千余册,约当战前之半"[49],且书架、阅览桌椅等器具和杂物被严重毁坏。

1933年6月,因张凤馆长专任教务,学校聘胡肇椿兼图书馆主任。[50]12月,学校发生驱逐校长郑洪年风潮。翌年1月,学校"驱郑会"以郑氏欺世盗名之由,将"洪年图书馆"易名为"暨南图书馆"。[51]2月,胡肇椿辞职。[52]从第二学期开始,改约杜钢百为图书馆主任。④[53]馆务会议请求确定图书馆经费并增加预算、重新编订图书目录、补全残缺图书、充分添购报纸杂志等。9月,主任杜钢百因故辞职,由查修继任。28日召开馆务会议,讨论编制新图书馆目录、增购新书及杂志、清查未还图书、增加阅报室等事项。[54]

1936年,暨南大学搬回真如校区已4年,洪年图书馆已建10年,此时藏书已达5.6万多册。藏书日增,馆舍陈旧,不敷应用,校方复力事图书馆扩充事宜,多次提出图书馆重建或扩充建议。早在是年2月,校长何炳松在宴请全体教员演词中就说:"至关于本校的改进计划,最重要的莫过于大中学部分离的问题。……详细计划,业已送呈教部。……同时大学部新图书馆的建筑,亦包括在该项计划之中,如能实现,对于本校前途,确有很大的影响。"[55]6月,暨南大学举办成立9周年暨创校30周年纪念,校长在《发展计划——理想中的本大学》中称:"就本校实际情形论,似乎在最短期间非添造实验学校、校舍、体育馆、较大的图书馆以及较好的学生宿舍,实不足以应付国立大学基本的必要的需要。这是我们应该设法求其早日实现的。"[56]图书馆主任查修在《图书馆发展计划》中也说:"现有馆舍虽系民十六年所特建,但目下极感不敷应用,希望能另行建筑,或就现有馆舍加以扩充。"[57]9月,因查修主任到上海交通大学任事,学校另请林仲达担任主任。[58]馆务会议讨论现有馆舍不敷应用问题,议决要求学校扩充馆舍,为研究室及阅报室之用。[59]因书库爆满,常用各科教本及参考图书分别陈放各院系研究室。

1937 年 1 月 4 日,校长何炳松在总理纪念周报告中再提图书馆的重造:"大学部虽已成立十年,但是原有基础非常薄弱,校舍、校具、图书、仪器等设备,都很简陋。""同时我还有几个理想,如体育馆的建筑,图书馆的重造……都应该早日求其实现。"[60]2 月,图书馆主任林仲达因前往广州勷勤大学任教而辞职,所遗职位由文学院院长郑振铎兼任。[61]郑振铎馆长甫上任,即提出图书馆应"更注意南洋文献之特殊使命"的愿望。[62]至 3 月,藏书达 6 万余册。"图书馆增购图书过多,馆内已收藏不下,移往各研究室,近且有改建图书馆的计划。"[63]8 月,"八一三"战事爆发,重建图书馆的努力化为泡影。战火再度殃及真如校区,校舍几被夷为平地,"图书馆西部亦有一弹穿入"[64];"洪年图书馆前底草坪,都受了残酷的鳞伤。"[65]不仅仅是暨大,上海市区公私图书馆及学校图书馆普遍遭到破坏。《申报》报道称:"八一三战事爆发,损失最大者如市中心图书馆、南市文庙图书馆以及同济、暨南、复旦、交通等学校图书馆……总计损失图书达四十余万册。"[66]至于暨大图书馆藏书的损失,据战后编印的《暨南大学图书馆劫余书目》前言称:"经'八一三'战役,中日文之杂志、日报二万余册,全部毁失。中日文之图书亦丧失大半。惟西文之图书杂志及比较重要之中日文图书幸获保存。"[67]9 月,学校奉令迁入上海公共租界继续办学,时间长达 4 年之久。

三、上海"孤岛"时期(1937 年 8 月至 1941 年 12 月)

"八一三"战事爆发之初,学校将"仪器图书装了两百多箱运往九江,以准备迁校江西"。部分重要图书仪器转移到法租界内的中华学艺社安置。[68]大学部匆匆觅得美租界小沙渡路 826 号侨光中学的房屋,分租了一半为临时校舍,其中"图书储藏室、阅览室各一所"[69]。学校迅速于 1937 年 9 月 20 日开学。因人多地窄,"学校里处处显得拥挤，过道中尽是等待上课的同学，图书馆更现出抢位子的浓厚风气”[70]。由于时局动荡，1938 年间，学校先后搬迁到法租界陶尔斐斯路四合里 38 号、威海卫路新寰中学、公共租界康脑脱路 528 号教堂上课。至 1939 年，学校稍为安定，渐次扩充了图书仪器[71]；从“江西运回来的书籍也启箱取出陈列，并且买了不少的新书”⑤[72]。

四、建阳内迁时期（1941 年夏至 1946 年夏）

1941 年夏，日本南侵之心日益明显，且与美英等国家矛盾日甚，太平洋战争势不可免，战争若爆发，上海租界必将不保。有鉴于此，教育部强令暨南大学即刻办理内迁，遂由周宪文、吴修赴闽筹设暨南大学建阳分校，11 月正式开学。[73] 1942 年夏，总校迁闽完毕，暨南大学建阳分校的名称遂被取消。[74] 考虑到迁运困难，暨南大学在南迁前，先行将图书设备、文件档案等装箱，分别秘密寄存上海某处[75]，没有运往建阳。

在建阳，校址主要以童游文庙为中心，并借用明伦堂等处，且进行修葺改造作为教室、办公室以及宿舍等。图书馆即由崇圣祠改建而成：“大成殿扩建后作为大礼堂……正后殿作为图书阅览室，崇圣祠改装为图书馆。”[76] 校友白文回忆称：“在建阳初期，图书资料非常缺乏，只要能够上得了课，大家挤得下，就不错了。后来逐步向江山、南平、福州等处商务印书馆搜集购买到少数书籍，还特派郭虚中驻福州专职搜集采购图书，经多方努力，才先后购得中文图书数千册，其中还有不少善本。另蒙在福州的外国朋友惠赠外文书数百册。经数年经营，图书馆略具规模。”[77]“在建阳时购置中西文图书六千余册。”[78]

五、复员回沪时期（1946 年 3 月至 1951 年 6 月）

1945 年 8 月，抗战胜利。暨南大学校务委员会决定准备迁回上海，学校除遍揽名师外，还制定了院系调整、扩充规模的庞大计划。1946 年 2 月，学校拟定《国立暨南大学复员计划建筑房屋之种类及造价估计（甲项）》。依这个计划，图书馆为独立的二层宫殿式中西风格合璧建筑，楼下书库，楼上阅览室，可容纳600人，造价估计8万美元。[79]3月，全校师生携带图书仪器及随身用品，分乘多辆卡车，从建阳经龙游到兰溪，再换船到杭州，之后转往上海。[80]6月，暨南大学返沪之后，发现原真如校舍遭战火损毁严重，成了一片废墟："宿舍、教室、洪年图书馆也成一片瓦砾。"[81]因受内战影响，经费有限，原拟在南京建永久校舍的计划经年无着。在两难的情况下，经多方奔走，行政院拨得上海东体育会路330号前日本第二女子高等学校及宝山路前日本第八国民小学旧址两处，作为暨南大学返沪之临时校舍。[82]

因系临时校舍，学校并未为图书馆安排独立的馆舍，图书馆与办公室、教室、实验室、礼堂等同在一幢办公楼。1947年编印的《本校概况》称："本校现有校舍，分第一院，第二院。……第一院在东体育会路三三〇号……原有楼房一大幢，现为本校总办公处、理商两学院教室、实验室、图书馆及礼堂。""第二院在宝山路……原有楼房一大幢，本校使用三分之二，现为文法两学院办公处、教室、图书馆及礼堂。"[83]当时《申报》以《暨大图书馆　馆舍分两处》为题报道："一处设在东体育会路，为理商学院图书馆，除专置理商学图书外，近得教育部配给敌伪图书三万册。""另一处在宝山路，为文法学院图书馆，专置文法学图书，除原有图书三万余册外，近又应备《东方杂志》全份，各省通志，各大学学报，中央研究院地质调查所刊物，美国图书馆协会捐送一九四〇年至四六年关于文法类图书杂志多种，及交换到吧省图书馆赠送南洋图书二十余种。全部中西图书，均已整理编目就绪。"[84]

截至1947年，图书馆藏书达8万余册："在建阳时购置中西文图书六千余册，亦迁运来沪。在沪先后接收日本女子高等学校书籍七千余册，教部分配陈群藏书三万余册⑥，美国赠送教科书杂志四百余册，日本岩波书店赠书二百余册，教育部驻沪文物分配委员会分配书籍三百册，合计接收书籍达四万余册。又添购中西文新书五千余册，杂志一百余种。总计旧存暨接收新购之书达八万余册，杂志达三百余种。因一二两院校舍局促，书库及阅览室均嫌狭小，势须筹建图书馆，以利扩充。"[85]这一时期图书馆主任为孙心磐。[86]

暨南大学复员返沪后,国民政府虽有在南京建永久校址之规划,但因局势动荡,迁校遥遥无期,故自 1947 年始,学校迭次呈请教育部,拟先在真如校址规划建造校舍,徐图恢复,以改变目前局促狭隘的困局。[87]可是,直至 1949 年暨南大学合并于复旦大学、交通大学等校,拟在真如旧址建造校舍,筹建宫殿式中西风格合璧图书馆的计划最终未能实现,图书馆一直处于分置两院并与其他部门同楼办公的状态。

六、资料辨析

在目前公开发表的论著中,关于暨南大学图书馆创立时间有两种说法:一是"1917 年说"。比如《国立暨南大学洪年图书馆略述》(1929 年)云:"本校之有图书馆,已历十有二年。"[88]据此推断,即为 1917 年。之后,《国立暨南大学洪年图书馆概要》(1933 年)[89]、《上海各图书馆概览》(1934 年)[90]、《全国文化机关一览》(1934 年)[91]均沿用此说。二是"1918 年说"。比如,曹聚仁《暨南创校以来大事年表》(1929 年)云:一九一八年"十月六日,本校图书馆行开幕式,计有图书一千二百十三册"[92]。《本校概况》(1947 年)又云:"民国七年,暨南学校规复,本校初有图书馆。"[93]之所以出现两种不同的说法,原因在于各自的计算依据不同:"1917 年说"是以图书馆筹备或动工时间为准,"1918 年说"是以图书馆建成或开放使用时间为准。《康熙字典》云:立者"存立也"[94]。既然言"创立""成立",必须有实物存在,无物可立何以称之为立?

另一种提法亦值得商榷:"1927 年在上海改为国立暨南大学,是年秋即建立了暨南大学图书馆的前身——洪年图书馆。"[95]"前身"者,犹前生。《辞海》云:"前身,本佛教名词,谓前世之身。……今亦借指事物所由发展而来的原先的名称或形式。"[96]目前资料显示,暨南大学图书馆的"前世之身"当为 1918 年创立的国立暨南学校图书馆。

七、初步结论

1949 年之前暨南大学图书馆历史沿革的重要节点包括:(1)南京

初创时期(1906 至 1923 年):暨南学堂图书馆未见记录;1917 年 11 月至 1918 年 7 月,国立暨南学校图书馆在筹备中;1918 年 3 月 11 日,暨南学校内设学生阅书报室;1918 年 10 月 6 日,暨南学校图书馆行开幕式。(2)真如发展时期(1923 年 9 月至 1937 年 8 月):1923 年国立暨南学校真如校区图书馆落成;1927 年新建国立暨南大学洪年图书馆;1932 年租赁上海租界新闸路 1758 号为图书馆,同年 7 月搬回真如校区;1934 年"洪年图书馆"一度改名为"暨南图书馆"。(3)上海"孤岛"时期(1937 年 8 月至 1941 年 12 月):图书馆临时设在上海美租界之侨光中学内。(4)建阳内迁时期(1941 年夏至 1946 年夏):图书馆迁至福建建阳崇圣祠内。(5)复员回沪时期(1946 年 3 月至 1951 年 6 月):图书馆分设在上海东体育会路第一院和宝山路第二院两处,均非独立馆舍。

初步结论:暨南大学图书馆创立于 1918 年 10 月 6 日,其历史源于南京暨南学堂和国立暨南学校的阅书报室。

致谢:本文承蒙暨南大学图书馆馆长史小军审阅,并支持文中观点及采纳结论,谨致谢忱!

注释

①有照片为证:"二十五年前之暨南学生(照片)/摄于南京实业学堂楼下,时光绪三十二年夏。"照片为 1906 年郑洪年与十二位侨生在实业学堂楼下的合影。照片载《南洋研究》1931 年第 4 卷第 1 期,第 1 页。

②"新校舍"即指妙相庵初级师范旧址,地处南京鼓楼薛家巷。

③《申报》1929 年 7 月 6 日报道《暨南重要职员之更替》称"现改聘翟氏继任馆长",疑误。"翟氏"指翟俊千。

④"杜钢百"一作"杜刚百"。

⑤复旦大学图书馆藏有《国立暨南大学图书馆新编书目》第一卷第二号,1939 年 6 月编印。

⑥陈群(1890—1945),字人鹤,国民党元老,曾任汪伪政权考试院院长,在上海、苏州、南京三地均有藏书处,搜集图书文物极多。抗战胜利后,其藏书由教育部上海

区接收委员会接收,后转交复员回上海、南京相关单位,1949 年多数善本迁移至台湾。

参考文献

[1][9][18][71][73][74][79][80][82][87]张晓辉. 百年暨南史 1906—2006[M]. 广州:暨南大学出版社,2006:26,31,93,99,139,178,180,179,182.

[2]本馆历史[EB/OL].[2016 - 05 - 21]. http://lib. jnu. edu. cn/libinfo/Info. action? id = 35&expandable = 35.

[3]端方. 华侨分送肄业片[M]//端忠敏公奏稿卷七. 台北:文海出版社,1967:888 - 889.

[4]暨南大学校史编写组. 暨南校史 1906 - 1996[M]. 广州:暨南大学出版社,1996:4.

[5][6]暨南学堂之组织[J]. 寰球中国学生报,1907,1(5 - 6):75.

[7]端方. 江督端奏设暨南学堂片[J]. 学部官报,1907(25):1.

[8][12]林思温. 暨南学校沿革史[J]. 中国与南洋,1918(1):1 - 2.

[10]端方. 暨南学堂医药书籍等费请仍由闽海等关分拨片[J]. 学部官报,1909(94):9.

[11][13]指令暨南学校该校进行计画及七年度预算均准照办文(第四百二十七号,七年四月十六日)(附暨南学校五年间进行计划表)[J]. 教育公报,1918,5(8):28.

[14][16]暨南学校一年间大事记(1917. 11. 1 - 1918. 12. 31)[J]. 中国与南洋,1919(5):3,11.

[15]暨南学校各项规程[J]. 中国与南洋,1918(3):6 - 7.

[17][49][78][83][85][93]本校概况(七、图书/本校图书统计表)[J]. 国立暨南大学校刊,1947(1 复刊):3 - 6.

[19]张一雷. 普陀区志[M]. 上海:上海社会科学出版社,1994:

786.

[20][21][27]本校概况(民国十五年五月呈报教育部)[J]. 暨南周刊,1926(28):1,8.

[22]校董会议纪(民国十五年三月三十一日)[J]. 暨南周刊,1926(25):1.

[23]暨南学校扩充图书馆之计划[J]. 图书馆学季刊,1926,1(3):538.

[24][36]叶崇智. 国立暨南大学洪年图书馆之经过及概况[J]. 暨南周刊,1928,2(10):1－3.

[25][26]校务会议纪[J]. 暨南周刊,1926(29):1－2.

[28]筹备中之暨南念周纪念会[N]. 申报,1927－05－25(8).

[29]国立暨南大学洪年图书馆之经过及现况[J]. 中华图书馆协会会报,1928,4(1):15.

[30]符大昺. 洪年图书馆记[J]. 暨南周刊,1928,2(4):13.

[31]金敏甫. 国立暨南大学洪年图书馆概况[J]. 图书馆学季刊,1929,3(3):445.

[32]民国十七年度大事月表(1927. 6. 13－1928. 7. 11)[M]//国立暨南大学校务特刊(十六年度). 上海:国立暨南大学,1928:34.

[33]暨大洪年图书馆之蔚观[N]. 申报,1928－07－21(11).

[34]暨大洪年图书馆增订开放时间[N]. 申报,1929－06－07(27).

[35]郑洪年. 一年来之经过并今后之计划[M]//国立暨南大学校务特刊(十六年度). 上海:国立暨南大学,1928:15.

[37][50][89]国立暨南大学洪年图书馆略述[M]//国立暨南大学洪年图书馆概要. 上海:国立暨南大学洪年图书馆,1933:3.

[38]蔡元培等抗议日军摧残文化[N]. 申报,1932－02－02(1).

[39]图书馆规复报告书[J]. 暨南校刊,1932(15):4.

[40]战后整理委员会校舍组工作报告(五月二十三日至六月十二日)[J]暨南校刊,1932(20):10.

[41][44]樊守执.本校战后整理委员会校舍组工作总报告书(七月三十一日)[J].暨南校刊,1932(26):9.

[42]本校战后整理委员会校舍组工作报告(七月十一日至十七日)[J].暨南校刊,1932(26):11.

[43]图书馆工作报告[J].暨南校刊,1932(27):9.

[45]上海国立暨南大学战期损失报告[J].暨南校刊(广州),1932 (1-2):14.

[46]张凤.接收真如有感[J].暨南校刊,1932(17):8.

[47]图书馆行将开放[J].暨南校刊,1932(9):5.

[48]暨南大学图书馆无恙[N].申报,1932-05-04(11).

[51]暨南大学晋京请愿代表返校[N].申报,1934-01-06(14).

[52]校长布告第四号(中华民国二十三年二月五日)[J].暨南校刊,1934(88):5.

[53]本校图书馆近讯[J].暨南校刊,1934(89):7.

[54]图书馆馆务会议(九月二十八日)[J].暨南校刊,1934(108):8.

[55]校长宴请全体教员演词[J].暨南校刊,1936(161):5.

[56][57]国立暨南大学出版课.暨南校刊(大学成立九周年创校三十周年纪念专号)[J].上海:国立暨南大学出版课,1936(176).

[58]九月七日开学典礼校长报告[J].楼夏操,俞剑华,笔记.暨南校刊,1936(179):5.

[59]大学部图书馆馆务会议纪录(九月七日)[J].张契灵,记录.暨南校刊,1936(180):8-9.

[60]校长报告[J].楼夏操,俞剑华,笔记.暨南校刊,1937(196):5.

[61]校长布告第一六二号(1937年2月16日)、图书馆主任辞职馆务暂由文学院长兼代[J].暨南校刊,1937(198):2,8.

[62]本学期图书馆第一次馆务会议纪录(1937年2月19日)[J].张契灵,记录.暨南校刊,1937(199):5-6.

[63]吴熙祖.校誉校刊与校友[J].暨南校刊(创校三十一周年完成大学十周年纪念专号),1937(213):3.

[64]何炳松.呈复本校被敌机炸毁详情(1937年9月)[M]//张晓辉.百年暨南史1906－2006.广州:暨南大学出版社,2006:92.

[65][68][70][72]谢章浙.潜伏的三年半——母校迁入上海租界内的经历[J].暨南通讯,1941(1)28－30.

[66]沪市图书馆　战时损失四十万卷　较大图书馆现仅十余所[N].申报,1938－12－06(13).

[67]暨南大学图书馆.暨南大学图书馆劫余书目[M].上海:暨南大学图书馆,1938:1.

[69]吴榕藩.抗战中的暨南大学[M]//战时全国各大学鸟瞰.上海:独立出版社,1941:260.

[75]俞剑华.何师柏丞在建阳[M]//何炳松.何炳松纪念文集.上海:华东师范大学出版社,1990:253.

[76][77]白文.暨南大学在建阳情景[M]//政协建阳县委员会文史资料研究会.建阳文史资料,1987(7):3－4.

[81]曹聚仁.暨南故事[M]//本刊编辑委员会.新加坡暨南校友会四十四周年纪念特刊.新加坡:暨南校友会,1984:105.

[84]暨大图书馆　馆舍分两处[N].申报,1947－07－19(5).

[86]上海图书馆协会特设图书馆学讲习科[N].申报,1947－04－09(5).

[88]洪年图书馆总务股.十八年度国立暨南大学洪年图书馆概况[M].上海:洪年图书馆总务股,1930:1.

[90]陈祖怡.上海各图书馆概览[M].上海:中国国际图书馆,1934:148.

[91]庄文亚.全国文化机关一览[M].上海:世界文化合作中国协会筹备委员会,1934:461.

[92]曹聚仁.暨南创校以来大事年表[J].暨南周刊,1929,5(5):4.

[94]康熙字典[M].王引之校改本.上海:上海古籍出版社,1996:888.

[95]暨南大学图书馆.暨南大学图书馆指南[M].广州:暨南大学图书馆,1996:3.

[96]辞海编辑委员会.辞海(1999年版缩印本)[M].上海:上海辞书出版社,2000:355.

(《图书馆论坛》2017年第2期,略有修改)

图片资料

郑洪年校长（1907年至1909年1月，1927年6月至1934年1月任）

本馆全体职员合影（1929年摄于洪年图书馆前）

叶崇智馆长（1928 年 1 月至 1929 年夏任）

张凤馆长（1929 年夏至 1933 年 6 月任）

胡肇椿馆长（1933 年 6 月至 1934 年 2 月任）

杜钢百馆长（1934 年 2 月至 1934 年 9 月任）

查修馆长（1934年9月至1936年9月任）

郑振铎馆长（1937年2月至1941年春任）

新落成之洪年图书馆（1928年）

暨南大学洪年图书馆（1928 年）

国立暨南大学教育研究会成立纪念摄影（1928年）

洪年图书馆（1929年）

暨南大学图书馆前之女生（1929年菊花大会摄于洪年图书馆前）

暨南大学图书馆（20世纪30年代）

暨南大学洪年图书馆（1930 年）

暨南大学图书馆馆舍全景（1930 年）

阅览室（1930 年）

杂志室（1930 年）

阅报室（1930 年）

书库（1930 年）

借书处（1930 年）

馆长室（1930 年）

办公室（1930 年）

洪年图书馆(1931年)

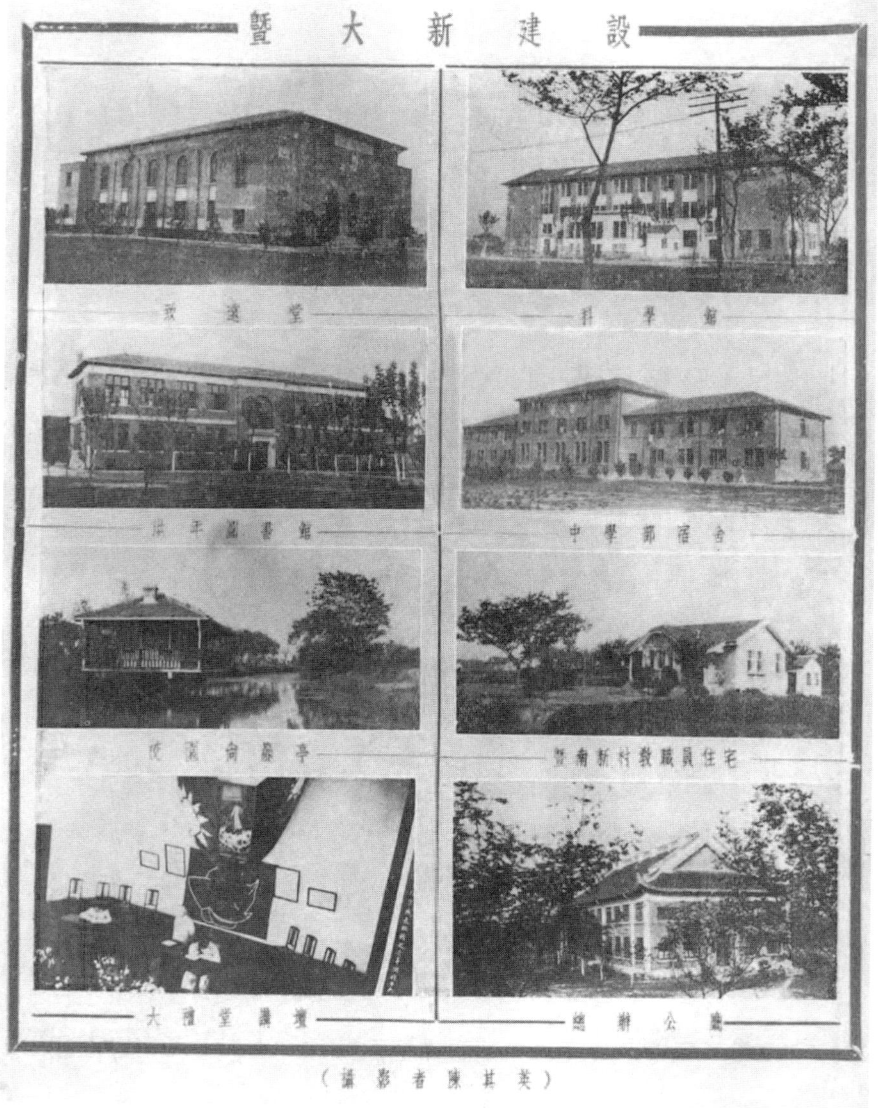

暨南大学校园建筑（1933 年）

洪年图书馆（1933 年）

本 馆 面 积 图

第一图楼上

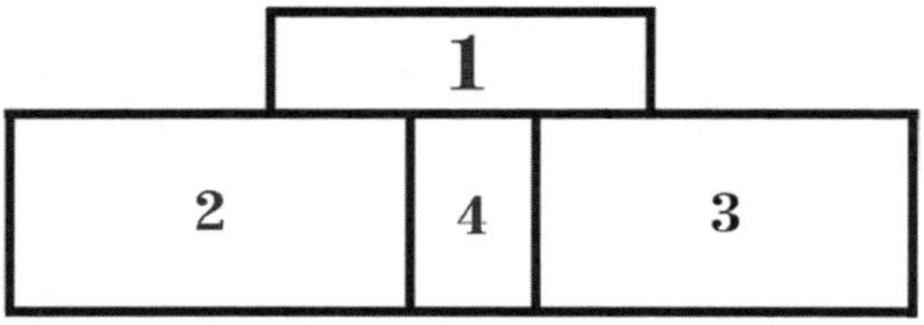

第二图楼下

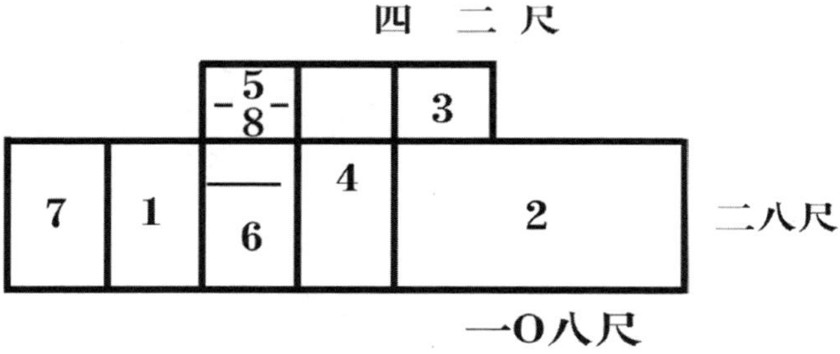

第一图：
1. 书　库
2. 阅览室
3. 阅览室
4. 走　廊

第二图：
1. 办公室
2. 阅览室
3. 书　库
4. 走　廊
5. 馆员卧室
6. 书　库
7. 特种阅览室
8. 厕　所

暨南大学图书馆面积图（1933 年）

暨南大学图书馆（1935年）

阅览室一隅（1935年）

杂志阅览室（1935年）

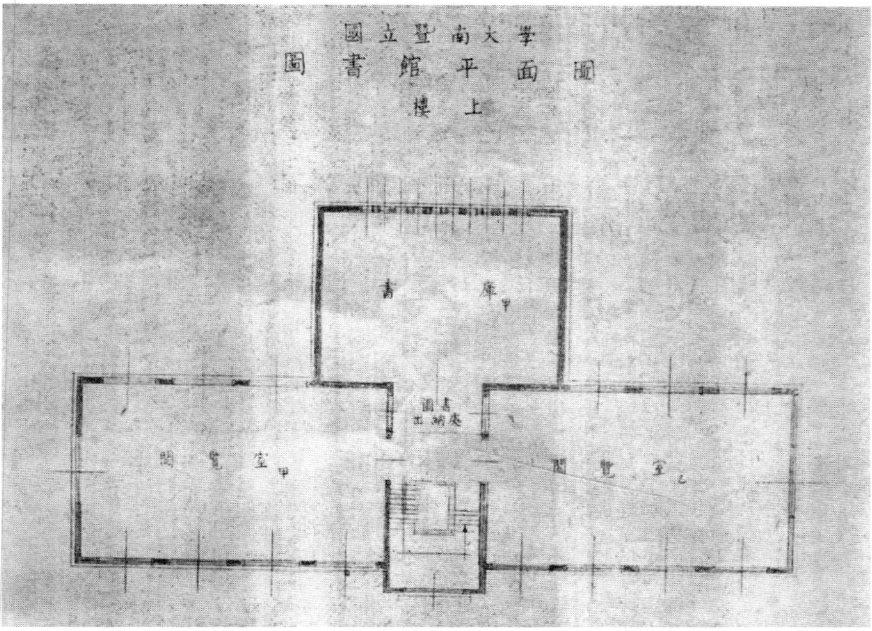

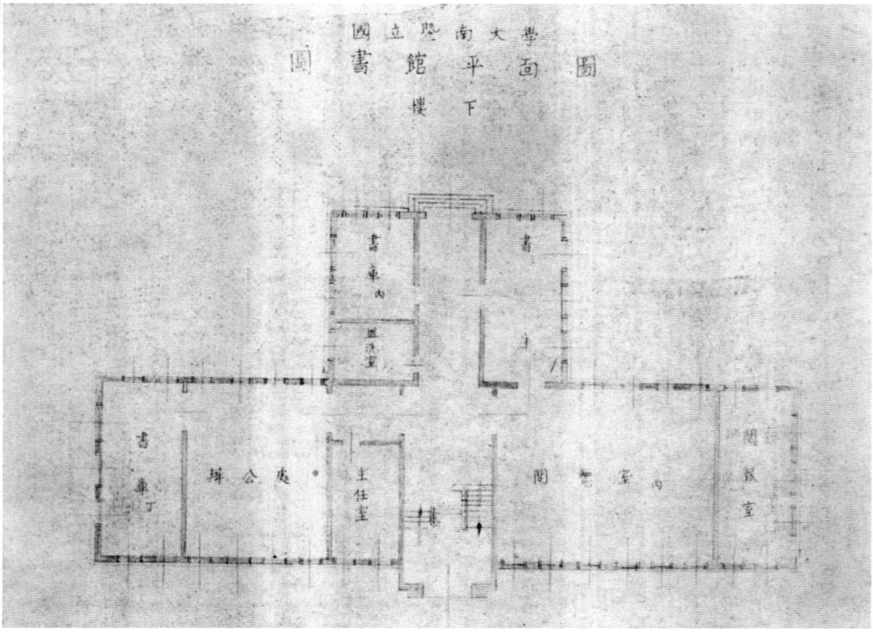

暨南大学图书馆平面图（1937 年）

（战事美术作品）《暨大图书馆被炸》（1938 年）

名画家王济远氏，在抗战时期中，特绘战事图画多幅，亲至南洋各地举行展览会，广传我国战区所受到的惨酷的摧毁

（美术作品）《图书馆门前》（1941—1946 年）

“国立暨南大学洪年图书馆”钤印（20 年代）

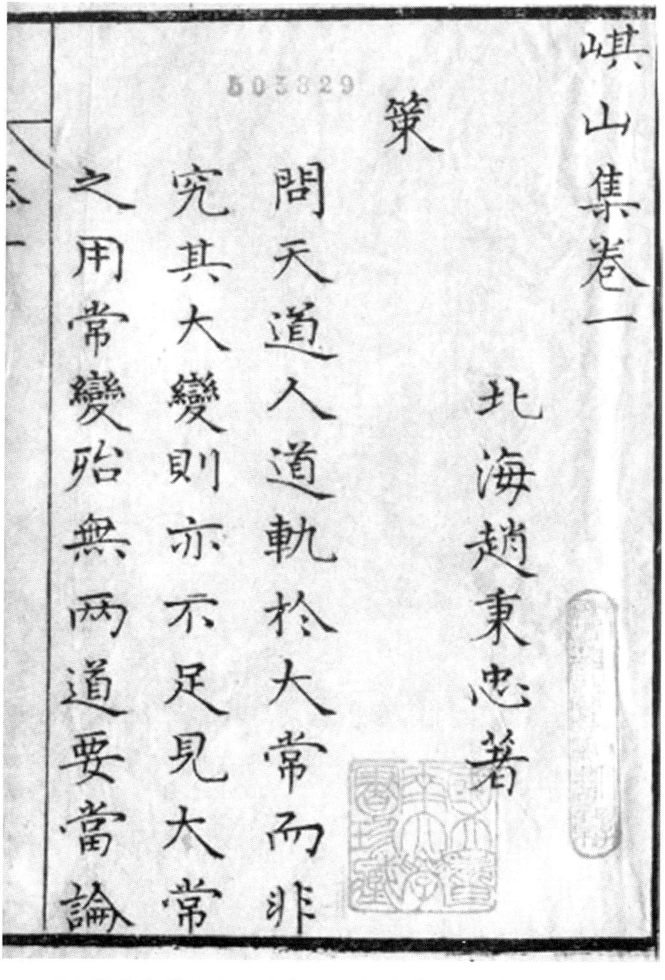
⿰山其山集卷一
北海趙秉忠著
503829
策
問天道人道軌於大常而非
究其大變則亦不足見大常
之用常變殆無兩道要當論

国立暨南大学图书馆藏书及钤印（《⿰山其山集》书影）

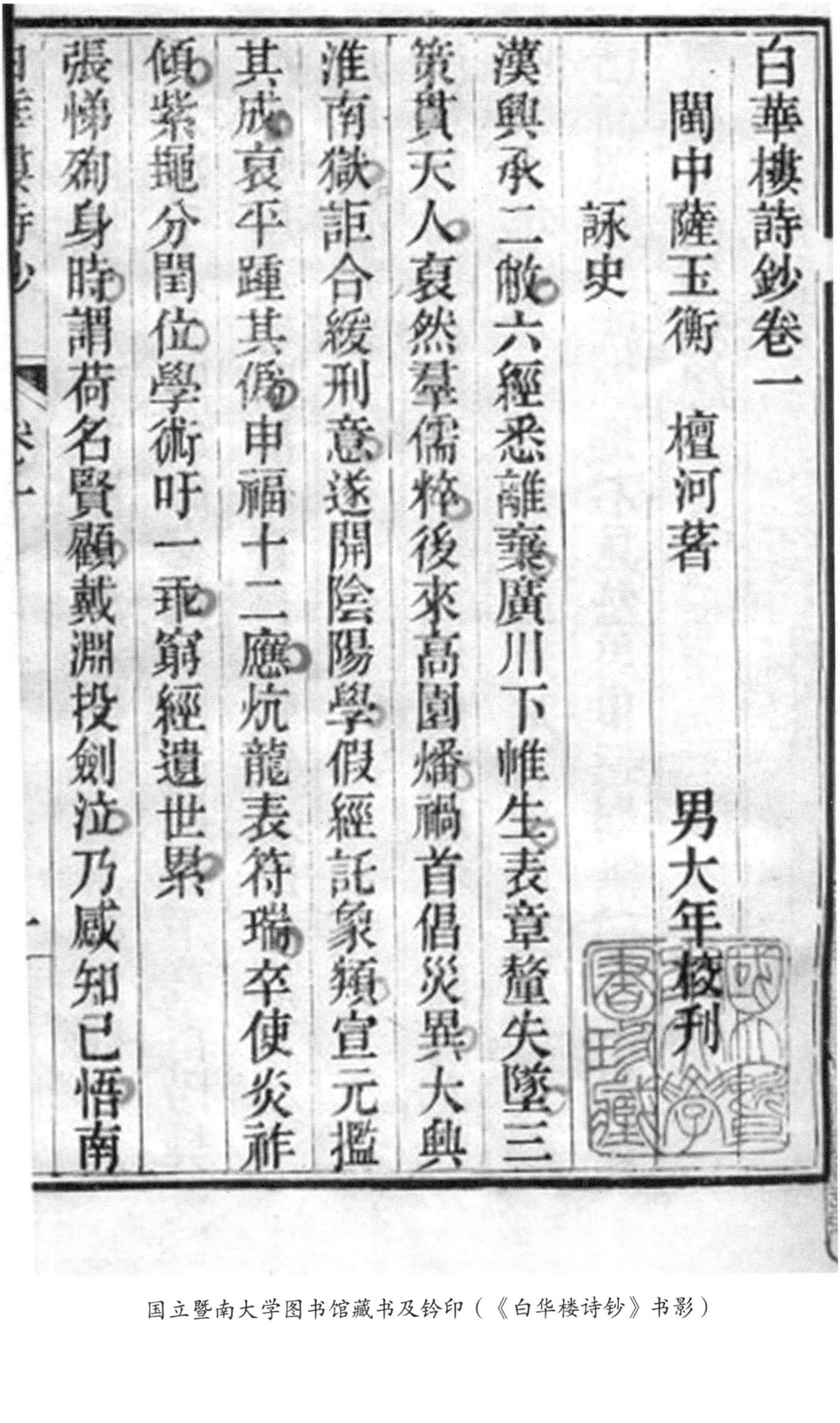
白華樓詩鈔卷一

閩中薩玉衡　檀河著　男大年校刊

詠史

漢興承二敝六經悉離棄廣川下帷生表章釐失墜三
策貫天人裒然羣儒粹後來高園燔禍首倡災異大典
淮南獄詎合緩刑意遂開陰陽學假經託象緯宣元攬
其成哀平踵其僞申福十二應炕龍表符瑞卒使炎祚
傾紫繩分閏位學術吁一乖窮經遺世累
張悌殉身時謂荷名賢顧戴淵投劍泣乃感知己悟南

国立暨南大学图书馆藏书及钤印（《白华楼诗钞》书影）

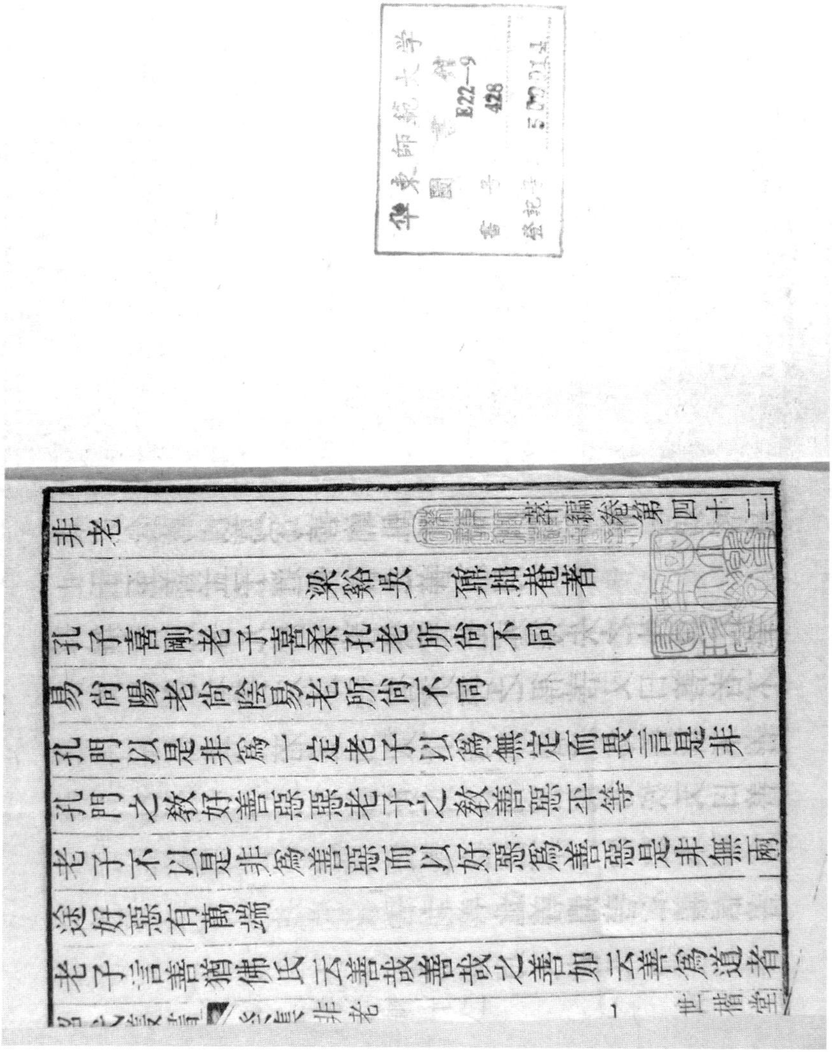

非老　卷第四十二
梁谿吳　齋拙菴著
孔子喜剛老子喜柔孔老所尚不同
易尚陽老尚陰易老所尚不同
孔門以是非爲一定老子以爲無定而畏言是非
孔門之教好善惡惡老子之教善惡平等
老子不以是非爲善惡而以好惡爲善惡是非無兩
途好惡有萬端
老子言善猶佛氏云善哉善哉之善加云善爲道者

国立暨南大学图书馆藏书及钤印（《非老》书影）

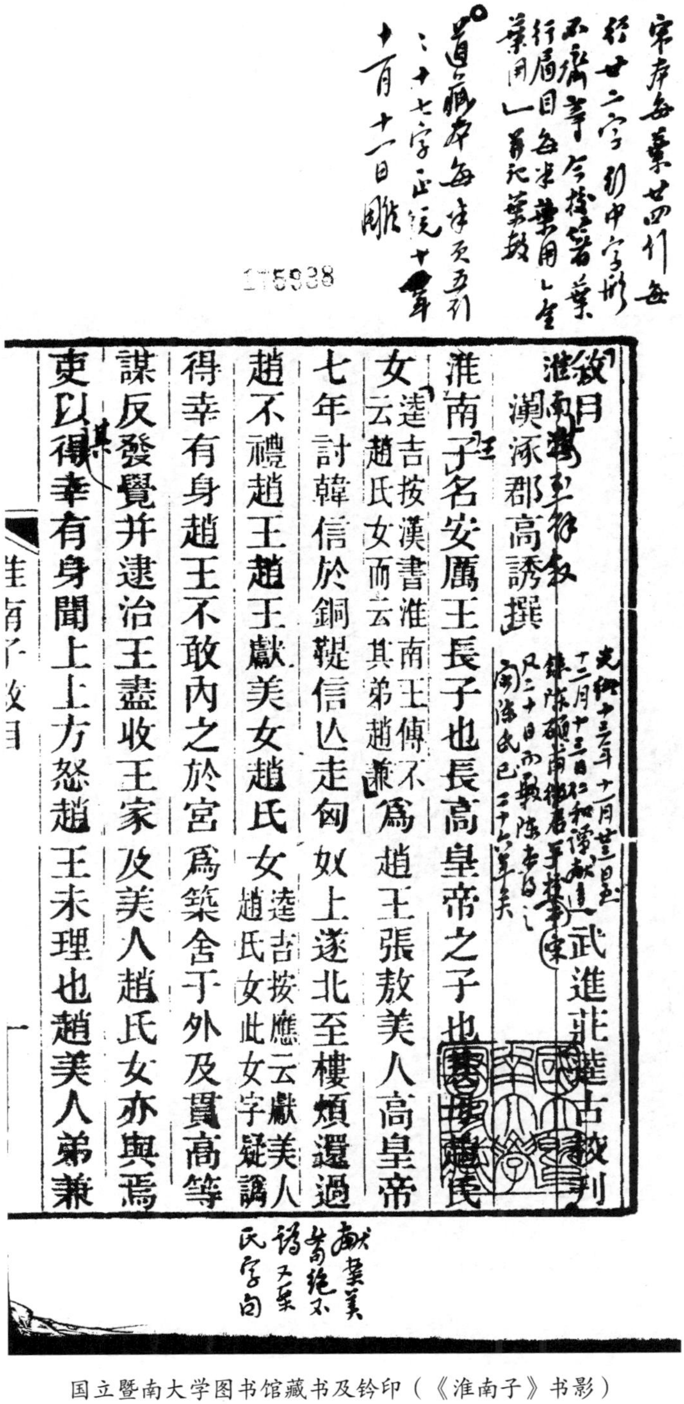

敘目

漢涿郡高誘撰

淮南子名安厲王長子也長高皇帝之子也

女（逵吉按漢書淮南王傳不云趙氏女而云其弟趙兼）爲趙王張敖美人高皇帝

七年討韓信於銅鞮信亾走匈奴上遂北至樓煩還過

趙不禮趙王趙王獻美女趙氏女（逵吉按應云獻美人趙氏女此女字疑譌）

得幸有身趙王不敢內之於宮爲築舍于外及貫高等

謀反發覺并逮治王盡收王家及美人趙氏女亦與焉

吏以得幸有身聞上上方怒趙王未理也趙美人弟兼

国立暨南大学图书馆藏书及钤印（《淮南子》书影）

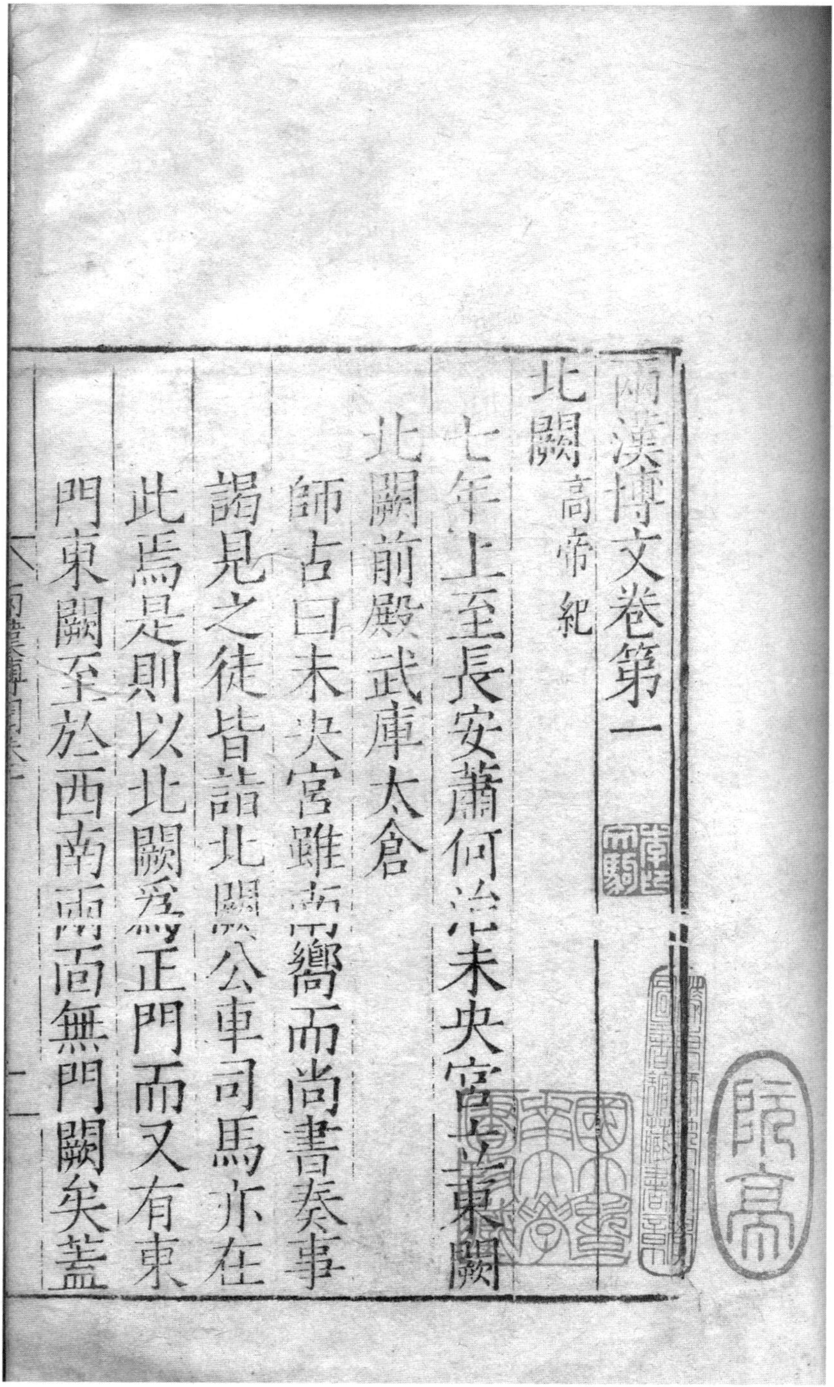

兩漢博文卷第一

北闕　高帝紀

七年上至長安蕭何治未央宫立東闕北闕前殿武庫太倉

師古曰未央宫雖南嚮而尚書奏事謁見之徒皆詣北闕公車司馬亦在此焉是則以北闕為正門而又有東門東闕至於西南兩面無門闕矣蓋

兩漢博文卷一　二

国立暨南大学图书馆藏书及钤印（《两汉博文》书影）

南唐書卷之一

先主

土運中圯諸侯跋扈基搆自吴紹于唐祚作先主書

先主姓李唐宗室裔也小字彭奴其父榮榮之父志

志之父超超蚤卒志爲徐州判司因家焉榮性謹厚

適丁世亂晦迹民間號李道者彭奴以光啓四年生

於彭城（未名故書小字）流寓濠泗吴武王楊行密克濠州得

之奇其狀貌養以爲子而楊氏諸子不能容行密以

乞徐温乃姓徐名知誥温嘗夢水中黄龍十數温獲

一龍而寤翌日得知誥知誥奉温以孝聞從温出不

国立暨南大学图书馆藏书及钤印（《南唐书》书影）

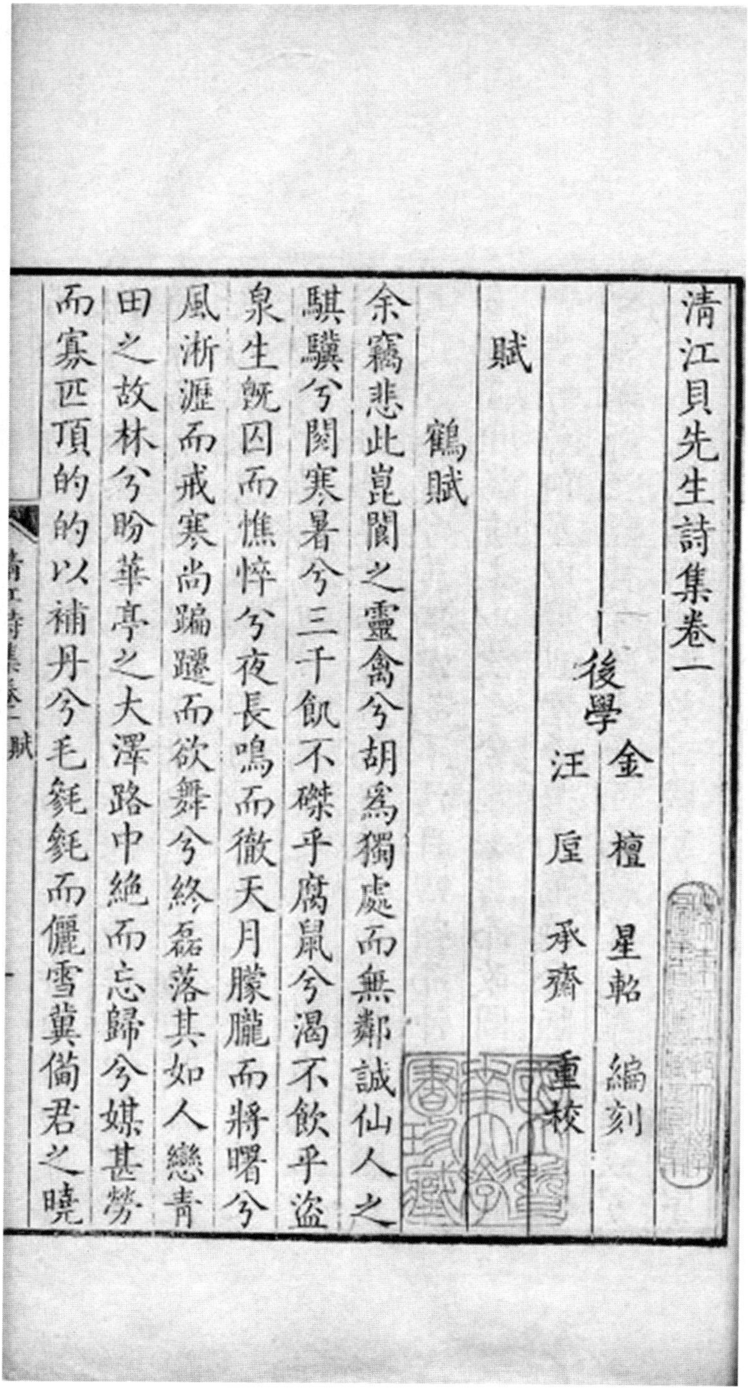

清江貝先生詩集卷一

後學　金檀星軺　編刻

汪　垕承齋　重校

賦

鶴賦

余竊悲此崑閬之靈禽兮胡爲獨處而無鄰誠仙人之騏驥兮閱寒暑兮三千飢不礫乎腐鼠兮渴不飲乎盜泉生既困而憔悴兮夜長鳴而徹天月朦朧而將曙兮風淅瀝而戒寒尚蹁躚而欲舞兮終磊落其如人戀青田之故林兮盼華亭之大澤路中絕而忘歸兮媒甚勞而寡匹頂的的以補丹兮毛毿毿而儷雪冀倘君之曉

清江詩集卷一　賦

国立暨南大学图书馆藏书及钤印（《清江贝先生诗集》书影）

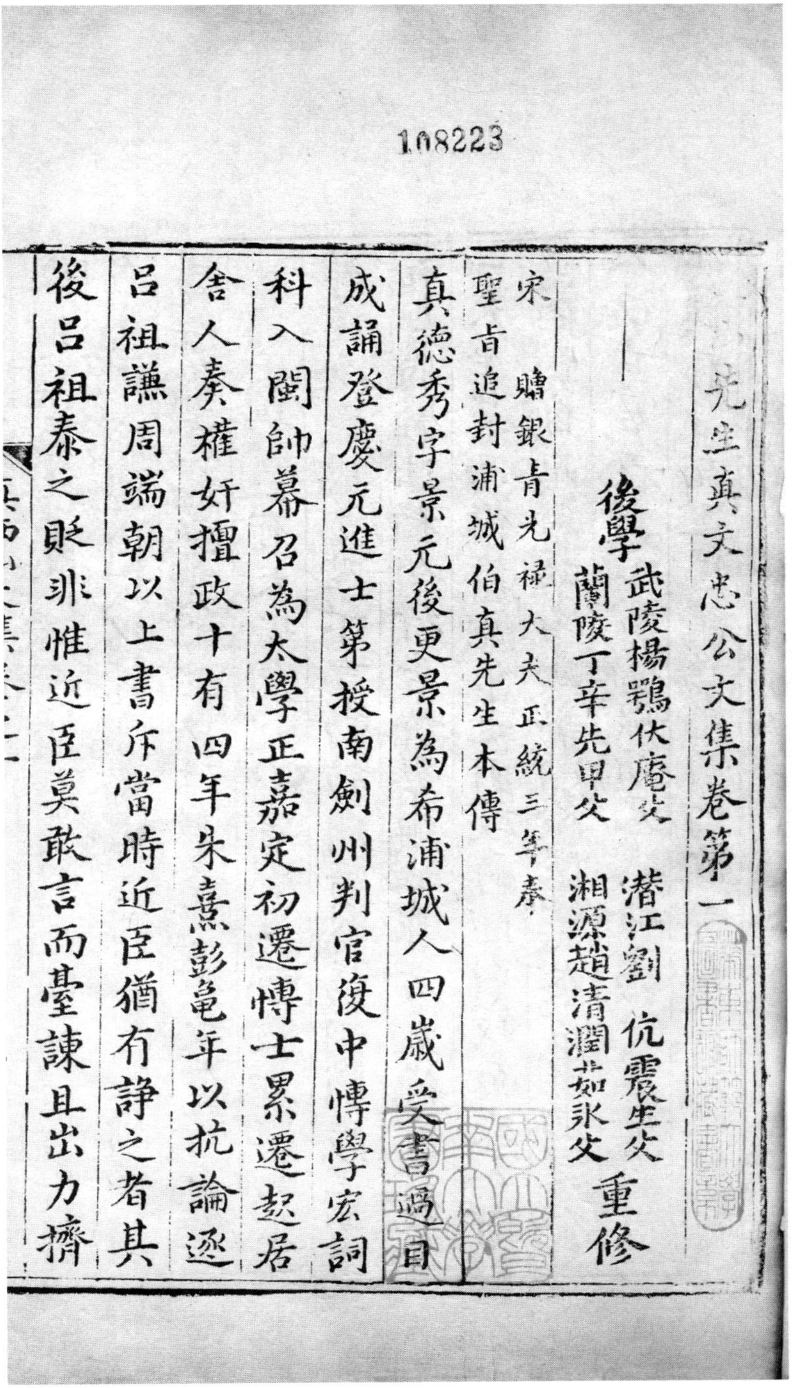

先生真文忠公文集卷第一

後學 武陵楊鶚伏庵父 蘭陵丁辛先甲父 潛江劉伉震生父 湘源趙清瀾茹氷父 重修

宋 贈銀青光祿大夫正統三年奉

聖旨追封浦城伯真先生本傳

真德秀字景元後更景為希浦城人四歲受書過目

成誦登慶元進士第授南劍州判官復中慱學宏詞

科入閩帥幕召為太學正嘉定初遷慱士累遷起居

舍人奏權奸擅政十有四年朱熹彭龜年以抗論逐

呂祖謙周端朝以上書斥當時近臣猶有詩之者其

後呂祖泰之貶非惟近臣莫敢言而臺諫且出力擠

国立暨南大学图书馆藏书及钤印（《西山先生真文忠公文集》书影）

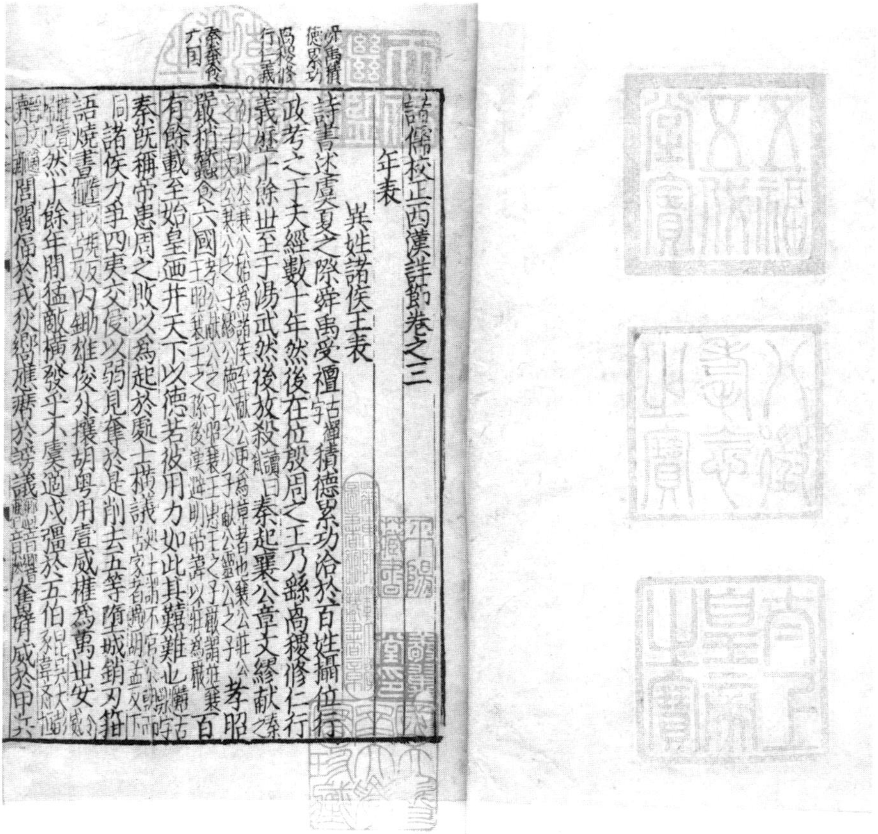
諸儒校正西漢詳節卷之三
年表
異姓諸侯王表
詩書述虞夏之際舜禹受禪積德累功洽於百姓攝位行
政考之于天經數十年然後在位殷周之王乃繇卨稷修仁行
義歷十餘世至于湯武然後放殺秦起襄公章文繆獻孝昭
嚴稍蠶食六國百
有餘載至始皇迺并天下以德若彼用力如此其艱難也
秦既稱帝患周之敗以為起於處士橫議
諸侯力爭四夷交侵以弱見奪於是削去五等墮城銷刃箝
語燒書內鋤雄俊外攘胡粵用壹威權為萬世安
然十餘年間猛敵橫發乎不虞適戍彊於五伯
閭閻偪於戎狄響應瘠於謗議奮臂威於甲兵

国立暨南大学图书馆藏书及钤印（《诸儒校正西汉详节》书影）

国立暨南大学洪年图书馆藏书票样式（20年代）

書標

国立暨南大学图书馆藏书票样式（30、40 年代）

国立暨南大学图书馆藏书票（1938）

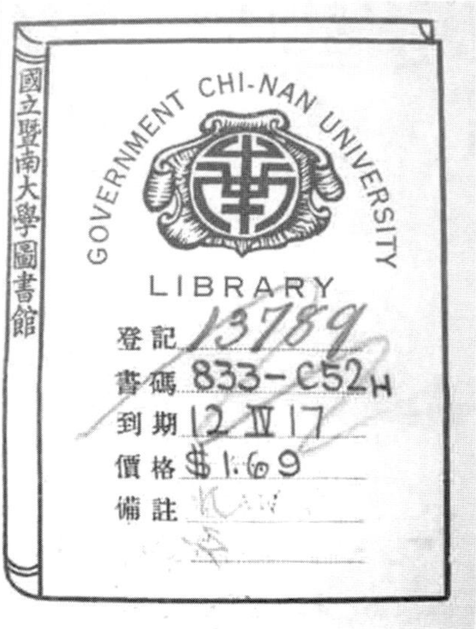

国立暨南大学图书馆藏书票

国立暨南大学福建分校图书室藏书票（1947）

“暨南大学附属中学图书室”钤印（30、40年代）

国立暨南大学图书馆中学部图书室藏书票（30、40年代）

暨南大學圖書館

刧餘書目

（上）

中文（附日文）之部

暨南大學圖書館

刧餘書目

（下）

西文之部

《暨南大学图书馆劫余书目》封面

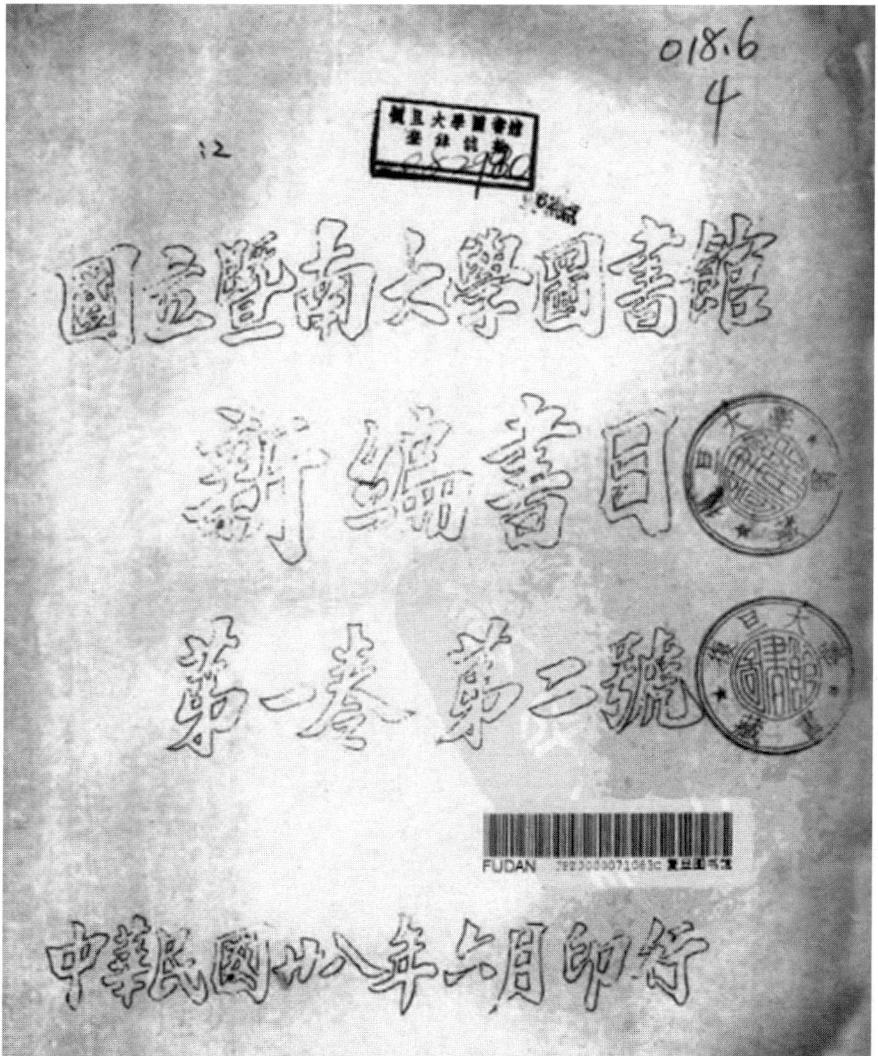

《国立暨南大学图书馆新编书目》第一卷第二号（封面，1939）

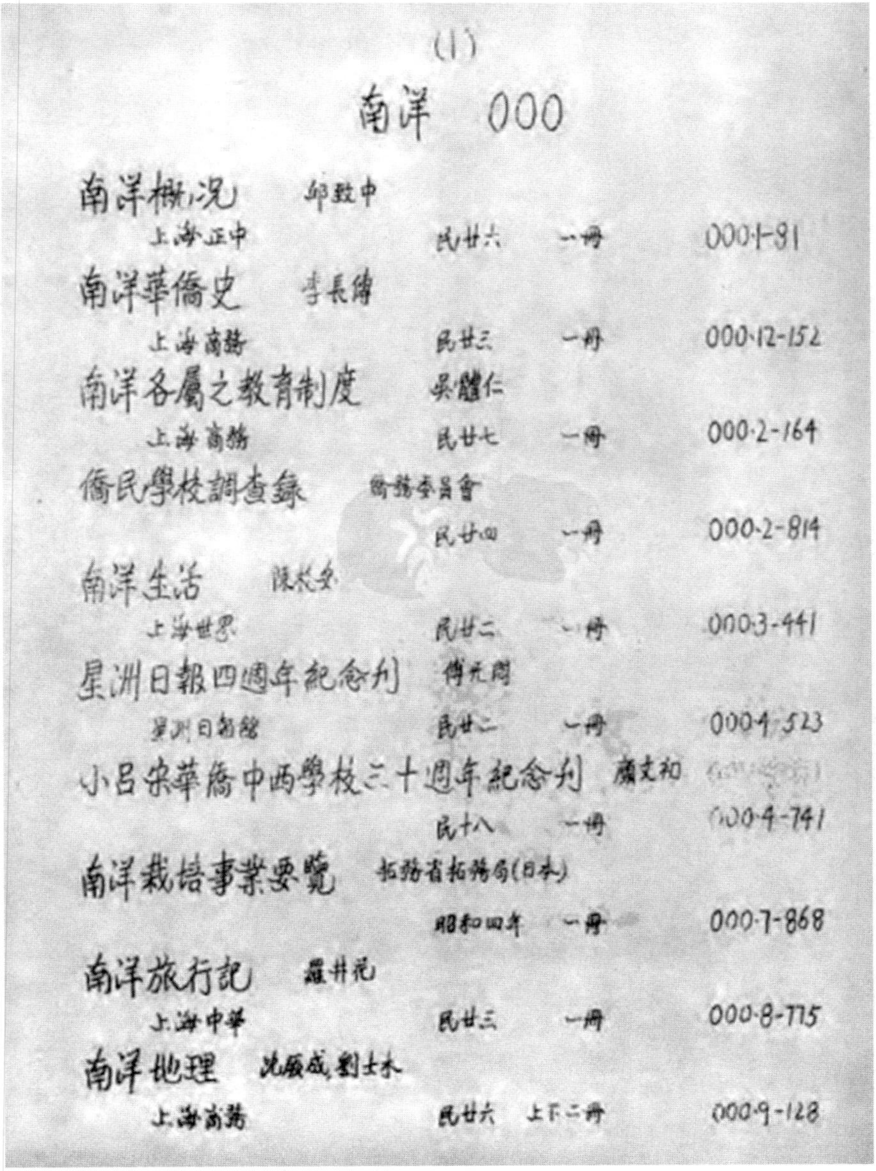

(1)

南洋 000

南洋概況 邱致中
上海正中 民廿六 一冊 0001-81

南洋華僑史 李長傅
上海商務 民廿三 一冊 000.12-152

南洋各屬之教育制度 吳體仁
上海商務 民廿七 一冊 000.2-164

僑民學校調查錄 僑務委員會
民廿四 一冊 000.2-814

南洋生活 陳枚安
上海世界 民廿二 一冊 000.3-441

星洲日報四週年紀念刊 傅無悶
星洲日報館 民廿二 一冊 000.4-523

小呂宋華僑中西學校三十週年紀念刊 顏文初 [illegible]
民十八 一冊 000.4-741

南洋栽培事業要覽 拓務省拓務局(日本)
昭和四年 一冊 000.7-868

南洋旅行記 羅井花
上海中華 民廿三 一冊 000.8-775

南洋地理 沈厥成,劉士木
上海商務 民廿六 上下二冊 000.9-128

《国立暨南大学图书馆新编书目》第一卷第二号（内页，1939）

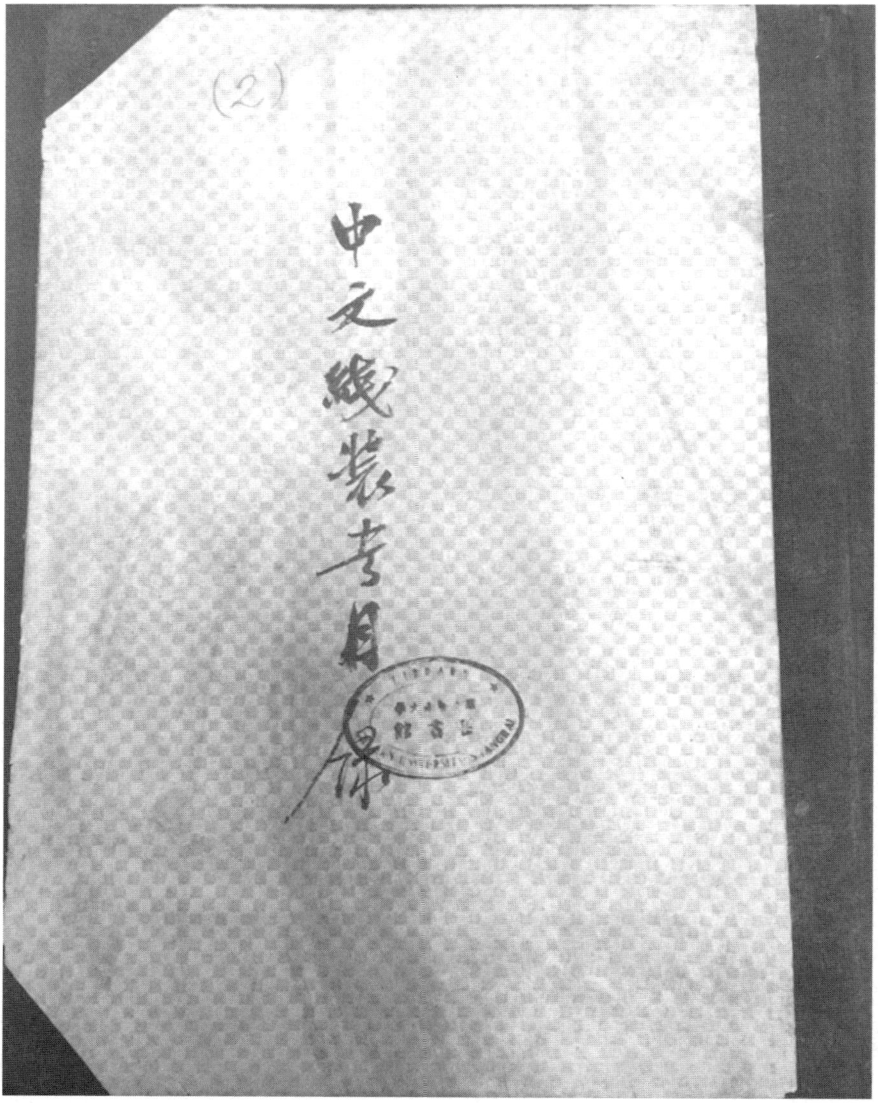

孙心磐抄本《中文线装书目录》封面

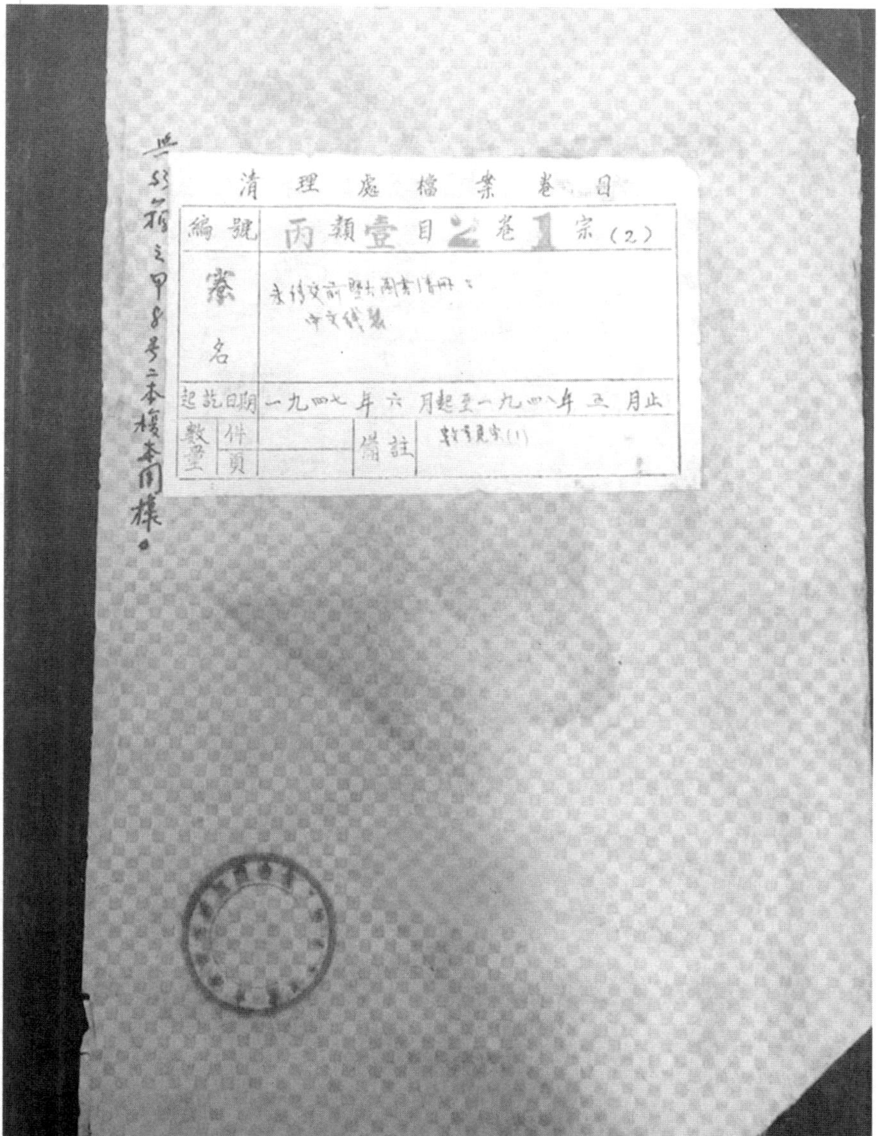

孙心磐抄本《中文线装书目录》封底

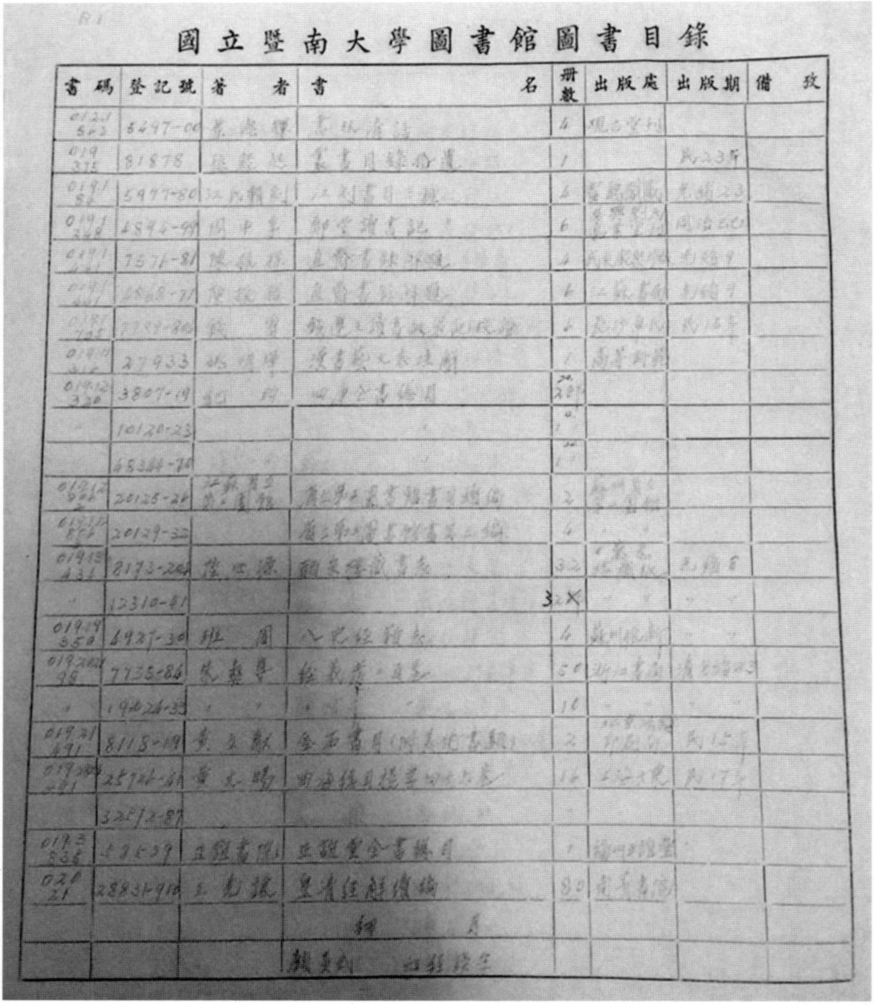

國立暨南大學圖書館圖書目錄

書碼	登記號	著者	書名	冊數	出版處	出版期	備考
[illegible]	6497-00	[illegible]	[illegible]	4	[illegible]		
019/375	81878	[illegible]	叢書目錄拾遺	1		民23年	
[illegible]	5977-80	[illegible]	[illegible]	4	[illegible]	[illegible]	
[illegible]	[illegible]	[illegible]	鄭堂讀書記	6	[illegible]	[illegible]	
[illegible]	7576-81	[illegible]	[illegible]	4	[illegible]	[illegible]	
[illegible]	[illegible]	[illegible]	[illegible]	6	[illegible]	[illegible]	
[illegible]	[illegible]	[illegible]	[illegible]	4	[illegible]	民16年	
[illegible]	27933	[illegible]	[illegible]	1	[illegible]		
[illegible]	3807-19	[illegible]	四庫全書總目	[illegible]			
〃	10120-23		〃	[illegible]			
	[illegible]			[illegible]			
[illegible]	20125-26	[illegible]	[illegible]	2	[illegible]		
[illegible]	20129-32		[illegible]	4			
[illegible]	[illegible]	[illegible]	[illegible]	32	[illegible]	[illegible]	
〃	12310-41			32×	〃	〃	
[illegible]	[illegible]	班固	[illegible]	4	[illegible]		
[illegible]	7735-84	[illegible]	[illegible]	50	[illegible]	[illegible]	
〃	[illegible]	〃	〃	10			
[illegible]	[illegible]	[illegible]	金石書目	2	[illegible]	民15年	
[illegible]	[illegible]	[illegible]	[illegible]	16	[illegible]	民17年	
	[illegible]						
[illegible]	[illegible]	[illegible]	[illegible]	1	[illegible]		
[illegible]	[illegible]	王先謙	皇清經解續編	80	[illegible]		
			[illegible]				
			[illegible]				

孙心磐抄本《中文线装书目录》内页

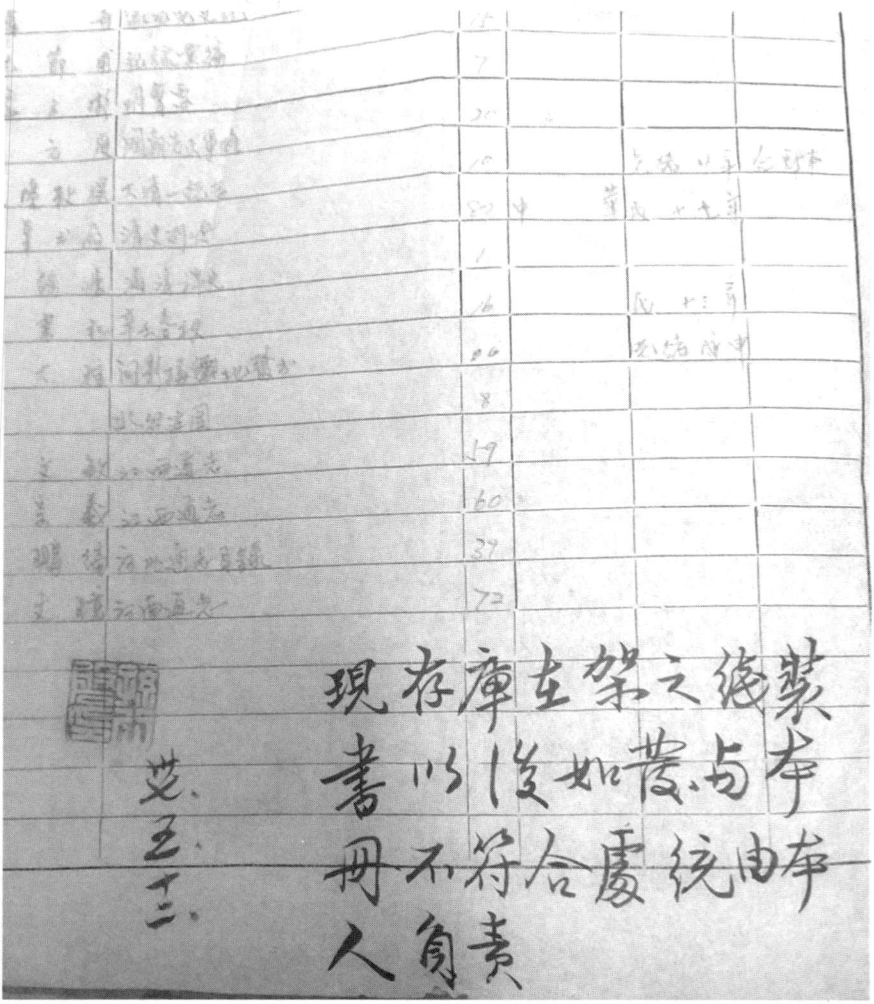
現存庫左架之綫裝書以後如發與本冊不符合處统由本人負责
范. 五. 十二.

孙心磐抄本《中文线装书目录》内页第四

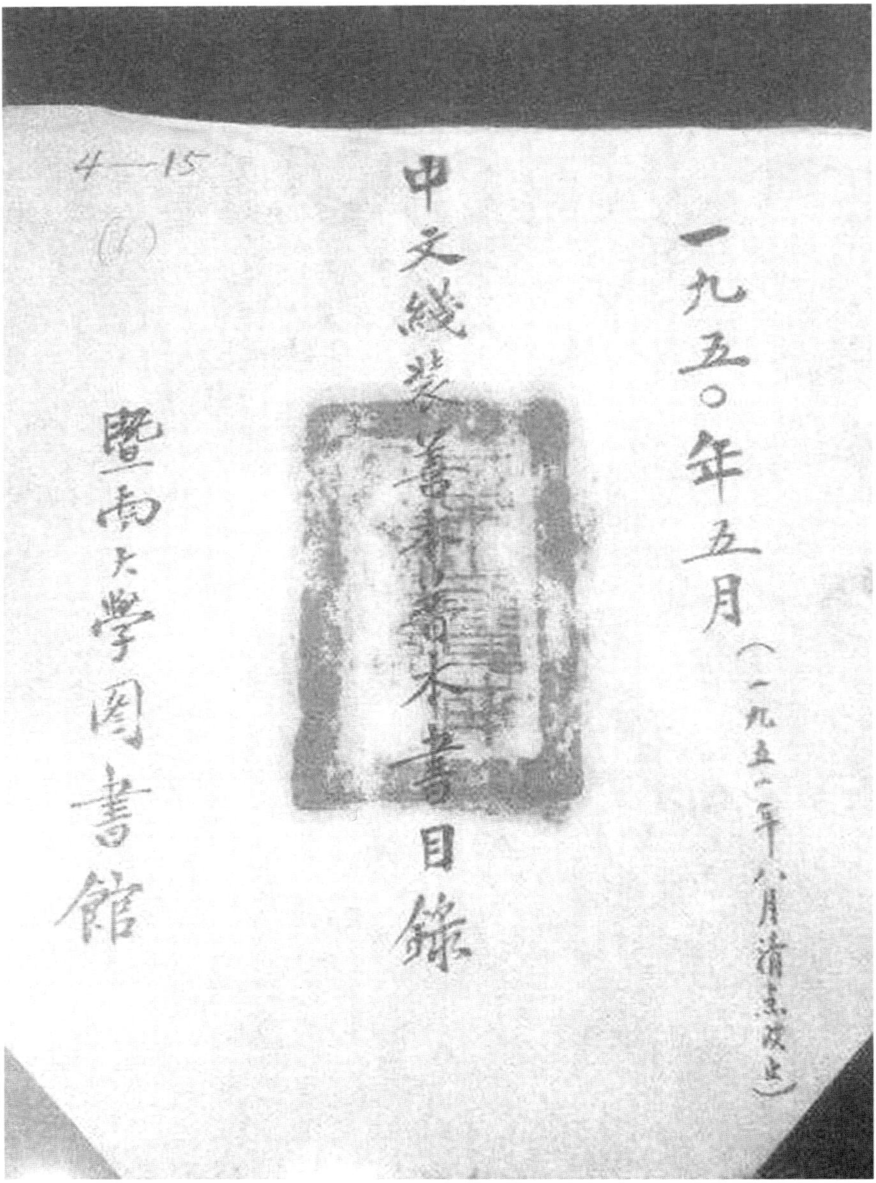

《暨南大学图书馆中文线装善本普本书目录》（封面，1950 年 5 月，1951 年 8 月清点改正）

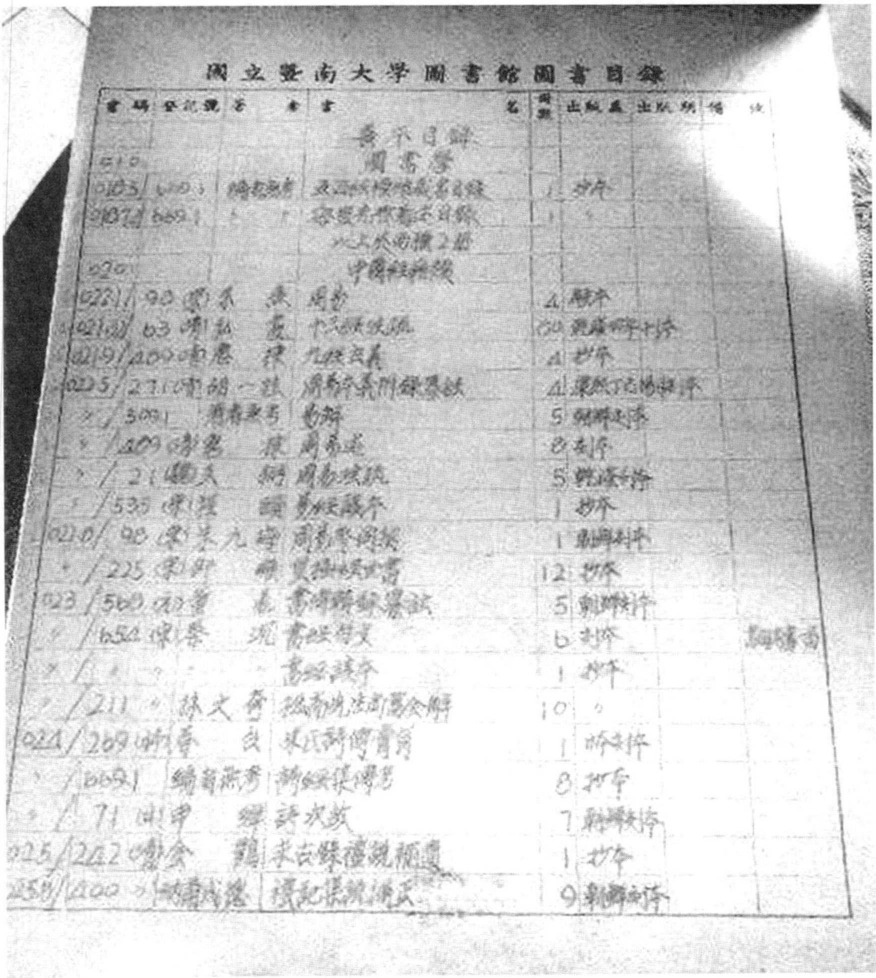
國立暨南大學圖書館圖書目錄

書碼	登記號	著者	書名	冊數	出版處	出版期	備註

《暨南大学图书馆中文线装善本普本书目录》（内页，1950年5月，1951年8月清点改正）

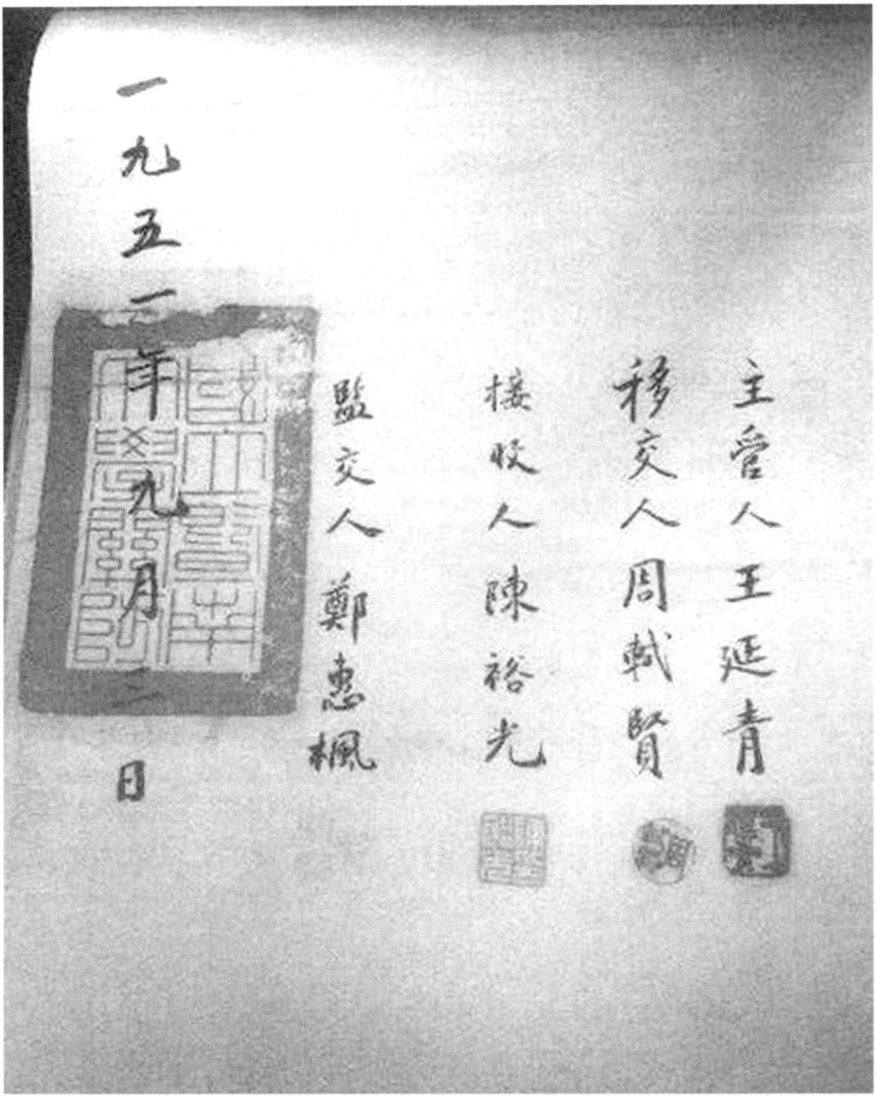

《暨南大学图书馆中文线装善本普本书目录》（封底，1950 年 5 月，1951 年 8 月清点改正）

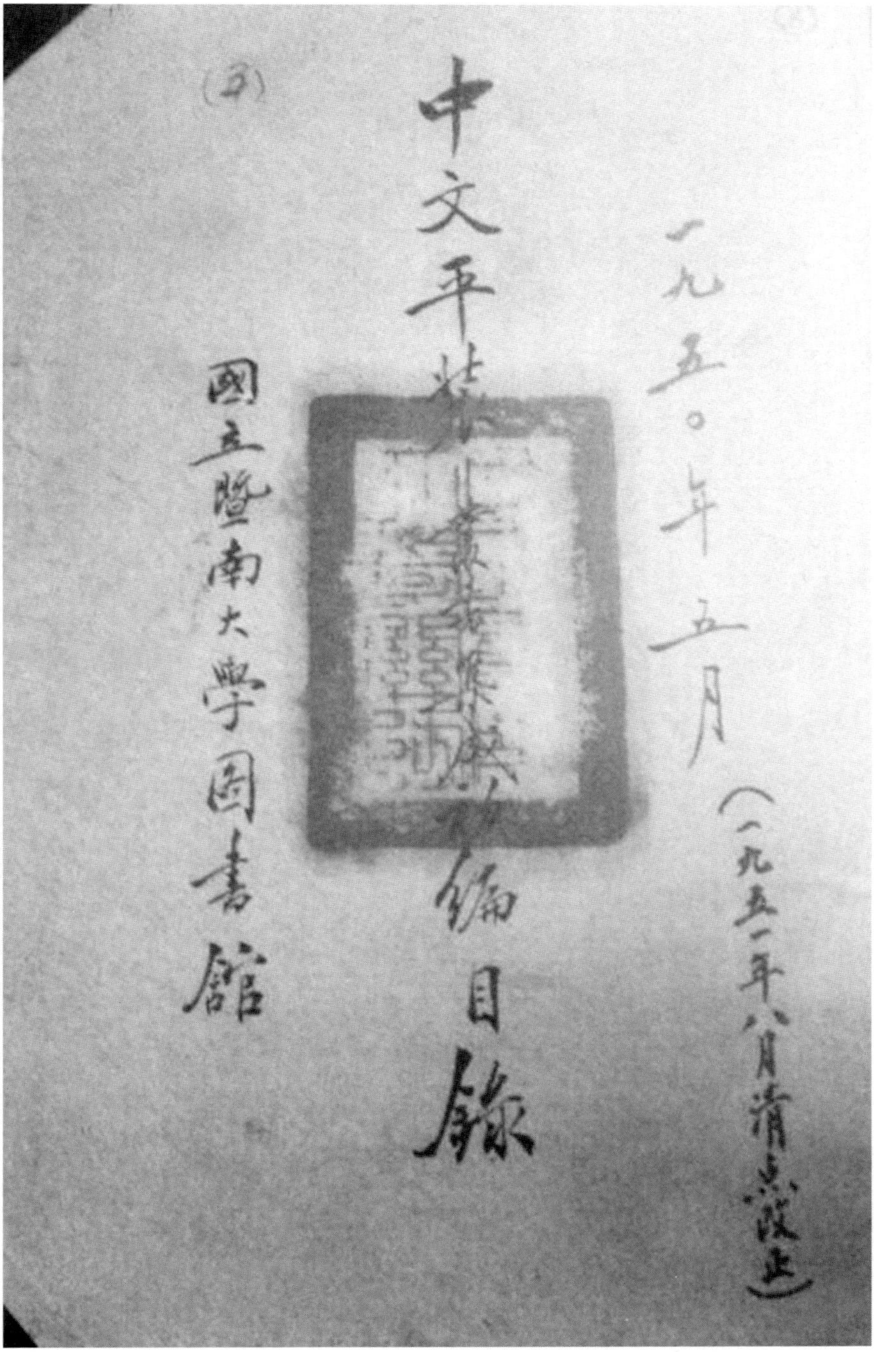

《国立暨南大学图书馆中文平装丛书集成初编目录》（封面，1950 年 5 月，1951 年 8 月清点改正）

主管人 王延青
移交人 周軾賢
接收人 陳裕光
監交人 鄭惠楓
一九五一年九月三日

《国立暨南大学图书馆中文平装丛书集成初编目录》（关防，1950年5月，1951年8月清点改正）

绪言

《国立暨南大学图书馆中文平装丛书集成初编目录》（绪言，1950年5月，1951年8月清点改正）

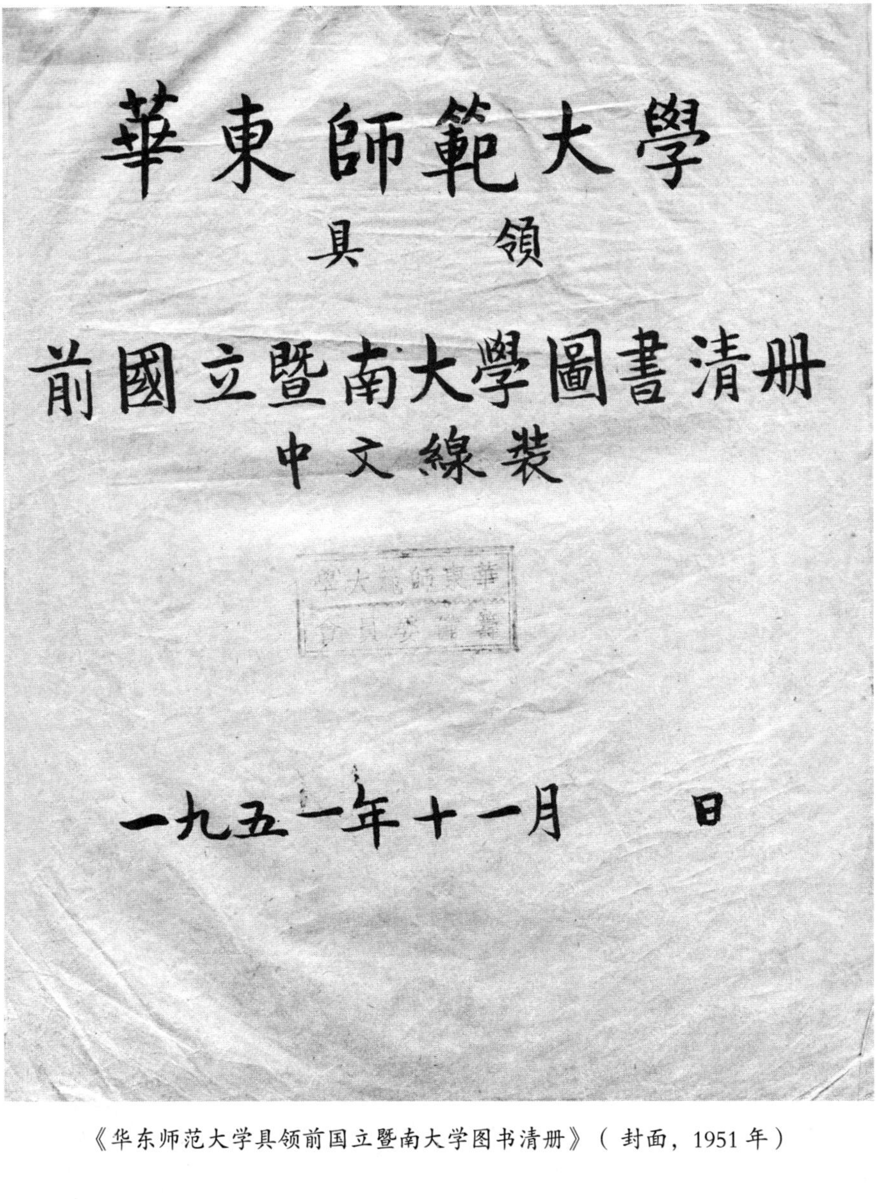
華東師範大學
具　領
前國立暨南大學圖書清册
中文線裝
華東師範大學
一九五一年十一月　　日

《华东师范大学具领前国立暨南大学图书清册》（封面，1951年）

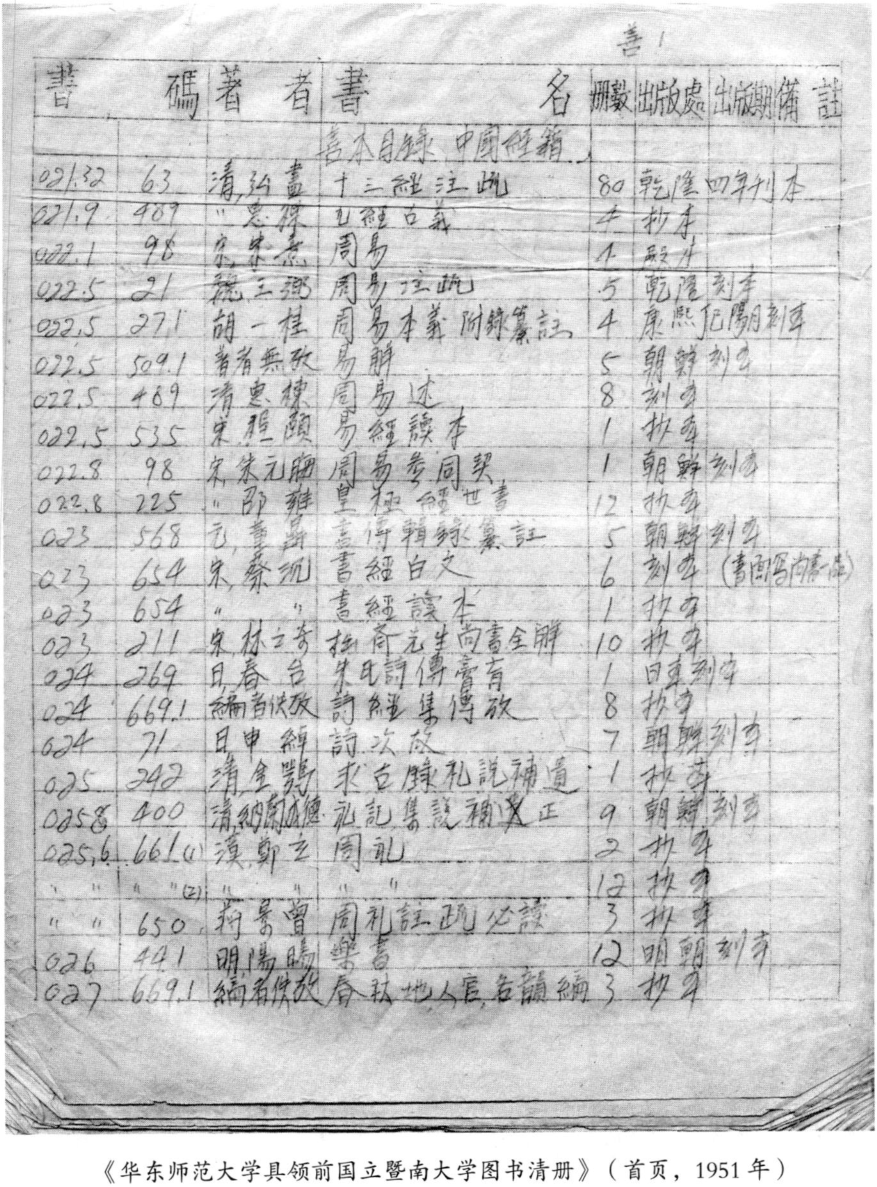

善1

書碼		著者	書名	册數	出版處	出版期	備註
			善本目錄 中國經籍				
021.32	63	清弘晝	十三經注疏	80	乾隆四年刊本		
021.9	489	〃惠棟	五經古義	4	抄本		
022.1	98	宋朱熹	周易	4	殿本		
022.5	21	魏王弼	周易注疏	5	乾隆刻本		
022.5	271	胡一桂	周易本義附錄纂註	4	康熙[illegible]刻本		
022.5	509.1	著者無考	易解	5	朝鮮刻本		
022.5	489	清惠棟	周易述	8	刻本		
022.5	535	宋程頤	易經讀本	1	抄本		
022.8	98	宋朱元晦	周易參同契	1	朝鮮刻本		
022.8	225	〃邵雍	皇極經世書	12	抄本		
023	568	元董鼎	書傳輯錄纂註	5	朝鮮刻本		
023	654	宋蔡沈	書經白文	6	刻本		(書面寫尚書[illegible])
023	654	〃 〃	書經讀本	1	抄本		
023	211	宋林之奇	拙齋先生尚書全解	10	抄本		
024	269	日春台	朱氏詩傳膏肓	1	日本刻本		
024	669.1	編者佚攷	詩經集傳攷	8	抄本		
024	71	日申綽	詩次故	7	朝鮮刻本		
025	242	清金鶚	求古錄禮說補遺	1	抄本		
025.8	400	清納蘭成德	禮記集說補正	9	朝鮮刻本		
025.6	661(1)	漢鄭玄	周禮	2	抄本		
〃 〃	〃 〃(2)	〃 〃	〃 〃	12	抄本		
〃 〃	650	蔣景曾	周禮註疏必讀	3	抄本		
026	441	明陽鶴	樂書	12	明朝刻本		
027	669.1	編者佚攷	春秋地人官名韻編	3	抄本		

《华东师范大学具领前国立暨南大学图书清册》（首页，1951年）

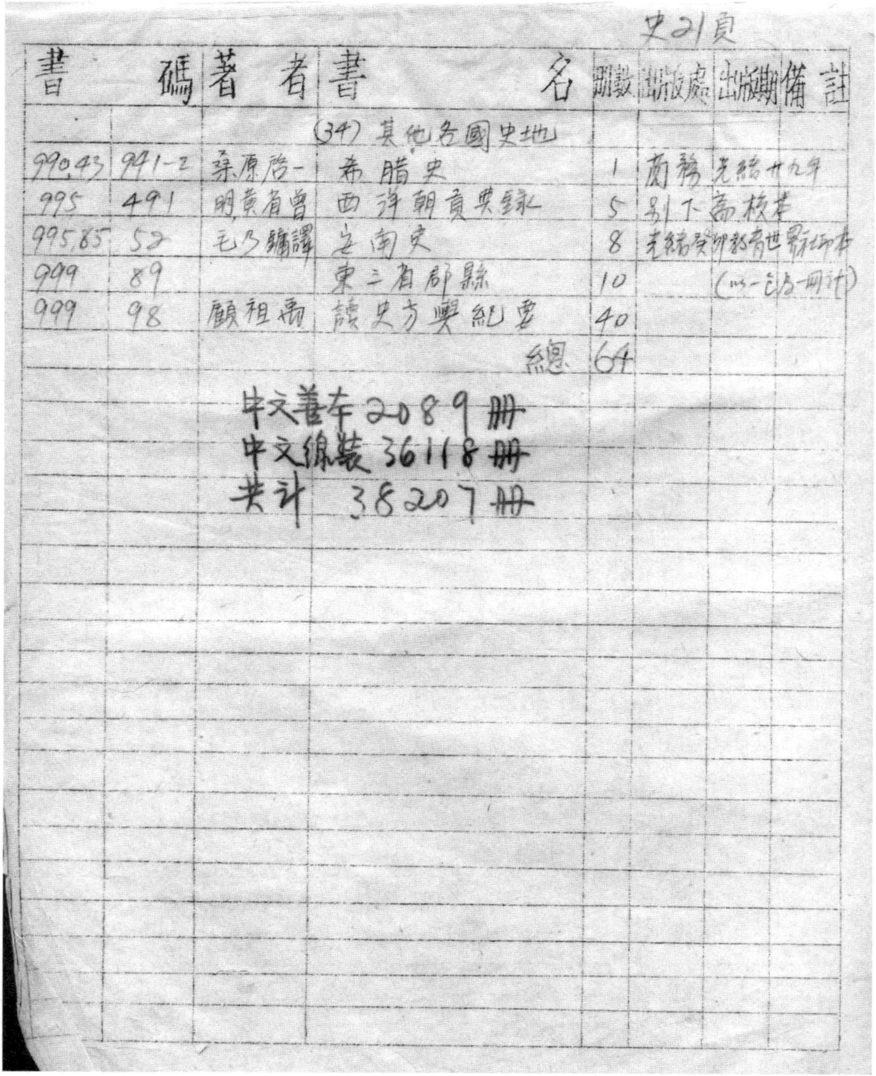
史21頁

書碼		著者	書名	冊數	出版處	出版期	備註
			(34) 其他各國史地				
990.43	991-2	桑原隲一	希臘史	1	商務	光緒廿九年	
995	491	明黄省曾	西洋朝貢典錄	5	别下斋校本		
995.85	52	毛乃庸譯	安南史	8	光緒癸卯教育世界社印本		
999	89		東三省郡縣	10		(以上七各一冊計)	
999	98	顧祖禹	讀史方輿紀要	40			
			總	64			

中文善本 2089冊
中文線裝 36118冊
共計 38207冊

《华东师范大学具领前国立暨南大学图书清册》（末页，1951年）

《十八年度国立暨南大学洪年图书馆概况》（封面，1929 年）

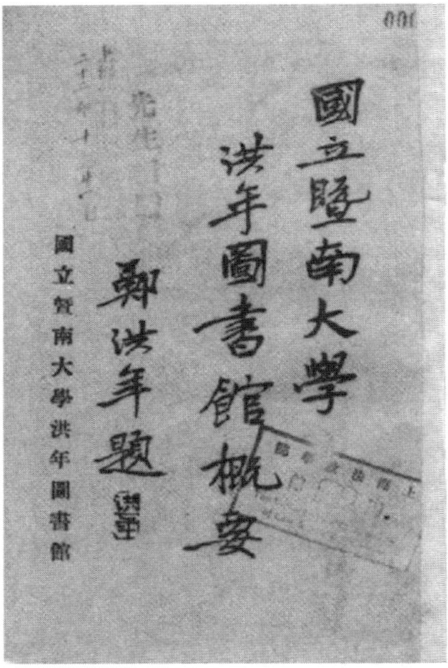

國立暨南大學洪年圖書館概要

鄭洪年題

國立暨南大學洪年圖書館

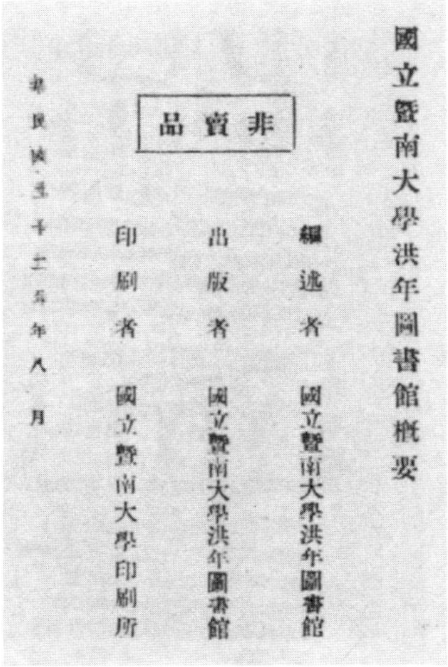

國立暨南大學洪年圖書館概要

非賣品

編述者　國立暨南大學洪年圖書館

出版者　國立暨南大學洪年圖書館

印刷者　國立暨南大學印刷所

中華民國二十二年八月

《国立暨南大学洪年图书馆概要》（封面、版权页，1933 年）

国立暨南大学洪年图书馆馆徽（1933 年）

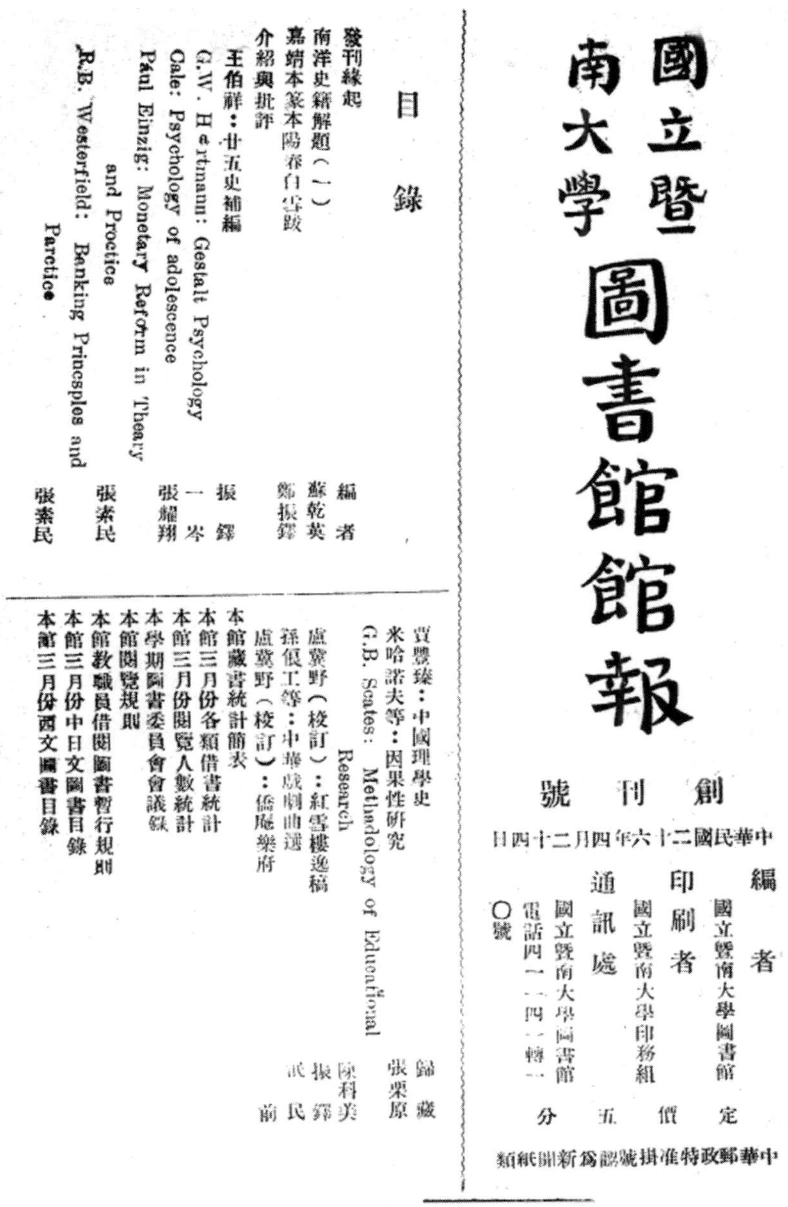

國立暨南大學圖書館館報

創刊號

中華民國二十六年四月二十四日

編者　國立暨南大學圖書館

印刷者　國立暨南大學印務組

通訊處　國立暨南大學圖書館　電話四一一四一轉一〇號

定價五分

中華郵政特准掛號認為新聞紙類

目錄

《国立暨南大学图书馆馆报·创刊号》（封面，1937 年）

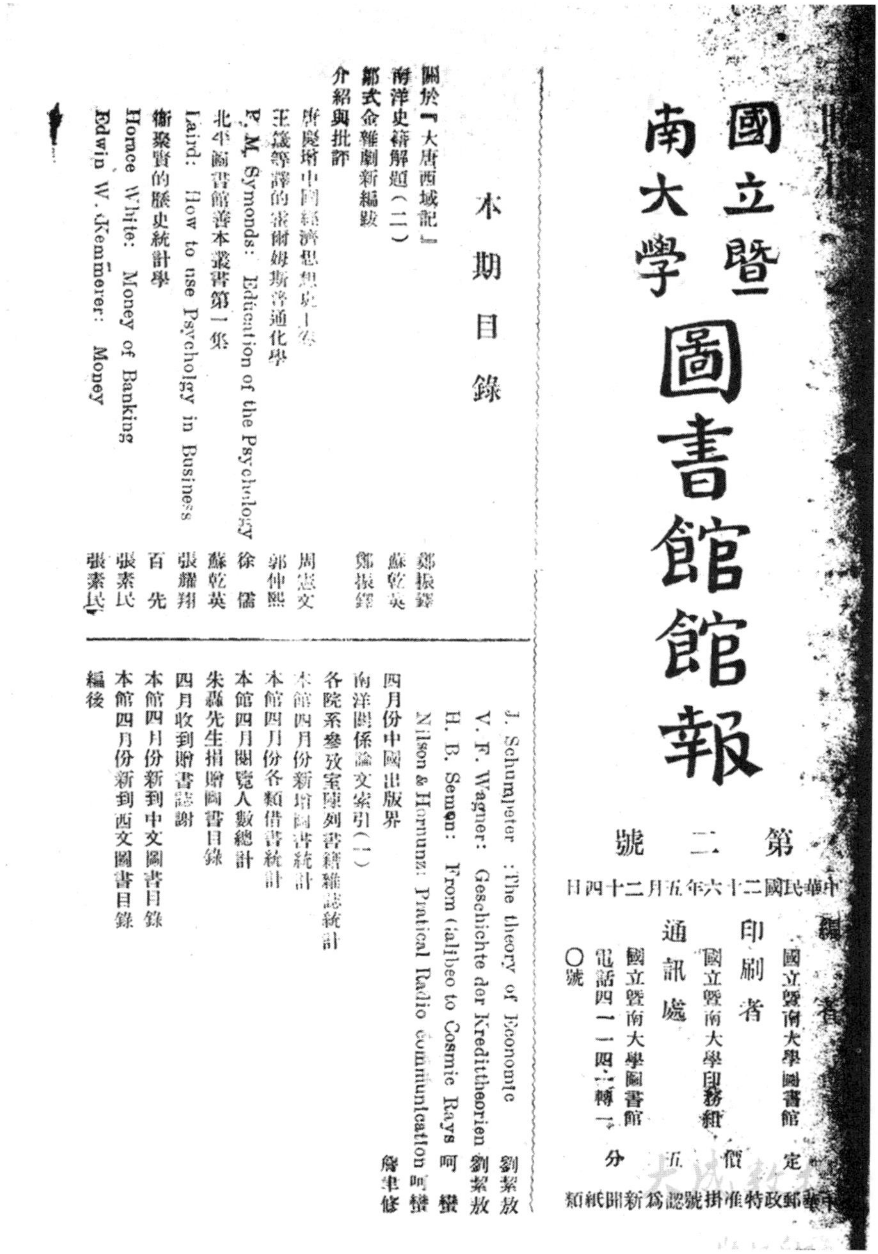

國立暨南大學圖書館館報

第二號

中華民國二十六年五月二十四日

編輯者 國立暨南大學圖書館
印刷者 國立暨南大學印務組
通訊處 國立暨南大學圖書館 電話四一一四三轉一〇號
定價 五分

中華郵政特准掛號認爲新聞紙類

本期目錄

《国立暨南大学图书馆馆报·第二号》（封面，1937 年）

文字资料

南京初创时期（1906—1923）

真如发展时期（1923.9—1937.8）

上海“孤岛”时期（1937.8—1941.12）

迁址建阳时期（1941年夏至1946年夏）

复员回沪时期（1946.3—1951.6）

暨南学堂医药书籍等费请仍由闽海等关分拨片

再江宁暨南学堂,续收学生加给经费,前经奏准,由闽海、粤海、江海三关分任筹拨,作正开销在案。伏查该堂学生名额既增,而医药各费自应与之俱增,且该生等生长南洋诸岛,性质与西人相近,遇有疾病,多延西医诊视,所费较多。核实计算,自本年起,每年需另添医药费银一千两。又本年全班学生一百七十余人,购办英文书籍,添置理化器具,共需银二千两,均系临时新加之款,不在前次豫算之内。业经设法垫给,以济要需,拟请以上两款共银三千两,仍由闽海、粤海、江海三关分拨,作正开支。惟有仰恳天恩俯如所请,照前准拨,以重卫生而宏教育。除分咨度支部、学部查照外,谨附片具陈,伏乞圣鉴训示。谨奏。

宣统元年六月初九日奉朱批:允行。该部知道。钦此。

(《学部官报》1909年第94期)

指令华侨联合会函请就暨南学校招生开校由

(二十六日)

教育司、内务司、财政司案呈.据函呈,拟于下学期招生,开办学校等情均悉。查暨南学校房舍借设陆军测量局,本公署先后呈奉教育部文,电准予拨用等因,业经函请都督转饬陆军测量局迁入该校,一面训令该保管员移交校舍,并将文卷、书籍、器具等件送交省立法政专门学校,妥为保存,各在案。据呈前情,应俟该会筹足经费,推定经理人,拟订章程,呈奉教育部核准在案,准予另行指拨相当校舍一所,以资开办,希即遵照。此令。

(《江苏教育行政月报》1914 年第 12 期)

指令暨南学校该校进行计划及七年度预算均准照办文

(第四百二十七号　七年四月十六日)

呈及表册均悉。该员等所拟该校五年间进行计划,切要可行,应即照准。七年度预算亦属核实,除检出一分咨送财政部备查外,合行令知,仰即遵照。此令。

附原呈

呈为谨拟暨南学校五年间进行计划表,并造送七年度预算册,请鉴核事。窃炎培、正平奉令筹办暨南学校事务,业将办理情形,节经呈报钧核在案。查自开始筹办以来,侨界闻风颇深,期望遣其子弟回国就学者函电纷来,将来势必推广学额,添设学科,增加程度,舍是恐无以慰众望而应要求。事关侨学前途至为重要,谨体大部提倡之盛意,预拟暨校五年间进行之计划,厥有数端:一学科宜依次添设也。暨校开办之初,除补习科外,只设师范、商业二科。第二年视南洋之需要,即须添开农业或工业科,第四及第五年酌施高等教育,并须添开农或工或商专门科,依校章第一条、第四条前项,学科均在应行添设之列;一校舍宜先事扩充也。暨校房屋均系旧时建筑,形式位置殊少合宜,以后年增学额,亟须添购校地,翻建旧屋,添建新舍,庶侨生联袂来归,不致有人满难容之患;一设备宜渐求完整也。暨校停闭年久,图书仪器存者无多。今筹规复,依校章第一条第三项,应规划施设者如图书馆、商业博物院、学校银行以及附属小学、农工业附设机关,均须次第筹设,并当调查需要,编辑教材,使侨生实习有资,毕业后得从事于教育或实业,不至全凭理论而无裨实用;一经济宜预为筹计也。教育事业既与年增进,所需经常临时各费,自不得不酌量递加。现于筹划进行之中,力为撙节开支之计,务期组织渐臻完善而经费无少虚糜。以上四端,系假定为规划暨校前途之标准,是否有当,理合缮具简表,连同七年度岁入岁出预算册,呈请鉴核,赐示祗遵。另附岁入、岁出预算表册各一份,拟俟核准后咨送财政部备查,至为公便。谨呈。

附暨南学校五年间进行计划表

年度 事项	预备期（六年十一月至七年七月）	七年度	八年度	九年度	十年度	十一年度
学科	补习科 约分三级，一百人 （附注）补习科之设系依据校章第四条第二项办理	补习科 约分三级，八十人 师范科（三年毕业） 一年一级，四十人 商业科（三年毕业） 一年二级，八十人 共六级，二百人 （附注）师范、商业二科系依据校章第四条办理	补习科 约分三级，一百人 师范科 二年一级，四十人 一年一级，四十人 商业科 二年二级，八十人 一年一级，四十人 农业或工业科（假定三年毕业） 一年一级，四十人 共九级，三百四十人 （附注）农业或工业科系依据校章第四条添设	补习科 约分三级，一百人 师范科 三年一级（毕），四十人 二年一级，四十人 一年一级（四年毕业），四十人 商业科 三年二级（毕），八十人 二年一级，四十人 一年一级，四十人 农业或工业科 二年一级，四十人 一年一级，四十人 共十二级，四百六十人	补习科 约分三级，一百人 师范科 三年一级（毕），四十人 二年一级，四十人 一年一级，四十人 商业科 三年一级（毕），四十人 二年一级，四十人 一年一级，四十人 农业或工业科 三年一级（毕），四十人 二年一级，四十人 农或工或商专门科 一年二级，八十人 共十三级，五百人 （附注）专门科系依据校章第一条第二项办理，招从前介绍入普通中学者或国内学生愿赴南洋从事于实业者组织之	补习科 约分三级，一百人 师范科 三年一级，四十人 二年一级，四十人 一年一级，四十人 商业科 三年一级（毕），四十人 二年 级，四十人 一年一级，四十人 农业或工业科 三年一级（毕），四十人 农或工或商专门科 二年二级，八十人 一年二级，八十人 共十五级，五百四十人

（续表）

年度 事项	预备期（六年十一月至七年七月）	七年度	八年度	九年度	十年度	十一年度
附设机关	筹备附设图书馆 （普通图书及南洋图书） 筹备附设南洋商业博物院 筹备附设学校银行（存储学生银钱，兼备学生实习） （附注）本项依据校章第一条第三项办理，下同	图书馆开办 南洋商业博物院开办 学校银行开办 筹备附属小学校（实习用） 筹备附设学校商店（实习用） 筹备农工业应附设机关	附属小学校开办 （佐以半日或全日制之补习学校或夜学校） 学校商店开办 农工业附属机关开办	扩充农工业附设机关	扩充农工业附设机关	
调查及编辑	编辑杂志，按期出版，调查南洋教材 （附注）本项系依据校章第一条第三项，第四条第一项及第八条第三项办理，下同	调查农工业需要并筹备设农业或工业科 继续调查教材，并编辑南洋小学教科书，陆续出版 编辑杂志同前	继续调查教材，并编辑教科书陆续出版 编辑杂志，同前	继续调查教材，并编辑教科书，陆续出版 编辑杂志，同前	继续调查教材，并编辑教科书，陆续出版 编辑杂志，同前	继续调查教材，并编辑教科书，陆续出版 编辑杂志，同前
介绍	介绍回国不欲入本校或不得入本校者，使入专门学校，大学校、普通中学校 （附注）本项系依据校章第一条第二项办理，下同	介绍入他校，同前	介绍入他校，同前	介绍入他校，同前 预备介绍本校毕业生往南洋就事	介绍入他校，同前 介绍本校毕业生往南洋就事	介绍入他校，同前 介绍就事，同前
工程	修改校舍，备后年度足容学生二百人 添购校地	翻建校舍，备后年度足容学生四百人 添购校地	翻建并添建校舍，备后年度足容学生六百人			

(续表)

年度 事项	预备期(六年十一月至七年七月)	七年度	八年度	九年度	十年度	十一年度
经费	预备期支出(元) 经常九〇〇〇 临时二、四〇〇〇 合计三、三〇〇〇	经常支出(元) 俸薪二、七〇〇〇 办公费七七六四 杂费三九六〇 计三、八七二四 临时支出(元) 翻建校舍一、五〇〇〇 添购校地三〇〇〇 筹备农工业附设机关八〇〇〇 计二、六〇〇〇 计合六、四七二四	经常支出(元) 俸薪三、七五六〇 办公费一、一六五二 杂费四八四八 计五、四〇六〇 临时支出(元) 翻建并添建校舍一、五〇〇〇 筹办农工业附设机关五〇〇〇 计二、〇〇〇〇 合计七、四〇六〇	经常支出(元) 俸薪四、四六四〇 办公费一、五四六八 杂费五九二八 计六、六〇三六 临时支出(元) 扩充农工业附设机关五〇〇〇 计五〇〇〇 合计七、一〇三六	经常支出(元) 俸薪五、一八四〇 办公费一、七二六八 杂费六七八〇 计七、五八八八 临时支出(元) 扩充农工业附设机关一、〇〇〇〇 计一、〇〇〇〇 合计八、五八八八	经常支出(元) 俸薪五、七七二〇 办公费一、八五六四 杂费七六〇三 计八、二八八六
	学费收入(元) 补习科一〇〇〇 (附注)补习科每生年收学费三十元,因本校开学较迟,拟收三分之一,约计如前数	学费收入(元) 补习科二四〇〇 商业科三二〇〇 计五六〇〇 (附注)商业科每生年收学费四十元,下列农业或工业科及农或工或商专门科均同	学费收入(元) 补习科三〇〇〇 商业科四八〇〇 农业或工业科一六〇〇 计九四〇〇	学费收入(元) 补习科三〇〇〇 商业科六四〇〇 农业或工业科三二〇〇 计一、二六〇〇	学费收入(元) 补习科三〇〇〇 商业科四八〇〇 农业或工业科三二〇〇 农或工或商专门科三二〇〇 计一、四二〇〇	学费收入(元) 补习科三〇〇〇 商业科四八〇〇 农业或工业科一六〇〇 农或工或商专门科六四〇〇 计一、五八〇〇

(续表)

年度 / 事项	预备期(六年十一月至七年七月)	七年度	八年度	九年度	十年度	十一年度
说明	预备期内开办补习科三级,俸薪平均约月支一千五百元,半年计九千元,办公费、杂费拟均在临时费内开支。合并声明	七年度俸薪,补习科依预备期半年九千元之数,全年应支一万八千元;师范科、商业科每开一级,连级主任拟加三千六百元,同科每添开一级,拟加二分之一,应一千八百元。本年除补习科外,师范科一级、商业科两级合支二万七千元。办公费项内师范生膳费占二千四百元,杂费项内调查编辑费占一千八百元。因预备期所备校舍仅足容二百人,故是年补习科只能以八十人为度。合并声明	八年度俸薪,依上年度开支之数,本年度师范、商业两科各添开一级,应加三千六百元,农业或工业科每开一级拟支四千八百元。又管理员俸学生至二百人以外,每加一百人拟加七百二十元,其他职员加三百六十元,以本年学生数计,应加二千一百六十元,合支三万七千五百六十元,办公费项内师范生膳费占四千八百元。合并声明	九年度俸薪,依上年度开支之数,本年度农业或工业添开一级加二分之一,应二千四百元。师范科、商业科各添一级,合加三千六百元。管理员及其他职员依前例加一千零八十元,合支四万四千六百四十元,办公费项内师范生膳费占七千二百元。合并声明	十年度俸薪,依上年度开支之数,本年度师范、商业二科各减一级,应减三千六百元,因农或工或商专门科每开一级,连级生任拟加七千二百元,同科每添开一级加二分之一,应支三千六百元,合支五万一千八百四十元。办公费项内师范生膳费占七千二百元。合并声明	十一年度俸薪,依上年度开支之数,本年度农业或工业科减少一级应减二千四百元,因农或工或商专门科添开二级应加七千二百元,又管理员及其他职员依前例应加一千零八十元,合支五万七千七百二十元。办公费项内师范生膳费占七千二百元。合并声明

(《教育公报》第5卷第8期,1918)

阅书报室规则

（七年四月十八日规定）

在图书馆未成立以前,暂时适用此规则。

(一)阅书报时间,每日下午四时以后、六时以前,为规定阅览时间,其余休息时及星期日上午,为随意阅览时间。

(二)阅书报室事务,置经理员一人、服务生一人或二人管理之。

(三)阅书报室内之书籍、杂志,须存置书橱以内。

(四)书橱之锁匙,在规定阅览时间内,由服务生掌之,此外由图书经理员掌之。

(五)阅书报室之图书、报章、杂志,只许学生在室内阅看,其必须借抄者,须经图书经理员许可(借书时期至多以一星期为限)。

(六)取阅或归还书籍、杂志,须经服务生之手。

(七)书籍、杂志之出入,必须依照原定次序。

(八)未备之图书、报纸,可开单请校中添购,由校中认为有益者即行添置。

(九)图书、杂志,学生均须珍护,如有损毁,酌令赔偿。

(《中国与南洋》1919 年第 3 期)

暨南学校职员办事总则

本校职员循下列之系统服务

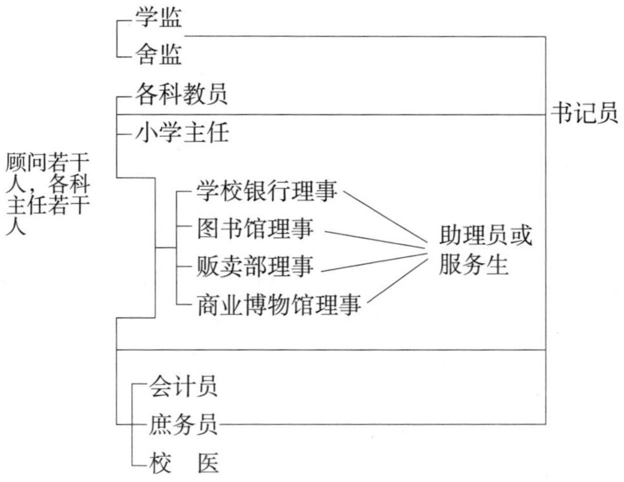

（《中国与南洋》1919 年第 4 期）

图书馆与留学生之将来

沈鹏飞

为学之道渺矣。古今载籍，浩如烟海。虽丧乱之余，屡遭焚劫，而历古以来所存者，尚不胜其多。况今印刷之术大明，纸价亦贱，运输迅速，传播非艰，一人搜集之家，充栋汗牛，触目皆是。虽矻矻穷年，百岁亦莫能竟其万一。庄子所谓吾生也有涯而知也无涯者，不其然欤。故西哲有云，昔人读书之难，难于搜罗；今人独书之难，难于选择。然则今日学者，欲通晓古今，贯彻中外，达治变之道，而明物理之原，不亦难哉。虽然，亦有说焉，昔之学也，在通其要略；今之学也，在分析辨微。昔之学也，在强记博闻；今之学也，在得其蹊径。诚以博观大概者不可拟于专精，藻尚词华者罔能同于详究。苟辨其门类，得其途径，则载籍具在参考，因时亦不失为通才，此研究家与图书馆所以势难两相分离也。

夫学无止境，日新月奇，分门别类，专之又专，歧之益歧。吾人藉三数载之光阴，研究其众中之一统系，亦仅粗识其门径而止耳。返国而后，欲各就其所习职业，施诸实用，应续行研究之地尚多。苟吾人视三数年之所学为心满意足，趾高气扬，用以夸示国人，则亦已矣。否则，欲求深造，欲求精进，欲求大成，非继续考查，博观载籍不为功。然离校而后，所足资以为一己研习者，非私人之搜罗，即公家之藏储，惟恃乎个人之购置者，往往费大而难备，事倍而功半。故吾人返国后欲更有所参考，不能不赖于公立图书馆之设备也，此其一。科学新理，工业改良，与时俱进，青出于蓝，冰寒于水，后起者每每凌驾先进。以吾人今日所学，回国设施，苟故步自封，泥守成法，则我取人之所弃，又安往而不失败？又岂能保其所业与外人相角逐乎？故欲随时变迁，获悉最近新理与改进之方，又非私人所易为力，而不得不有赖于公家图书馆之搜罗者二也。工业最近之进步，科学最新之学理，类多详于流行之杂志，而不见于普通教科或参考书中。惟近世杂志发达数以千百计，即专于一门者，间亦十数，非个人力所易致也。使购之而随阅随弃，不若图书馆之分类储藏，则欲有所参考，可以按查目录，一索而得，此不得不有赖于公立图书馆之置备者三也。吾人留学数年，所习者他国之治法史事，他国之经济情形，他国之工商状况，以之设施，未必率合我国国情。将谓返国而后从事实地调查乎，则境域辽阔，交通不便，各地情况不同，举一不足以例其余，调查事亦未易言也。惟图书馆存有各地公家之布告及统计，足裨研究之资，参观而谙习之，可事半功倍，此不得不有赖于图书馆之存储者四也。故图书馆者，学校也，研究院也，顾问部也，调查团也，学术荟萃之所，而一国文化之主脑也。工商艺术赖是以改进焉，政治经济赖是以发展焉，其所以灌输新知、裨益学者，诚非浅鲜，固无论通俗，图书馆之足以启发民智已。图书馆之要，既如上述，故各国莫不视为文明之枢纽，建筑务求宏伟，搜罗务求丰富，管理务求完善。有国立，有省立，名都大邑，则有市立公立，其他学校官衙与夫私人之设备者，尤不可胜数。反观我国之辙迹为何如乎？羲皇以前无论矣。自轩辕以降，作者叠起，乃孔子删书，断自唐虞，夷其繁芜，撮其精要，仅成六经。若柱下史所掌，为类当亦有限也。其后诸子继起，各成一家言。坟典邱索河洛九洲，同时毕见，书籍增盛，蔚为大观。中更秦火，再炬咸阳，官私几绝，搜集维艰。故汉兴以来，师儒私相授受，惟专一经。若淮南之广罗，史迁之博览，匪伊朝夕矣。及乎成帝集秘本于石渠，安帝校典籍于东观，图书藏聚，乃其见端。然而竹帛传写，杀青维艰，是犹类于巴比伦之砖书，易于久藏，难乎转运也。由是学术聚于官中，民间鲜所得习。自纸料创于后汉，木版起乎有唐，然后图籍可广为分布，学者亦得手执一编，文献斐然，通乎全国。故宋定《崇文总目》书名，聚至十二编。清制《四库全书》，卷帙将近十七万册。于是重抄分储，建为七阁。内自内廷，外及江浙，以播文风。故一毁于英法联军，再劫于洪杨变乱，而四库原本，尚能保存。惟清初之编纂，距今又近二百年，日月递邅，新知猛进，思潮学术，所增者倍蓰。以昔例今，其当因革损益者正夥，就过去之事实，亦可得而论列也。

溯历来图书之搜集，可大别为二。官有乃官家之搜罗，民有属私家之储蓄，二者虽殊，其实则一。盖典籍之存储内廷者，止供翰院词臣研究之资，而散布各地者，亦仅为少数文人学士所诵习。故其实与私诸少数人者无异，此亦吾国学术所以迟迟不进之一因也。挽近以来，教育部有国立图书馆之设，而各省亦间有自立图书馆者，可为公立之嚆矢。然多不完善，人民视为可有可无，未能收实效于万一。推原厥故，虽由国库空虚，官中漠视，而当事者管理失当，未谙致用之道，亦其一因也。兹特举其要略，与海内大雅诸君子一商榷焉。

一办理　图书馆为灌输学识于人民而设也，故一切办法，当以公利为归，而其性质与博物院有别。故书籍首贵流通，若止能内观，不得外借，则视同古玩矣。美国各公立图书馆，虽相距数百里之遥，去信借阅，即应命寄往。若是者庶可收灌输之实效，行之得所，实足以增进人民与图书馆之关系，惹起人民读书之兴趣，培养人民公德之观念，于转移风气，具有伟力焉。

二搜罗　图书馆既以介绍新知、增进学术为主旨，故搜罗之道，一曰宏富，必包括中西。自经史百家以及诸科艺术，无不毕备。二曰时新，必兼赅今古。自书报杂志以至布告讲辞，当靡有孑遗。三曰敏速，凡新书新理，虽远自欧美，近在境内，一经发见，务必搜集，然后足以裨益于专门学者、艺术专家也。

三誊译　图书之珍贵而不易得者，或可暂假而不可购置者，则当急为誊录以备数。其罕覯之书，幸存馆中者，亦应另誊副本，以备外借。至他国典籍有关学术之要者，尤须设法移译，以飨国人，庶足收灌输学识之实效也。

四分类　图书类别，自唐有四部之分，而后世因之，几成为玉律。

实则子集二部,仅足为概括之名,门类不分,则参考引证,殊不便检取。就诸子而论,班志有九流之目,在当时尚非完备。况秦汉而后,成一家言者,正不乏其人乎?《四库提要》,虽略有增益,而以近世之科学区分法例之,则其所损益亦非至当。至集部范围之复杂,更无论矣。故四部之分,并可废置,而采取刁惠氏小数区分法(Dewy Decimal Classification)折衷重定之,当较便于学者之检阅矣。

五目录　分类之法既定,即当依数目之区划,编为目录。至于目录之存列,当以散片叠置抽屉内,而不必装订成册,庶便于随时增加,此乃西国图书馆之长。吾所宜采,无待言也。此外,当以作者姓名,更编为目录一份,则失之于彼者,可得之于此,学者之检查,倍形便利矣。若流行杂志报纸之论文,为最近学术之渊薮者,尤当编分目录,庶参考者得所适从。故美国普通杂志有目录,工程杂志另有目录,工业杂志、农业杂志、商业杂志与夫其他各专门杂志,亦各别有目录。发为月刊,或为期刊,或为年刊不等。凡此种种,皆有专司,视为营业性质,诚以美国学校图书馆林立,购置者多,故发行者可获利,而足以支持。我国教育,尚在幼稚,现时诚未足以语此。惟我国杂志流行者亦无多种,司理图书馆者,自行编定目录,亦尚非难事。至外国杂志目录,自可购自他邦,固毋庸徒劳也。

六提要　目录之编定尚矣,而目录中加以提要尤为专门学者、研究专家所重视。考书目之有提要,实以我国为先进。宋《崇文总目》之编纂,已开其端。后郑樵作《通志》,讥其冗而无当,故废弃不传,今存者仅书目十二编。殆近人始有《四库提要》之作,殊足为参考者之资助。若今西人对于一论文一说辞一实验或一布告,亦多撮其要略置于目录之后,与研究家以莫大之便利,诚足师法者矣。

留学生之有赖于公立图书馆者既如彼,而图书管理之应改进者又如此,则吾人对于完备图书馆之设立,所当朝夕期望而不可忽略视之者也。夫享权利者必尽义务,吾人既希望将来研究之便利,应图所以改进之方。于是吾人之义务有三:一曰提倡,吾国民智未通,国人视图书馆之设立为无足轻重。故求一完备者而不可得,抑知一国文化,恒视此以为枢纽乎。故转移风气,提倡创办,演说鼓励,昭示成绩,责在吾人。二曰辅助,编订目录,制备提要,搜罗新书,绍介新理,均非少数司理图书者所易为功,而不能不有赖于一般学者,则通力协助,亦责在吾人。三曰笃责,凡所有因革改良应增应损之地,或非少数管理人目光所能尽及,则笃责而促进之,又吾人应有之义务矣。

按吾国留学生之专攻图书管理者,不乏其人。此编仅就图书馆与吾辈普通关系立论,至详细整理之方、因应之道,自有专家,不容门外汉置喙者也。

(《留美学生季报》第6卷第1期,1919)

暨南学校图书馆志谢赠书人名一览

一、菲律滨华侨总商会寄赠《菲律滨矿产调查》六册、《菲律滨之织品原料》及《工业之保藏》各一册,特此鸣谢。

二、新加坡育英学校寄赠《国文初步》一册,特此鸣谢。

三、北京同法公报发行所寄赠长期《司法公报》(每期一册),特此鸣谢。

四、北京农商部编辑处寄赠长期《农商公报》(每期一册),特此鸣谢。

五、北京财政部统计科寄赠长期《财政月刊》(每期一册),特此鸣谢。

六、北京教育部寄赠长期《教育公报》(每期一册),特此鸣谢。

七、北京观象台寄赠长期《观象丛报》(每期一册),特此鸣谢。

八、本校校董赵厚生先生惠赠《国文自修书辑要》《中国商战失败史》《小学教育解》及《游戏运动》各一册,又《诒晋斋法帖》十六册、

《威尔逊参战演说》及《兰亭瘦本》各一册,又《平等阁笔记》三册及各种杂志多本,统此鸣谢。

九、江苏省公署寄赠石印宋李明仲《营造法式》一本,特此鸣谢。

一〇、本校筹办员黄任之先生惠赠《改良南洋华侨教育谈》《理财刍议》《螟虫》及《缅甸华侨学校第二届中华学校运动会记》各一本,又新加坡育英学校学生《国文学初步》《缅甸地理教科书》各一及杂志多种,统此鸣谢。

一一、仰光中华学校寄赠《华侨商业尺牍》及《缅甸华侨尺牍》各一册,特此鸣谢。

一二、江苏省教育会寄赠长期《新教育》(每期一册),特此鸣谢。

一三、江苏教育厅寄赠长期《江苏教育公报》(每期一册),特此鸣谢。

一四、菲律滨教育会寄赠《菲律滨教育丛刊》多份,特此鸣谢。

一五、本校商业科主任高践四先生惠赠《社会进化论》一本及 *Fundamental of Sociology* 一册,特此鸣谢。

一六、上海有正书局寄赠《新世界地图并附说》一册,特此鸣谢。

一七、上海华商纱厂联合会寄赠长期《纱厂联合会季刊》(每期一册),特此鸣谢。

一八、前本校国文教员姚明辉先生惠赠《陶斋志果》《学记集义训诂》各一册,又碑帖八字"六经至道五言长城",特此鸣谢。

一九、旅京华侨学生会寄赠《华侨学报》多份,特此鸣谢。

二〇、本校音乐教员索树白先生惠赠《音阶图》一册,特此鸣谢。

二一、本校师范科毕业生吴建中先生寄赠《日本人之□□问题》及《念佛四大秘诀》各一本,特此鸣谢。

二二、江苏第二女师校友会寄赠第八期全期《校友会汇刊》十本,特此鸣谢。

二三、上海圣约翰大学寄赠《约翰声》多本,特此鸣谢。

二四、中国地学会寄赠长期《地学杂志》(每期一册),特此鸣谢。

二五、武昌高等师范寄赠数期《博物会杂志》,特此鸣谢。

二六、北京清华学校寄赠《清华学报》多份,特此鸣谢。

二七、北京大学出版部寄赠《新潮杂志》数期,特此鸣谢。

二八、本校商科教员唐桐侯先生惠赠《*Chinese Japanese Treaties of* 1915》《*China & League of Nations*》《*China's Position in International Finance*》《*New Reform in China*》《*The Relation between China & Japan*》各一册,特此鸣谢。

二九、山西洗心总社寄赠长期《来复周报》(每期一册),特此鸣谢。

三〇、本校校长柯箴心先生惠赠《*The Fuh-Tan Banner*》一册,特此鸣谢。

三一、南京青年会求实学校寄赠《英文科毕业同学录》一册,特此鸣谢。

三二、本校学生曹侠夫君惠赠《历代统系》及《历代分合图》各一轴,特此鸣谢。

三三、本校周刊部李佛生先生惠赠《八段锦图》一轴,特此鸣谢。

三四、本校商科学生戴春隆君惠赠《东方杂志》十二册、《复旦杂志》三册、《工业专门学生杂志》一册,又《上海指南》一本,特此鸣谢。

三五、福建泉州培元学校惠赠《培元校报》一份,特此鸣谢。

三六、江苏第二农业学校寄赠《参观斐列滨教育纪要》一册,特此鸣谢。

三七、本校中学科学生黄协裕君惠赠《造船厂》《棉布厂》《呢布厂》《革履厂》《养鸡新法》及《银行学原理》各一册,特此鸣谢。

三八、本校学生邓冠群君惠赠《普世战局》一本,特此鸣谢。

三九、本校学生陈逖松君惠赠《无锡校外学生联合会周刊》六册,及《无锡大观》一册,特此鸣谢。

四〇、本校学生丘文奇君惠赠《西法炮台》《图说意大利》《蚕书》各一册,《德国练兵新书》及《十字军英雄记》各二册,又《续西学大成》十二本、《五经文府》二十本、《四六类腋》六本,统此鸣谢。

四一、华侨刘士木先生惠赠新旧□文图书多种,统此鸣谢。书名列下:

《台湾事情》《蒙古土产》《演剧论集》《日常之法律》《解放》《雄辩》《黎明讲演集》《东亚各港志》《不思议之研究》《国家及国家学》《伟人丛谈》《小说丛书》《初学农业书》《韩国之农业》《旅行记》《日韩通话》《恤□小说》《东京市政概要》《罗斯福言行录》《铁道规程问答》《列车运转问答》《法国女杰传》《大阪银行通信录》。此外并有目录书数本。

四二、南京江苏银行寄赠第十八期《半年报告》一册，特此鸣谢。

（《中国与南洋》第2卷第2—3期，1921）

图书馆布告

（九月八日）

本馆图书，目下亟待整理，诸学员前借去之书籍，请于两星期内，全行送回为要。在整理期内，书籍概不出借。此布。

图书馆

（《暨南周刊》1925年第1期）

二月二十五日第九次校务会议纪

主　席　姜校长

到会者　潘序伦、邓只淳、许克诚、雷宾南、许民一

关于图书馆议决事项：

（一）议决本学期征收学生图书费，商大每人二元，高中每人一元半，初中每人一元，旧制商科三年级收费与大学同。

（二）议决学校每学期补助图书馆费与收到学生所缴数目同。

（三）所用图书经费及其他应办事宜，统由各科主任会同图书委员会支配办理。

（四）添聘图书馆管理人员。

关于发印本校一览：

（一）议决本校一览，各科合刊一册，以三月底为集稿最后之期，尽四月底出版。

（二）所有一览稿件，由文牍处催收。

（三）一览内容列下：一，沿革。二，插图。三，学历。四，校董题名录。五，职员表。六，教员表（以姓之笔画多少为先后）。七，本校组织大纲。八，董事会规程。以上由校长办公处办理。九，各科教务规程。十，训育处各种规程。十一，学生表。十二，附录（如学生自治会章程等）。

三月十日第十一次校务会议纪

主　席　姜校长

到会者　潘序伦、马景常、许克诚、邓只淳、雷宾南、许民一、曹聚仁、李尊庸、王曦晨、贾佛如(潘序伦代表)

一、议决举行孙中山先生周年纪念会,并停课一天。

二、议决本年春假放假六天,自四月三日起至八日止,惟八日晚间学生须一律归校,九日必须上课。学生得自由择定地点,分别组织旅行队。经费一层,学校因财力不充,概不补助。

三、议决师范科学生毕业旅行,本年每名由学校津贴二十元。

关于图书馆事务:

(一)议决由收入总数中提出百分之十为购备公共报章杂志之用。

(二)议决所余百分之九十按照各科收入比例分配。

(三)议决各科应办书籍由各科主任办理之。

(四)议决每班设立奖励学额一名,免其学费之全部(其详细办法另订之)。

(《暨南周刊》1926 年第 22 期)

校董会议纪

▲民国十五年三月三十一日下午四时半在上海爱多亚路纱布交易所暨南村通讯处开校董会议

主 席 袁观澜

到会者 韩无闷、姜伯韩、史量才(袁观澜先生代)、黄任之

一、校长提议借款建筑房屋,议决通过,照计划书办理,并推定郑绍觉、黄任之二校董为担保人,向银行借款。

二、校长提交十五年度预算,照原案通过。

三、校长提议募捐建筑图书馆,议决通过。

四、校长提议学生自治会借学校公地建筑义务小学校,并由学校补助建筑费四分之一,计八百元,议决通过,但该地所有权仍属学校。该项建筑,学校应有四分之一所有权,至其用途,应以义务小学为限,即将此意通知学生自治会。

五、师范科学生,提出请全免学膳费案,议决目前校内经费万分困难,应仍暂照半费原案办理。

(《暨南周刊》1926 年第 25 期)

校长办公处消息

▲校长函请日本文化局捐助《南洋丛书》。

日本近年来关于南洋问题所发刊之书籍甚夥,本校校长姜伯韩先生日前备函请日本外务省文化局局长冈部长景先生在庚款项下捐助书籍多种,以供本校研究南洋问题之用。姜校长又往谒驻沪日本总领事矢田先生,请其备函介绍,已得矢田总领事许可,允为致函冈部局长云。

(《暨南周刊》1926 年第 26 期)

关于建立图书馆

前年秋,江浙战争,真茹当兵火之冲,本校为营垒者两月,图书仪器荡然无存。两载以来次第添购百不及一,学术研求大感困难。因之拟向国内外热心教育诸公募集捐款,建立图书馆一所,以为实施之用。兹已组织图书馆募捐委员会着手进行。

(《暨南周刊》1926 年第 28 期)

校务会议纪

▲十五年四月十四日第十四次校务会议及图书馆委员会联席会议。

主　席　姜校长

到会者　雷宾南、马景常、邓只淳、黄念远、贾佛如、许克诚

一、议决通过图书馆募捐委员会规程。

二、推定王曦晨先生为图书馆委员会主席。

三、指定介于足球场与调养室间之地段为建筑新校舍之地点。

(《暨南周刊》1926 年第 29 期)

四月二十八日第十六次校务会议

主　席　姜校长

到会者　马景常、许克诚、潘序伦、邓只淳、许民一、雷宾南(因病缺席)、贾佛如

一、公推校长为图书馆募捐委员会委员长,贾佛如先生为会计员。

二、议决图书馆募捐由全体教职员及学生分队劝募,其方法另订之。

校长办公处消息

▲图书馆募捐委员会成立 图书馆募捐委员会规程,经校务会议通过,已见前刊,兹将委员选举结果列下:潘序伦(二十六票),雷宾南(二十三票),马景常(十九票),邓只淳(十八票),姜伯韩(十七票),贾佛如(十五票),许克诚(十三票),吴倚沧(十一票),王淮君(十票),唐桐侯、许民一(各九票),王曦晨(六票),黄念远(五票),张天方、曹聚仁、柴辅文(各四票),王雨生(三票),李权时、郑子政、韩幼珊、韩文辅、叶溯中、王志莘、周仲千(各二票),叶渊、夏斗南(各一票)。

(《暨南周刊》1926 年第 29 期)

图书馆募捐委员会规程

第一条 本会为谋本校图书馆事业之发展而设。

第二条 本会由全体教职员中互选七人组织之。

第三条 本会之组织如下:

(一)筹划募捐进行事宜;

(二)经收及保管捐助款项;

(三)规划其他与募捐有关系之一切事项。

第四条 本会选定委员长、会计各一人,分司其事。

第五条 施行第三条职权时采取合议制,开会时以委员长为主席。

第六条 本会至募捐截止时即行解散。

第七条 本规程自公布之日起施行。

(《暨南周刊》1926 年第 29 期)

暨南学校扩充图书馆之计划

暨南学校原有之图书馆,现已不敷应用,该校校长姜伯韩爰有另建新馆大加扩充之计划。据闻款项一层已有把握,不日即可进行,并请延上海杜定友、王云五诸君赞襄一切,庶几一切设备、办法均能合于现代图书馆原理云。

(《图书馆学季刊》第 1 卷第 3 期,1926)

借书及阅览规则

一、开馆时间

星期一至五 上午八时至十二时,下午一时至五时,晚七时至十时。

星期六　上午八时至十二时。

星期日　下午一时至五时,晚七时至十时。

寒暑假期开馆时间另行规定。

二、阅览规则

第一条　阅览时,勿高声交谈朗诵。

如因交谈而妨碍他人阅览,应受他人或馆员劝止。

第二条　阅览室中陈列之杂志、参考书等,不得携出室外。

第三条　自由携出杂志及参考书,一经查出,除追还原书外,另须纳该书原价之半作罚金。如遗失污损,则照借书规则第十一条办理。不纳金者,照借书规则第十二条办理。

第四条　阅览者有劝止他人高声交谈朗诵,及阻止他人自由携带杂志或参考书出馆之义务。

三、借书规则

第一条　凡开馆时间内,均可借书或还书。

第二条　凡本校学生之已缴图书费者,均有借阅图书之权利。

第三条　欲借图书者,须先持缴费单向本馆领取借书证(每人以二张为限),依式填写姓名、科别及住址,然后凭证借书。

第四条　借书证用完时及学期结束时,须将原证交还。

第五条　借书证如有遗失,应注意下列各项:

(一)须至本馆声明;

(二)在未经声明前,被捡得借书证者,借去图书应由原领证人负责;

(三)补证每次须纳小洋二角。

第六条　欲借何书,应就目录卡中选择,记该书书码(在卡片左上角之上下二号码)于借书证,交馆员检取。

第七条　每人同时得借图书二册,每借书证一张,同时得借图书一册。

第八条　借图书至馆外阅览者,请注意下列各项:

(一)借期以二星期为限;

(二)逾期不还者,每本每日纳大洋二分;

(三)期满续借须至馆声明,该书如无他人预定,得展期一星期;

(四)借出图书,本馆如有特别需要时,得随时通知收回;

(五)教员借阅各科学程参考书,得增加本数,延长借期;

(六)学生如为特别参考而经教员之介绍者,亦得酌加本数。

第九条　图书阅毕应即交还,不得任意辗转传阅。

第十条　图书内部不得删改、污损,如有错误之点,应报告馆员。

第十一条　借阅图书如有遗失、污损等情者,应照原价赔偿。

第十二条　凡应纳金而未纳者,停止借阅图书之权利,至纳金后为止。

第十三条　凡应纳金事项,除由本馆通知外,由财务室征收之。

第十四条　如在寒暑假时借书仍未归还或纳金未清者,应即不给出校证。

第十五条　书库非经许可不得入内。

第十六条　本规则自公布日起施行。

民国十六年十月十日

教职员借书规则

一　凡本校教职员,均有借书权利。但每学期开始,教员初次借书应由教务处来函介绍,职员初次借书应由秘书处来函介绍,以为根据。

二　凡教科用书得借取一学期参考书,借期由借书人自定,但至多不得过四星期,本数以二十本为限。

三　凡借阅普通参考书,其借期及册数均照本馆普通借书规则办理。

四　如有因事离校者,请将所借书籍及所领借书证交还本馆。

五　损失书籍,照本馆赔偿条例办理。

洪年图书馆十六年度概况

馆务之扩充　本校历届校长虽有知图书馆之重要,惟以经费不充,未能大发展。前年校务会同人感于书籍缺乏,教育难得良果,欲谋所以扩充。如经费不能望于公家,遂谋捐募以成其事。举姜琦、潘序伦、雷宾南、许克诚君等筹画,预定建筑费一万五千元。先由校董及教职员认捐,当时校董郑洪年先生(即今校长)首认五千元,教职员自捐及向外募来亦如之。郑先生并敦促即进行,如有不足,由其担负。当时筹备诸君感于郑先生之热诚及其为华侨教育谋进步之心愿数十年不怠,遂议以洪年名新建图书馆,以为纪念。工兴于民国十五年十二月,中因兵事停顿,直至今校长接事时始完工。

全馆占地六分余,作凸字形,分上下两层,有三室。左右翼为阅览室,突后一室为书库。下层共五室:一馆长室,一阅报室,一编目室,一书库,一馆员室、阅览室。同时阅览可容一百二十八人,阅报室可容八十人。

图书馆之建筑费一万三千八百零七两,设备费五千元。除支用上述捐款外,余为爪哇及菲律宾华侨捐款。

行政　本年度之上学期，图书馆为教务处行政之一部，校长聘许君克诚主其事。下学年范围扩大，直隶校长，聘教授叶崇智主其事，并聘助理一人佐之。设登录、编目、典藏三股。编目分中西文部，各股主任一人。

书籍之选购　选购书籍之标准：（一）备现在各系各科所开学程之普通参考；（二）分期选购名著；（三）注意选择世界新出著作，以与时代接触。购书手续则由各系各科主任开单，交图书馆查看，如无藏书即行购买。购书费上学期未预定数目，下学期由校长指定一万八千元，分配于各系。本年度已支出购书费一万六千余元，尚有已向外国定购而未到者约六千元。

现藏书籍　中文本约十五万卷，订为一万六千余册；西文书八千余册；日文书五百册。

编目概况

本馆往日馆员人数稀少，完备目录未及编制；至十七年三月，改组扩充后，始设中西文编目股，增加馆员人数，遂着手于字典式目录之编制。迄今为时仅四月，西文新旧书籍均已编目，此后新到书籍，即可按照手续，随到随编。中文方面，因少可根据之方法，须随时研究，而书籍亦较西文多数倍，故完成编目工作尚需时日。兹将本馆编目概况分为分类与编目二项，述之如次：

（一）分类　本馆着手分类之初，对于分类方法，应用何种制度，曾作郑重之考虑。按图书之分类，在中国近代通用者有四部法，西洋则杜威十类法，流行颇广。但四部法，于近代科学，无相当门类；而杜威之法，则于中国经籍，不能位置。是以过去之视为佳法者，西洋之以为妥善者，均不适于今日之中国。而中国图书馆界，遂有兼用二法者，但此种平行制度，管理上颇不经济；且同类书籍，因文字之不同，而不能聚之于一处，更失分类之本旨。故最近中国图书馆界之潮流，颇有混合中西古今于一法之趋势。本馆亦有鉴于斯，因将中西书籍之分类，决定采用统一方法。现比较适当者为杜定友之世界图书分类法，遂采用之。此法创制未久,当然不能视为完善。本馆之采用,不过以之为根据,其有不足及欠妥之处,则参考中国之四库法,及外国之杜威法与国会法,而加以扩充或修改之,以期完善。该法编制,系将各种学科分为九大类,而将不能入于此九类者,另列普通类,合而成为十类。其下以十递分亦如杜威式,其大纲如次:

000	总　　记	General Works
100	哲理科学	Philosophical Sciences
200	教育科学	Educational Sciences
300	社会科学	Social Sciences
400	艺　　术	Fine Arts
500	自然科学	Nature Sciences
600	应用科学	Applied Sciences
700	语　　言	Philology
800	文　　学	Literature
900	史　　地	History and Geography

(二)编目　本馆中西文编目,自本年三月起,即着手编制字典式之卡片目录。所谓字典式目录者,即混合著者目录、书名目录、类名目录等之卡片,依字顺序排列,如字典然,故名之。此种目录,完全用客观眼光,适合阅者之需求而作。如阅者欲知图书馆中有无某著者所著之书,则有著者目录卡:即将一书之著者列为第一项而编成之目录,阅者只须依著者之姓名而检查之,当可知其有无。如阅者欲知图书馆中有无某书名之书,则有书名目录卡:即以书名列为第一项而编成之目录,阅者只须依书之名称检查,即可知其有无。若阅者欲得关于某种类之书,则有类名目录卡:即以种类名称(Subject Heading)列为第一项而编成之目录,阅者只须依类名而检查之,即可得关于某种类之书籍也。例如关于物理学之书,中文可依"物理学"检查,西文依 Physics 检查之。又若阅者不知目录中所用之类名为何字,而在另一同义字中检查,则有"见"卡("See"Card)以引导之。例如目录中所用之类名为 Economics,而阅者依 Political Economy 检查,则可得一卡:"Political Economy, See Economics”，即表明当依 Economics 以检查者。又为检查某类者，使其得较多之参考书起见，则有“参见”卡（“See also” Card）以介绍之。例如检查 Economics 类名时，则除该类之书每书有一卡外，并有“Economics, see also Banks and Banking、Finance……”之卡片，盖因 Banks And Banking; Finance 等，与 Economics 互有关系，故亦可参考该类之书籍也。此外，若一书之包含数种性质者，类名卡则编制数张；故各类名中检查者，均可得见此书。而一书之可作此类，又可作为彼类者，类名卡则各编一张。总之，此种目录，阅者只须凭其所欲，依字检查，即可查得，此则本馆目录之大概情形也。其编制方法，中文以杜定友之目录学为根据，而加以修改。西文则以 Hitchler 之编目法为根据，而参考 Fellow 及 A. L. A. 之编目规则，略加更改。至于类名标题，西文采用 A. L. A. Subject Headings，惟该书编成已久，新名词尚多未曾加入，故本馆尚须依 L. C. 之类名，而增改之，中文之类名标题，暂由自拟。

至于卡片之排列，西文依 abcd 之字顺排列（与字典及百科全书之排列同），而中文卡片则试用张凤先生之形数法。

本馆为指导阅者使用目录起见，印有中西文之说明书，分发于阅者。现除编制字典式之卡片目录外，并拟编印书本目录，以广流传，刻正计划进行。惟因中文字典式目录一时尚未能编成，故书本目录亦难着手，他日或须中西文分印也。凡一周间所编文籍，则编新文目录，在本校周刊公布，以便阅者。

阅览统计（本年度下学期）

（一）阅览及借阅统计

每日平均借阅人数	一二五人	最少	三三人
		最多	二二八人
每日平均阅览人数	一七五人	最少	一四二人
		最多	二三九人
每日平均来馆阅览及借阅人数	三〇〇人		

(二)各系借阅书籍比较表

中国文学系	百分之五
外国文学系	百分之五
数学系	百分之三
教育系	百分之六
政治系	百分之八
法律系	百分之三
商学院	百分之十七
大学预科	百分之八
高中部	百分之廿六
初中部	百分之九
教职员	百分之十

(三)各类图书借出比较表

普通类	百分之七
哲理科学	百分之八
教育科学	百分之七
社会科学	百分之十七
艺术	百分之四
自然科学	百分之七
应用科学	百分之九
语言	百分之四
文学	百分之廿八
史地	百分之九

(四)阅览时间人数统计

每日阅览时间,上午八时至下午五时,晚间七时至十时,共开馆十二时。经一学期之后,计以上午九时至十时,晚间七时至九时,阅览人数为最多。上午八时至九时及晚间九时至十时,人数为最少。同时来馆阅览最多人数为六十八人,最少十四人。

(五)享借书权利之人数　学生领去借书证四百八十二号,教职员借书者一百五十八人。

洪年图书馆规定条例

第一条　本馆依照本条例之规定办理本馆一切事务。

第二条　本馆由校长聘任馆长一人,统理全馆事务,督率馆员执行职务。助理二人,协助馆长办理一切事项。文牍一人,专司办理公文、函件、编辑、报告等事。

第三条　本馆暂设以下各股:

一　登录股,专司登记中西图籍,检查卷册,核对发票等事;

二　编目股,专司中西图籍编目等事;

三　典藏股,专司书库图书传递,收入借出。

第四条　各股设主任一人,股员若干人。主任承馆长助理之命,督率股员办理本股一切事务。

第五条　各股办理事务,遇有本股人员不敷支配时,得由馆长酌添人员,或指派他股人员帮同办理。

第六条　各股人员因事或因病请假者,须经馆长核准,将经手未办事务陈明主任,委托其他人员代办。

第七条　本馆遇有重要问题,得由馆长召集助理及股主任开馆务会议议决之。

第八条　凡图书设计委员会议决各案,遇有不能实行者,得由本馆请求复议。

第九条　本馆各股办事细则另行规定。

第十条　本条例自公布之日实行,如有未尽事宜,得由馆务会议议决,随时修改。

[《国立暨南大学校务特刊(十六年度)》,1928]

洪年图书馆记

符大昺

郑公洪年粤人也，平生多提倡教育事业。华侨自南洋回国求学者，咸乐就之。公自长本校，建筑二馆，一曰莲韬馆，一曰洪年图书馆。斯馆之建造，因公之力，故以名焉。馆成凸字形，其外以红色砖筑之，以黑色瓦盖之，其内壁以垩涂之，其地面以木板铺之，更加油漆，冀耐久也，俨俨矗立，与各生宿舍相望。馆下讲堂属之，楼上中室贮书，左右二间，供看书阅报处，座位百余，藏书数万卷，以资师生参考焉。登斯馆者，或研究课程，或抄作文章，或看书阅报。值冬冷时，便燃火炉，温度增高，不觉冬令之严寒；而暑时，四面多窗，风自窗入，不觉夏日之炎热，皆洪年图书馆之所赐也。启闭有时，出入有节，登堂免冠，肃静整洁，此则洪年图书馆之规章也。课余之暇，同学多聚于此。每当伏案之时，则宜于阅而不宜于读，宜于静而不宜于动。孔子曰“惟静者可以为学”，斯言诚然。吾闻诸同学云，我公在国外又定购书籍若干册，不日即将运校。斯馆之书，月月增加，多则多矣，惟念时不我与。书牍无尽，以有限之光阴，读无尽之书籍，不几如庄生之言。

于第三宿舍二十九号

十七，二，二十五。

(《暨南周刊》第2卷第4期，1928)

洪年图书馆日记

三月五日,星期一,阴,寒,下午日出

蟫隐庐送到新购书一批,计洋五百零四元九角三分三厘。

送出版课发表中西新书目录三纸,计中文三十三种,西文五十一种。

收周泽君赠《模型女》一册。

抄蟫隐庐书单四纸,送校长鉴核。

六日,星期二,晴,寒

商务书馆来《大英百科全书》一部,计洋二百四十三元正,当抄单呈请校长鉴核。

发上海各报馆函六件,请将本馆扩张状况登入教育新闻栏。

规定馆员办事时间并阅览图书时间,通告校内各机关,并呈报校长。

函陈钟凡先生,通知购买日本《大正修正大藏经》价目办法。

函中国书店,通知退还《蕙风丛书》一部,因字迹模糊不便阅览,速检印刷精良者,换一部来。

请秘书处签发本馆购买零星图书预支洋五十元。

华昌印刷所来单领取本馆印刷各品费,计洋八十一元七角,当请秘书处核准照发。

七日,星期三,风雨竟日,寒

通告全校教职员本馆新订教职员借书简章。

请秘书处签定预支日银六百六十元,寄日本购《大正修正大藏经》

一部,又购商务《四部丛刊》,预约券银四百元,均经核准照办。

八日,星期四,风雨,寒冷

出版处送来第二卷二期周刊二十册。

填本馆职员表三纸,送秘书处备查。

收到本校法律学会赠到《法学季刊》一册。

九日,星期五,阴,寒冷

寄洋一元零四分至第四中山大学行政院会计课,订购《教育行政周刊》全年。

拟定本馆办事条例,送校长鉴核。

十日,星期六,晴,寒

收到南满株式会社赠来

《民国财政史》上下两册,

《满洲农家之生产与消费》一册,

《满洲水田》一册,

《满蒙优良种苗普及事业计划案》一册,

《南满铁路公司中央试验所业绩大要》一册,

《关于混合保管之大豆鉴定》一册,

《关于大豆油之试验》一册,

《满洲天然蓝之研究》一册,

《大豆油肥皂业调查》一册,

《高粱酒调查书》一册,

《济南旧迹志》三册。

南京华文书局送到新购书一批,计洋六百九十一元五角。

又萃古山房送到新购书一批,计洋一百九十五元二角。

(《暨南周刊》第2卷第4期,1928)

国立暨南大学洪年图书馆新书目录

（十六年度下学期布告第四次　十七年三月十日）

（一）中文

书码	著者	书名	发行所
		000　总记	
006－841	商务编译所	菲利滨独立战史	上海商务
007－933	陈清泉译	暹　罗	
012－260	洪有丰	图书馆组织与管理	
020.3－375	孙经世	经传释词补	
020.3－375.6	孙经世	经传释词再补	
082.1－135	汪　中	江都汪氏丛书　十六册	
082.97－491	香山黄氏	清代学术丛书　二十四册	
095－170	吕思勉	苏秦张仪	
		100　哲理科学	
12－21－316	姚　鼐	老子章义	
127.01－402	梁启超	清代学术概论	上海商务
120－21	谢无量	阳明学派	上海中华
120－151	曹聚仁校	老子集注	上海梁溪
120－228	陈顾远	孟子政治哲学	上海泰东
121－963		子汇　二十册	
130.1－B49	柏格森	形而上学序论	上海商务
132－051	舒新城	心理学初步	上海中华

146.01－135	汪奠基	逻辑与数学逻辑论	上海商务
149－071	浮田和民	新道德论	

300 社会科学

321.4－R36	芮恩施	平民政治的基本原理	上海商务
325.1－164	吴应图	殖民政策	上海中华
32.21－S45－2	胡鸿勋	近世资本主义发展史	上海新月
332.4－T55－2	马君武译	农业政策	上海中华
35.15－568	董修甲	市政学纲要	上海商务
351.5－661	郑肇经	城内计划学概论	
392.09－M96	陶孟和译	社会进化史	
393.7－K93－2	克鲁泡特金	面包略取	上海自由

600 应用科学

634.9－343	凌道扬	森林要览	上海商务
636.5－21	王言纶	最新养鸡法	

700 语言学

722.24－21	王　筠	说文释例　二十册	
725.2－671	黎锦熙	新著国语文法	上海商务

800 文学

817－248－6	周作人	域外小说集	上海群益
821－25	王国维	观堂集林　十六册	
821－359	袁　枚	随园全集　六十四册	上海文明
821－406	章永祚	南湖集　五册	
821－691	郑文焯	大鹤山房全书　八册	
821－705	钱谦益	钱牧斋全集　四十册	上海文明
821－705－5		牧斋初学集　二十四册	
8211－375	孙星衍	续古文苑　十册	
821.8－271	胡君复	当代八家文钞　二十册	中国图书
822－29	元好问	元遗山诗集笺注　八册	
822－58	古　直	陶靖节诗笺	广州中华

822－148	杜　甫	杜诗镜铨　八册	
822－463	鱼玄机	唐女郎鱼玄机诗集	
822.1－527－5	曾国藩	三十家诗钞　六册	
822.12－21－5	王闿运	八代诗选　八册	江苏书局
822.45－428	张　炎	词　源	
822.5－428	张宗橚	词林纪事　十册	
822.7－556	杨正宗	花　圈	上海创造社
823－98	朱谦之	谦之文存	上海泰东
823.7－248－8	鲁　迅	华盖集续编	上海北新
823.7－352	马仲殊	周　年	上海创造社
824.1－128	沈　泰	盛玥杂剧三十种　十册	上海中国
827－963	芳　信	春蔓(水仙丛书之二)	上海光华
827.13－665	鲁迅校	唐宋传奇集　上册	上海北新
827.89－964		景宋残本五代平话　二册	
829.8－661	T. K. 口述	中原的蛮族	上海开明
829.8－791	顾炎武	日知录集释　十六册	
864－248	周作人	狂言十番	上海北新
867－936－2	鲁迅译	芥川龙之介集	开明

900　历史地理

901－K96	何炳松译	新史学	上海商务
913.64－21	王华隆	战后世界新形势纪要	
920.7－402	梁启超	中国历史研究法	
920－10－600	徐　曦	东三省纪略	

(二)西文

CALL No.	AUTHOR AND TITLE
	000　GENERAL WORK
033－E50	*Encyclopaedia Britannica.*
033－E56r	*Reader's Guide to the Encyclopaedia Britannica.*

099 – G66 Gorki, Maxim: *My Childhood.*

100 PHILOSOPHICAL SCIENCES

150 – M13 Mc Dougall, William: *Character and the Conduct of Life.*

150.1 – M13 Mc Dougall, William: *Outline of Psychology.*

150.1 – R66 Richardson – Robinson, Florence: *Readings in General Psychology.*

152.3 – S77 Sprowles, J. W.: *Social Psychology Interpreted.*

153 – W31 Washburn, M. F.: *The Animal Mind.*

157 – M12 Mc Call, W. A.: *How to Measure in Education.*

200 EDUCATIONAL SCIENCES

201.3 – S66 Smith, W. R.: *Introduction to Educational Sociology.*

202 – R93 Ruge, H. O.: *Statistical Methods Applied to Education.*

209.2 – C55 Chuang, Chai – Hsaon: *Tendencies toward a Democratic System of Education in China.*

266.4 – S39 Schulze, L. K.: *Word – pudding Games for Infants.*

300 SOCIAL SCIENCES

331 – B85 Brissenden, P. F. and Frankel, Emil: *Labor Turnover in Industry.*

331.2 – F20 Feis, Herbert: *The Settlement of Wage Disputes.*

400 FINE ARTS

440 – B35 Beardsley, Aubrey: *The Art of Aubrey Beardsley.*

492 – R74 Rolland, Romain: *The People's Theater.*

500 NATURE SCIENCES

510 – P21 Papelier, G.: Précis de géométrie Analytique.

600 APPLIED SCIENCES

660.1 – B85 Brisco, N. A.: *Economics of Business.*

663.5 – C59 Clark, F. E.: *Principles of Marketing.*

668.5 – B67 Boggs, F. H.: *The International Trade Balance.*

668.5 – G85 Griffin, C. E.: *Principles of Foreign Trade.*

672 – H68　Hobson, I. A. : *The Conditions of Industrial Peace.*

700　PHILOLOGY

737.8 – L72　Ling, T – L, and Ling, T. H. : *College English Readings.*

800　LITERATURE

829.4 – B98　Butler, Samuel: *Erewhon or Over the Range.*

832 – T47　Thompson, Francis: *Complete Poetical Works of Francis Thompson.*

834.1 – L74　Ling, T. H. : *English Dramatic Dialogues.*

837 – B41　Beerbohm, Max: *Zuleika Dobson.*

837 – B58　Bierce, Ambrose: *In the Midst of Life.*

837 – B85　Bronte, Emily: *Wuthering Heights.*

837 – C52　Chesterton, G. K. : *The Man Who was Thursday.*

837 – C71　Collins, Wilkie: *The Moonstone.*

837 – F45　Fielding, H. : *The History of Tom Jones.*

837 – G35　George, W. L. : *A Bed of Roses.*

837 – K57　Kipling, Rudyard: *Soldiers Three.*

837 – L42　Lawrence, D. H. : *The Rainbow.*

837 – L79　Locke, William J. : *The Beloved Vagabond.*

837 – M45　Maurier, G. D. : *Trilby.*

837 – R28　Reade, Charles: *The Cloister and the Health.*

837 – S36　Schnitzler, Arthur: *Bertha Garlan.*

837 – S85　Stevenson, R. L. : *Treasure Island.*

837 – W67　Wilde, Oscar: *The Picture of Dorian Gray.*

839.5 – P42　Papys, Samuel: *Passages from the Diary of Samuel.*

844 – M12 – 3　Maeterlinck, Maurice: *A Miracle of Saint Antony and Five Other Plays.*

847 – D23　Daudet Alphonse: Sapho: Manon Lescaut.

847 – D88　Dumas, Alexandre: *Camille.*

847 – G27　Gautier, Theophile: Mademoiselle De Maupin.

847 – M45u	Maupassant, G. D. : Une Vie.
857 – F87 – 3	Frenssen Gustav: Jörn Uhl.
857 – S91	Strindborg, August: *Married.*
877 – T931 – 3	Turgenev, lvan: *Fathers and Sons.*
885 – W75	Wilson, Woodrow: *Selected Addresses and Public Papers of Woodrow Wilson.*
887 – A55P	Anderson, Sherwood: *Poor White.*
887 – C89	Crane, Stephen: *Men Women and Boats.*
887 – H44	Hecht, Ben: *Erik Dorn.*
887 – S17	Saltus, Edgar: *The Imperial Orgy.*
892 – H76	Homer: *Odyssey.*
894 – S91	Strindberg, August: *Miss Julie and Other Plays.*
897 – J88	Joyce, James: *Dubliners.*

900 HISTORY

920.9 – D99	Dyson, Verne: *Forgotten Tales of Ancient China.*

（《暨南周刊》第 2 卷第 4 期，1928）

洪年图书馆启事

本馆迩来时有书籍遗失，查得大半系由指定参考书架内违章取出馆外，以致无从查考。嗣后来馆阅借书籍诸君，务希按照本馆所定手续取书，幸勿自动，以免再行遗失。

此布

洪年图书馆启

三月二十三日

(《暨南周刊》第2卷第5期,1928)

洪年图书馆日记

三月十一日,来复日,晴

休息

十二日,来复一,晴

总理三周纪念,在礼堂开会纪念,停课一日。

十三日,来复二,晴

左元华先生赠来《革命政治》与《国际问题》二册。

收出版课第二卷第三期周刊二十册。

十四日,来复三,晴

函寄日本大正经一切刊行会购书汇票一纸,计日洋六百六十元正。

陈钟凡先生赠《尔雅释例》五卷一册。

十五日,来复四,晴

唐蔚芝先生赠来书籍九种。

吴天曙先生赠来《语丝》一册。

余上沅先生赠《戏剧论集》《长生诀》各一册。

函谢唐蔚芝先生赠书。

函请校长批准本馆购书费五百元，并请暂派曹裕代符滋李到馆办事。

民智书局赠来书籍一百零六种，计一百三十八册。

十六日，来复五，晴，寒

布告本月五日起至十一日止一星期内本馆阅览人数统计、图书借阅次数统计、各类图书借阅统计等表，同日另填各表报告校长。

发函谢民智书局赠书。

发函催中国书店速补各书缺页。

发函复本校会计学会，商办购书事。

发函曹裕先生，请即日到馆，代符滋李职务。曹裕先生本日到馆。

十七日，来复六，晴，寒

校长批准本馆规定条例，即日实行。

校长批准本学期准支洋五百元，购买本馆应用各书及学生介绍各新书。

通告各系主任截至本日止各该系购书用去银数。

（《暨南周刊》第2卷第5期，1928）

国立暨南大学洪年图书馆新书目录

(民国十六年度下学期布告第五次 十七年三月十七日)

(一)中文

书码	著者	书名	册数	发行所
		000 总记		
019.1-98	朱彝尊	经义考	50	浙江书局
019.1-441	陈振孙	直斋书录解题	4	江苏书局
019.1-705	钱曾	钱遵王读书敏求记校证	6	长沙章氏刊
020.9-164	吴承仕	经籍旧音辨证	2	
024.1-352	马瑞辰	毛诗传笺通释	12	广雅书局
023.5-82	皮锡瑞	今文尚书考证	6	师伏堂刊
029.85-491	黄式三	论语后案	10	浙江书局
070.92-4	戈公振	中国报学史	3	上海商务
		100 哲理科学		
126-491	黄宗羲	明儒学案	4	上海文瑞楼
		200 教育科学		
209.2-21	王凤喈	中国教育史大纲	1	上海商务
		300 社会科学		
394.92-441	陈东原	中国妇女生活史	1	上海商务
		500 自然科学		
546-661	郑尊法	近世无机化学	1	上海商务
		700 语言学		

721.5-135	汪 怡	国语发音学	1	上海商务
721.5-332	高 元	高元国音学	1	上海商务
721.5-787	严工上	国语辨音	1	上海商务
721.59-15	方 毅	国音沿革	1	上海商务
722.9-164	吴大澂	字 说	1	思贤讲舍版
723.25-316	姚文田	说文校议	5	归安姚氏重刊
725.11-974	刘 淇	助字辨略	5	长沙杨氏校

800 文学

821-21	王守仁	王文成公全书	24	
821-375	孙诒让	籀庼遗文	2	瑞安川舍刻
821.7-622	潘钟瑞	香禅精舍集	16	苏州振新
822-98	朱彝尊	曝书亭集	10	木山阁藏版
822.54-98	朱彝尊	词 综	10	亦西斋藏版
822.54-970	武陵逸史	草堂诗余	2	上海中华
822.56-21	王 昶	明词综	2	亦西斋
822.57-21	王 昶	国朝词综	12	亦西斋
823.1-316	姚 鼐	古文辞类纂	12	江苏书局
824.1-21	王国维校	古今杂剧	5	景印元刻本

900 史地

910-W46-2	陈建民等译	世界史纲	2	上海商务
925.1-375	孙诒让	周礼正义	20	

(二)西文

CALL No.	AUTHOR AND TITLE
	000 GENERAL WORK
039-A21	Adams, Henry: *The Education of Henry Adams; an Autobiography.* ed. by Henry Cohot Lodge.
099-B69	Bourrienne, F. De: *Memories of Nepoleon Bonaparte.*
099-F83	Franklin, Benjamin: *Autobiography of Benjamin Franklin.*

099 – H27	Child Harold: *Thomas Hardy.*
099 – H93	Huneker, J. G.: *Steeplejack.*
099 – J46	Jefferies, Richard: *Story of My Heart.*
099 – K25	Lowell, Amy: *John Keats.*
099 – R78	Theodore Roosevelt: *Autobiography.*
099 – R86	Rousseau, J. J.: *Confessions of Jean Jacques Rousseau.*
099 – S52	Masefield, John: *William Shakespeare.*

100 PHILOSOPHICAL SCIENCES

155 – C71	Collins, Mary and Drever, James: *Experimental Psychology.*
161 – M64	Mill, J. S.: *System of Logic; Ratiocinative and Inductive.*

200 EDUCATIONAL SCIENCES

201 – K48	Kilpatrick, W. H.: *Source Book in the Philosophy of Education.*
201 – R86 – 3	Rousseau, J. J.: *Emile: or Concerning Education.*
201.3 – G64	Good, Alvin: *Sociology and Education.*
240.1 – K48	Kilpatrick, W. H.: *Foundations of Method.*
245.9 – P47 – 3	Pestalozis: *Leonard and Eertrude.* tr. by Eva Channing.

300 SOCIAL SCIENCES

321 – 375 – 50	Sun, Yat – sen: *San Min Chu I.*
327.23 – S64	Smith, C. A. M.: *British in China.*

400 FINE ARTS

401 – S23	Santay, George: *The Sense of Beauty.*
492 – H22	Hamilton, Clayton: *Studies in Stagecraft.*

500 NATURAL SCIENCES

513 – H18	Hall, H. S. and Stevens, F. H.: *A School Geometry.*
540 – B88	Brownlee, R. B. and others: *Elementary Principles of*

	Chemistry.
542 – N85	Norris, J. F.: *Experimental Organic Chemistry.*

600 APPLIED SCIENCES

661.4 – P18	Pan, Shu – Lun: *Bookkeeping and Accounting.*

700 PHILOLOGY

731.5 – D89	Dunville, Benjamin: *The Scienes of Speech.*
731.5 – P17	Palmer, H. E.: *A First Course of English Phonetics.*
733 – M98	Murray, J. A. H. ed.: *Now English Dictionary on Historical Principles.*
733.1 – H99	Hyamson, A. M.: *Dictionary of English Phrases.*

800 LITERATURE

801 – M92	Moulton, R. G.: *Modern Study of Literature.*
814.04 – 553	Shaw, Bernard: *Dramatic Opinions and Essays with an Apology.*
822.1 – W17	Waley, Arthur tr.: *Hundred and Seventy Chinese Poems.*
830.9 – N53	Newbolt, Henry: *English Anthology of Prose and Poetry.*
832 – T39	Tennyson: *Poems.* ed. by H. V. Dyke.
832.1 – U61	Untermeyer, Louis: *Modern British Poetry: A Critical Anthology.*
833 – B41	Beerbohm, Max: *And Even Now.*
833 – B41s	Beerbohm, Max: *Seven Men.*
833 – M87	Morley, Christopher: *Shandygaff.*
838 – S65	Smith, L. P.: *Trivia.*
833 – S84	Stevenson, R. L.: *Virginibus Puerisque and Other Essays in Belles Lettres.*
833.1 – C97	Cunliffe, J. W. and Lomer, G. R. selected: *Writing Day.*
833.1 – M87	Morley, Christopher selected: *Modern Essays.*
834 – B47	Bennett, Arnold: *The Honeymoon.*
834 – P65	Pinero, A. W.: *Magistrate.*

834 - P65g Pinero, A. W. : *The Gay Lord Quex.*

834.1 - C67 Cohen, H. L. ed. : *One - act Plays by Modern Authors.*

834.1 - C67m Cohen, H. L. ed. : *More One - act Plays by Modern Authors.*

836 - J27 James, Henry: *Letters of Henry James.*

840.9 - S89 Strachey, G. L. : *Landmarks in French Literature.*

843.3 - G24 Gase, F. E. A. : *A Dictionary of the French and English Languages.*

844 - R83 Rostand, Edmond: *Cyrano de Bergerac.*

859.94 - S91 - 3 Strindberg, August: *Plays.* 2v.

879.5 - R29 - 3 Bashirtseff, Marie: *Marie Bashirtseff; the Journal of Young Artist.*

881 - P74 Poe, E. D. : *Works.* ed. by E. C. Stedman and G. E. Woodberr.

885 - L91 Lowell, J. R. : *Literary and Political Addresses.*

889 - T48 Thoreau, H. D. : *Excursions.*

894 - A71p - 3 Aristophanes: *The Frogs.* tr. into English Rhyming Verse by Gilbert Murray.

894 - I14 Ibsen, Henrik: *Collected Works.* 13v.

894 - S71.3 Sophocles: *Oedipus King of Thebes.* tr. into English Rhyming Verse by Gilbert Murray.

899 - H82 Theophrastus: *Enquiry into Plants and Minor Works on Odours and Weather Signs.* tr. by S. A. Hort.

900 HISTORY AND GEOGRAPHY

920 - G72 Gowen, H. H. and Hall, J. W. : *An Outline History of China.*

927.61 - H18 Hall, W. J. : *Tseng Kuo - Fan and the Taiping Rebellion.*

927.61 - M88 Morse, H. B. : *In the Days of the Taipings.*

940.2 - B78 Bowman Isaiah: *The New World: Problems in Political*

	Geography.
940 – 8 – S84	Stevenson, R. L. : *An Inland Voyage Travels, with a Donkey in the Cevennes.*

FICTIONS

F – B395	Behn, Aphra: *Royal Slave and Other Novels.* Introduction by E. A. Baker.
F – B4390	Bennett, Arnold: *The Old Wives' Tale.*
F – D362	Defoe, Daniel: *The Fortunes and Misfortunes of the Famous Moll Flanders. also the Fortunate Mistress or the Lady Roxana.*
F – H869	Hudson, W. H. : *Green Mansion: A Romance of the Tropical Forest.*
F – H869c	Hudson, W. H. : *A Crystal Age.*
F – H869L	Hudson, W. H. : *A Little Boy Lost.*
F – J233	James, Henry: *The Portrait of a Lady.*
F – L98	Lyly, John: *Euphues.*
F – M199	Mackenzie, Henry: *The Man of Feeling and the Man of the World.*
F – M442	Maugham, W. S. : *Of Human Bondage.*
F – M783	Moore, George: *A Mummer's Wife.*
F – M783s	Moore, George: *Sister Teresa.*
F – M823	Morgan, W. D. : *When Ghost Meets Ghost.*
F – M823j	Morgan, W. D. : *Joseph Vance.*
F – R394P	Richardson, Dorothy M. : *Pointed Roofs.*
F – R394r	Richardson, Dorothy M. : *Revolving Lights.*
F – W883	Woolf, Virginia: *Monday or Tuesday.*
F – W883j	Woolf, Virginia: *Jacob's Room.*

(《暨南周刊》第 2 卷第 5 期,1928)

洪年图书馆日记

三月十八日,来复日,晴

休息。

十九日,来复一,晴

收陆侃如先生赠《国学月刊》八册。

收《南洋文化事业部宣言》二十册。

函送各系主任图书购订单二十张,又卡片三十张。

发函商务书馆营业部,请立一书折取书。

二十日,来复二,晴,暖

发函秘书、教务两处,请开全校职员名单一份,送下备考。

公布三月五日起至十一日止一星期内本馆阅览人数及借书等统计表,并抄送校长备核。

二十一日,来复三,上午阴,大风,下午晴

收沈振仁先生赠《英文介词用法详解》两册。

收陆侃如先生赠《国学月报汇刊》第一集一册。

二十二日,来复四,上午细雨寒冷,下午晴

布告凡至本馆借阅书籍,须照规定手续办理,不得将参考书架中各书违章携出。

收谢循初先生赠吴伟士《心理学》卷下两册。

填大学院发本馆调查表两张，送秘书处转送。

发函南新书社，嗣后购书以本馆盖章购书单为凭，否则不负责任。

发函会计处，此后凡有未经本馆盖章之书单，付账时勿列入本馆书账项下。

抄十六年度上学期各系购书总数单，送校长鉴核。

二十三日，来复五，阴，微雨

发函教务处，请转知各教员，勿直接向书店取书。

发函出版课暨全校教员，通知凡向本馆借去之书，不得径送印刷店排印，以免损污。

函询刘赜先生借去之《汉书补注》因何污损。

抄本馆规定条例，送黄建中先生开会应用。

二十四日，来复六，阴，昨夜大雷雨

发函锦文堂书店，请补《玉芝堂谈荟》缺页。

送本星期内中西新书目录至出版课，登入周刊。

（《暨南周刊》第 2 卷第 6 期，1928）

新书目录

（民国十六年度下学期布告第六次
十七年三月二十四日）

（一）中文

书　码　　著　者　　书　名　　册　数　　发行所

000 总记

019. 1. 434	陆心源	皕宋楼藏书志	32	
082 - 393	徐乃昌	积学斋丛书	20	
082 - 393. 8	徐乃昌	鄦斋丛书	16	
082 - 700	卢文弨	抱经堂丛书	100	直隶书局影印

100 哲理科学

121 - 441	陈钟凡	诸子通谊	2 部	上海商务

700 语言学

720. 2. 487	扬　雄	方　言	2	思贤讲舍版

800 文　学

821 - 162	阮　元	揅经室集	24	文选楼本
821 - 441	陈维崧	湖海楼全集	12	
821 - 722	韩　愈	昌黎先生集	11	江苏书局
822. 12 - 128	沈德潜选	古诗源	4	上海商务
822. 45 - 201	况周颐	蕙风词话	2	《惜阴堂丛书》本
822. 5 - 201	况周颐	蕙风词	1	《惜阴堂丛书》本
822. 51 - 565	万　树	词　律	16	
822. 6 - 223	屈　原	离骚汇订	2	广雅书局
823 - 375	孙诒让	籀庼述林	4	
829. 8 - 260	洪　迈	容斋随笔	14	洪氏藏版

（二）西文

CALL No.	AUTHOR AND TITLE
	000 GENERAL WORK
010. 98 - A51	American Library Association: *Survey of Libraries In the United States.*
	100 PHILOSOPHICAL SCIENCES
101 - R96	Russell, Bertand: *An Outline of Philosophy.*
	500 NATURE SCIENCES

516 – S65	Smith, P. F. and Gale, A. S. : *Elements of Analytic Geometry.*
517 – G76	Granville, W. A. : *Elements of the Differential and Integral Calculus.*

700 PHILOLOGY

711.5 – N76	Armfield, G. : *General Phonetics.*
731.59 – P17	Palmer, H. E. : *Colloquial English.*
735 – L36	Lattimore, David: *Complete English Grammar for Chinese Students.*
735.4 – m91	Woolley, E. C. : *Handbook of Composition.*

800 LITERATURE

803. B84	Brewer, E. C. : *Reader's Handbook.*
814. J7 – A57	Archer, William: *Play Making.*
830.9 – M26	Ward, A. W. and Waller, A. R. ed. : *Cambridge History of English Literature.* 15v.
831 – H27	Hardy, Thomas: *Works.* 24v.
831 – St48	Stevenson, R. L. : *Collected Works.* 10v.
832 – A76	Arnold, Matthew: *Poems.*
832 – B64	Blake, William: *Poetical Works.*
832 – B96	Burns, Robert: *Poetical Works.*
832 – D81	Dryden, John: *Poems.*
832 – K25	Keats, John: *Poetical Works.*
832 – M66	Milton, John: *Complete Poetical Works.*
832 – S54	Shelley, P. B. : *Poems.*
832 – S74	Spenser, Edmund: *Poetical Works.*
832 – W92	Wordsworth, William: *Poems.*
834 – B25	Barker, Granville: *Three Plays.*
834 – D19	Dunsany, Lord: *Five Plays.*
834 – M65	Milne, A. A. : *First Plays.*

834－S52	Shakespeare, William: *Complete Works.*
844－M18b－3	Maeterlinck, Maurice: *Blue Bird.*
844－M18m. 3	Maeterlinck, Maurice: *Monna Vanna.*
	FICTION
F－D555	Dickens, Charles: *Works*. 22v.
	900 HISTORY AND GEOGRAPHY
12－K22	Kawata, T.: *Glimpses of the East.*

(《暨南周刊》第2卷第6期,1928)

国立暨南大学教职员对黄建中汪奠基宣言之宣言

黄建中、汪奠基两先生辞职以去,此一周前事也。一周以来,通告宣言,雪片飞来,令人读之而惊而疑而哑然失笑,终于不得不本之事实以相纠正焉。溯黄、汪之辞职,造因于中学部普通科国文教员李继膺之调职。李以教授失态为学生所拒,该科主任左元华先生根据学生请求而请之于郑校长,郑校长调查属实,遂将李继膺他调,此众所共知之事实。事甚微细,郑校长且再三调停其间,而竟至有韩薰等之签名要求,有罢教之示威行动,终于黄、汪两先生亦出之以辞职。用意如何,非同人等所能妄测。黄、汪两先生在校,每逢集会,誉郑校长不容口;每有事,必曰郑校长如何如何。三月十二日,总理逝世纪念会中,黄建中盛赞郑校长忠心党国,李继膺且拟之为孙总理。(有来宾陈季博、潘雨峰两同志在座亲闻,且有纪事录可查)不谓相隔未两旬,彼所盛誉之郑校长乃一变而为“形同反动”之“贪官污吏”,所服膺之郑校长乃一变而为以“油滑手段”之“阴谋家”。用意如何,同人等更莫能妄测。黄、汪两先生以三民主义教育之信仰者自负,谓此次辞职,乃党化教育与腐化教育之争,亦即国民党与交通系之争。厥志甚伟,然黄、汪两先生果已著党籍耶?在沪未见登记,亦未见参加区分部。汪奠基先生罕见参加纪念周。黄、汪两先生果已著党籍耶?彼李继膺在鄂臣事王占元,日与国民党为仇敌,党中同志恨之切齿,湖北下令通缉在案。近日查实而黄先生引之于先,汪先生袒之于后。所谓信仰三民主义者如此,终不能不使吾人思之掐然。且校中各级讲授三民主义每周一小时,康选宜同志任之。高中每周授会议法一小时,袁业裕同志任之。黄、汪两先生身为教务长竟并此而不察。第六次大中两部联席教务会议议决表现三民主义之教育精神以维护教育方针案,公推叶崇智、汪奠基、谢循初、林思温为委员,与校长协同研究。第七次大中联席教务会议,由汪奠基报告,谓校长以为此案本可实行,惟第五项事实上恐难办到。故此案不必提作议案,可由本人函请各教职员于每周开会时出席,并将惩戒条例油印宣布可也(见记录)。黄、汪两先生身与其事,而宣言中反有“左元华、叶崇智公然反对,洪年谬谓该案不妨搁置”等语,欲以疑似之言罗织成狱,其用心更不可问。在校同人,谁非总理之信徒?今以不愿背理盲从。黄、汪两先生本其朕即国家之旨,即加以反革命反三民主义之罪名。如此论调,专制时代贾似道、魏忠贤辈所耻出诸口者,乃出之于自命三民主义信徒之口,诚旷古所未闻。同人等私念从事教育事业首重廉耻,黄、汪两先生以士君子自居,必能自悟,故不欲多言以益纠纷。而黄、汪两先生一则曰大多数教职员咸起反对,再则曰教职员不为所用,一若同人等皆聋聩不知黑白不辨是非者。既承黄、汪两先生垂爱,必欲同人等出而纠正。同人等惟有本之事实剖析如次:

A 黄汪宣言中于事辄曰“毁法违约”,于人辄曰“反动分子”。未知彼之所谓法与约,舍彼心目所存所见而外,曾见颁行否?所谓反动分子,曾有确定之界说否?忆寒假中各主任集校长私宅中,谈次及于校务。叶崇智先生倡废事务处之议,翟俊千先生主教务处亦一并裁去。叶崇智先生即谓教务处与事务处不同，未可一并改组，此语众所昔闻。其后改组案虽经各主任同意，而郑校长以中途改组于校务进行有阻，将是案暂行保留，事实如此。黄汪宣言，诬之为"示意"，诬之为反动分子之不正当手段，未知其意何居。翟俊千先生归自海外，与叶崇智先生素不相谋，而黄汪宣言中诬之为郑洪年所私蓄。荒谬离奇，莫甚于此。此应行纠正者一。

B 黄汪宣言中谓"洪年又因最近公安局逮捕□□，乃于教务会议提出实现三民主义精神以维护教育方针案"，则指提此案者为郑校长，而会议记录载明是案系汪奠基提出。宣言中谓叶崇智、左元华巧词反对，而韩薰所记录之会议录中明载议决通过，推四委员详细研究。如斯以意爱憎，颠倒事实，应行纠正者二。

C 黄汪宣言中谓"洪年划开侨生与国内生界限，判若鸿沟，公开演讲，显示区别，且有挑拨之暗示"。而学生宣言明载校长每次演讲皆以融洽侨生与国内生之感情为言。郑校长迭次讲演，载在周刊者，亦词意相同。则所谓公开讲演显示区别者，未知黄、汪果何所指，抑热中狂乱不暇择词耶？此应纠正者三。

D 暨校财政，绝对公开，自姜校长以来，沿有成例。每学期公布账目，且设查账专员，每月核付。黄、汪两先生在校半载，宁未之知。今辞职离校，忽谓"暨大财政向不公开，一切支出，不依预算"，是不仅诬陷郑校长，并五六年之暨南财政公开史而诬陷之。苟非丧心病狂，何以至此？此应纠正者四。

E 本校图书馆筹建于民国十五年秋。募捐之初，即由委员会议决，以捐款最多者名斯馆。图书馆奠基之日（三月二十三日），以洪年先生捐款最多，即以"洪年图书馆"定名上石。洪年先生犹谦逊未遑，彼时校长为姜伯韩先生，郑校长何由而盗窃之？乃黄汪宣言竟谓"暨大设图书馆，在洪年未就职以前，募款至巨。洪年私人捐款至微，乃命该馆曰洪年图书馆，明明国立暨南大学图书馆，而攘其名为私有"。虚构事实至此，不亦无耻之尤？此应纠正者五。

F 莲韬馆门联上为"礼乐诗书原郑学"，下为"瓜壶葵菽入豳风"。

稍有常识，其义不待解而已知。黄、汪宣言对于此联，谓为“贻笑方家”，不知此种方家为谁。如此种方家释郑为郑洪年，则其头脑冬烘与黄、汪两先生相等，腹中俭吝，不知羞耻，反用以噬人。此应纠正者六。

他若强词拒绝雷宾南先生之就任而诬郑校长以侮辱教师，朋结党私以危暨校而诬郑校长以信任私人。教育学系订购千元以上之书籍，支款数月，未见报销，而诬郑校长以滥耗公款。平日胁肩谄笑，逢迎无所不至。一旦反颜，狠毒狂悖，无所不用其极。人之无良，一至于此。同人等居恒私语，相与寒心。今日同本正义，特申公愤，休矣。黄、汪两先生，革心洗面，来日方长。若执迷不悟，日暮途穷，行见仓皇无所归也。君子成人之美，敢质直言，且以为别。

国立暨南大学教务长杨汝梅，秘书长陈敬之，训育主任林思温，商学院主任叶渊，外国文学系主任叶崇智，政治系主任翟俊千，法律学系主任石颎，中学部副主任张凤，普通科主任左元华，师范科主任邓胥功，农科主任林彦，初中主任余佑人，南洋文化教育事业部主任徐中舒、刘士木，图书馆主任许克诚、凌翔、金善培，秘书处秘书吴衍慈、范慷源、章铁民，文书课主任曹聚仁，出版课主任徐世度，注册课主任王雨生、张慕良，会计课主任姬灏，庶务课主任冯启新及教职员等一百廿三人同启（四月二日）。

（《暨南周刊》第2卷第7期，1928）

图书馆日记

三月二十六日，来复一，晴

收韩希琦先生赠《逸园诗草》一册。

收新月书店赠第一卷《新月》一册。

发函《字林西报》，催寄报纸。

发函锦文堂书坊，请补《玉芝堂谈荟》缺页。

发函汇利西木器店，催制书目箱。

收南洋文化教育事业部转赠来上海招商公学一九二七年纪念册一本。

公布三月十九日至二十五日一星期内本馆阅书借书人数次数统计表，并抄送校长鉴核。

函谢新月书店常年寄赠《新月》月刊。

二十七日，来复二，晴，寒

收出版课送来周刊第二卷第五期二十册。

函催中国书店抄补《庚子消夏录》缺页。

复函吴召先先生，请其将应用书籍开单来查。

函汇美金三元三角至美国，定购《教育杂志》一份。

二十八日，来复三，晴

发函菲列滨中国归纳学报社，定报一份。

发函北京故宫博物院图书馆，定《掌故丛编》全年一份。

二十九日，来复四，晴

本日为黄花岗烈士殉国纪念日，放假。

三十日，来复五，晴

函寄本校《周刊》及《南洋研究》至槟城《新南洋月报》，请其交换报纸。

函杨教务长，说明对于办理第一次图书设计委员会议决各案办法。

函教务处，请对于学生运动时间查照前联席会议议决时间办理。

送本星期新书目录至出版课,请在本期《周刊》发表。

(《暨南周刊》第2卷第7期,1928)

国立暨南大学洪年图书馆新书目录

(民国十六年度下学期布告第七次 十七年三月三十日)

(一)中文

书码	著者	书名	册数	发行所
		000 总记		
032.1-21	王应麟	玉海	120	
032.1-312	俞安期	唐类函	40	明万历本
032.1-441	陈仁锡	潜确类书	48	
082-470	毕沅	经训堂丛书	20	大同书局
082-165	吴之英	寿栎庐丛书	24	
		100 哲理科学		
121.1-384	荀况	荀子集解	6	
121.92-352	俞樾等	古书疑义举例丛刊	3	长沙鼎文书社
		500 自然科学		
531-384	出射荣	物理学—力理篇	1	东京丸善株式会社
536-935	出射荣	物理学—热及音学篇	1	东京丸善株式会社
562.4-933	大町文卫	自然科学十讲	1	东京太阳堂
		800 文学		
822-491	黄景仁	两当轩集	6	

821.3－151 李昉等 文苑英华 140 明隆庆本

900 史地

921－151 李 笠 史记订补 4

(二)西文

CALL No.	AUTHOR AND TITLE
	000 GENERAL WORK
099－G54	Morley, John: *Life of William Ewart Gladstone.*
099－K29	Keller, Helen: *The Story of My Life.*
099－M87	Morley, John: *Recollections.* 2v.
099－P13	*Life and Letters of Walter H. Page.* 2v.
099－S52L	Lee, S. S.: *A Life of William Shakespeare.*
099－T96	Paine, A. B.: *A Short Life of Mark Twin.*
	300 SOCIAL SCIENCES
330.1－M64	Mill, J. S.: *Principles of Political Economy, with Some of Their Applications to Social Philosophy.*
371.71－D41	Dent, Henry: *Transactions in Foreign Exchanges.*
372－C51	Cheminant, Keith Le.: *Colonial and Foreign Banking Systems.*
	400 FINE ARTS
492－M44	Matthews Brander: *On Acting.*
	500 NATURAL SCIENCES
520－N53	Newcomb, P. S.: *Astronomy for Everybody.*
	600 APPLIED SCIENCES
663.5－S65	Smith, J. G.: *Organised Produce Markets.*
	800 LITERATURE
830.9－W72	William, Harold: *Modern English Writers.*
832－P82	Pope, Alexandor: *Poetical Works.* ed. by A. W. Ward.
832.1－Q16v	Quiller-Couch, Arthur: *Oxford Book of Victorian Verse.*
833－B47	Benson, A. C.: *Escape; and Other Essays.*

833 – S23	Santayana, George: *Little Essays; Drawn from His Writings.* by L. P. Smith.
833 – S65m	Smith, L. P.: *More Trivia.*
833. 1 – B83	Brede, Alexander: *English Essays for the New Day.*
834 – J77	Jones, H. A.: *Representative Plays.* ed. by Clayton Hamilton.
834 – M65B	Milne, A. A.: *Four Plays.*
834 – S52a	Shakespeare, William: *As You like It.*
834 – S52c	Shakespeare, William: *Comedy of the Tempest.*
834 – S52j	Shakespeare, William: *Julius Caesar.*
834 – S52k	Shakespeare, William: *King Henry the Fifth.*
834 – S52kr	Shakespeare, William: *King Richard* Ⅱ.
834 – S52kr3	Shakespeare, William: *King Richard* Ⅲ.
834 – S52m	Shakespeare, William: *Merchant of Venice.*
834 – S52mi	Shakespeare, William: *Midsummer Night's Dream.*
834 – S52t	Shakespeare, William: *Tragedy of Hamlet.*
834 – S52tc	Shakespeare, William: *Tragedy of Coriolanus.*
834 – S52tk	Shakespeare, William: *Tragedy of King Lear.*
834 – S52tm	Shakespeare, William: *Tragedy of Macbeth.*
834 – S52tr	Shakespeare, William: *Tragedy of Romeo and Juliet.*
834 – S52tw	Shakespeare, William: *Twelfth Night; or What You Will.*
854 – G50 – 3	Goethe, J. W. Von.: *Faust.*
880. 9 – TS1	Trent, W. P. and others: *Short History of American Literature.*
884. 1 – S53	Shay, Frank ed.: *Twenty Contemporary One-act Plays.* (American)
886 – R78	Roosevelt, Theodore: *Letters to His Children.*
814. 09 – M44	Matthews, Brander: *The Development of the Drama.*
814. 1 – M91	Moses, M – J. selected: *Representative One-act Plays by Continetal Authors.*

814.2 – B16	Baker, G. P. : *Dramatic Technique.*
814.4 – C45	Chandler, F. W. : *Aspects of Modern Drama.*
817 – C61□	Clark, B. H. : *Great Short Novels of the World.*
822.13 – F59	Fletcher, W. J. tr. : *Gems of Chinese Verse.*

(《暨南周刊》第2卷第7期,1928)

国立暨南大学洪年图书馆新书目录

(民国十六年度下学期布告第八次　十七年四月三日)

(一)中文

书码	著者	书名	册数	发行所
		000　总记		
032.1 – 415	康熙敕撰	分类字锦	六十四册	
		800　文学		
822 – 217	李雁湖笺注	王荆文公诗笺	十册	海盐张氏藏板
827 – 151	李昉等	太平广记	四十册	
		900　史地		
920.8 – 844	广雅书局	史学丛书	三十二册	上海焕文书局,点石斋仝校印

(二)西文

CALL No.　　AUTHOR AND TITLE

300 SOCIAL SCIENCES

372.2 – D29 Davis, J. F.: *Bank Organisation Management and Accounts.*

500 NATURE SCIENCES

512.8 – H39a Hawkes, H. E.: *Advanced Algebra.*

600 APPLIED SCIENCES

668.5 – C54 Chong, S. S.: *Foreign Trade of China.*

700 PHILOLOGY

731.5 – J76 Jones, Daniel: *Phonetic Readings in English.*

800 LITERATURE

822.13 – F59m Fletcher, W. J. B. tr.: *More Gems of Chinese Poetry.*

831 – T36 Thackeray, W. M.: *Works.* 17v.

837 – M83 More, Thomas: *Utopia with the Dialogue of Comfort.*

FICTION

F – Ed37 Edgeworth, Maria: *Castle Rackrent and the Absentee.*

F – E144 Eliot, George: *Works.* 4v.

F – Au74S Austen, Jane: *Sense and Sensibility.*

F – B934 Burney, Fanny: *Evelina.*

F – G574 Goldsmith, Oliver: *Vicar of Wakefield.*

F – K014h Kingsley, Charles: *Hereward the Wake*, "*Last of the English*".

F – K614hy Kingsley, Charles: *Hypatia or New Foes with an Old Face.*

F – K615r Kingsley, Henry: *Recollections of Geoffry Hamlyn.*

F – K615ra Kingsley, Henry: *Ravenshoe.*

F – K614w Kingsley, Charles: *Westward Ho.*

F – L999 Lytton, S. E. B.: *Last Days of Pompeii.*

F – M298 Malory, Thomas: Le Morte D' Arthur. 2v.

F – M497m Melville, Herman: *Mobydick or the White Whale.*

F－M497t	Melville, Herman: *Type a Narrative of the Marquesas Islands.*
F－Si14	Sidney, S. P. :*Countess of Pembrokes Arcadia.*
F－St45	Sterne, Laurence: *Life Opinions of Tristram Shandy Gentleman.*
F－T588	Tolstoy, C. L. :*Childhood Boyhood and Youth.*
	900 HISTORY AND GEOGRAPHY
928－G78	Graybill, H. B. :*Modern China.*

（《暨南周刊》第2卷第7期，1928）

校长布告第卅八号

查图书馆为全校员生阅览书籍之地，馆中因宜整齐严肃，馆外环境亦应肃静无哗，方能保持清静。兹查图书馆后面球场终日有学生在此运动，声浪宏大，殊于图书馆阅书之人有碍，应照前次联席会议议决案，凡在上午八时起至十二时止、下午一时起至三时止，各生不得在图书馆后球场运动。特此布告，仰各遵照。

校长 郑洪年

中华民国十七年三月三十一日

（《暨南周刊》第2卷第8期，1928）

洪年图书馆日记

三月三十一日,来复六,阴,寒

抄录本星期日记,送出版课请登周刊。

四月一日,来复日,阴

休息。

二日,来复一,风雨,傍晚见日

填寄上海图书馆协会调查表。

公布自三月二十六日起至四月一日止本馆阅览图书及借书人数统计表,并抄送校长鉴核。

三日,来复二,晴,寒

送中西新书目录一份,请出版课登入周刊。

布告春假期内,自四号起除阅览报纸杂志室照常开放外,其余阅书借书均暂停一星期。

收朱发两先生赠《许氏华言文笔》一部。

收交通部第一交通大学图书馆赠西文目录一册。

自明日起,放春假一星期。

四月十一日,来复三,晴,暖

春假期满开学。

出版课交到第二卷第六期周刊二十册。

南洋文化教育事业部交到《南洋研究》第一卷第二号十册。

复函商务书馆批发处,商订更正购书办法。

十二日,来复四,晴

函催日本大正一切经刊行会从速寄书。

函汇银五元四角八分至北京故宫博物院,订购《掌故丛书》全年一份。

公布自四月二日起至八日止一星期内本馆阅书借书人数统计表。

符滋李先生今日到馆。

通知李邦栋先生,奉校长谕调为本校南洋文化教育事业部宣传股事务。

注册课送到大中学各系科学生姓名总册一本。

十三日,来复五,阴

收杨众先先生转赠杨炳勋著《国音速记学》一套六册,当即函谢。

谢生顺君赠来《棉兰商报》半月刊第一号一册。

(《暨南周刊》第2卷第8期,1928)

国立暨南大学洪年图书馆新书目录

(民国十六年度下学期布告第九次　十七年四月十九日)

(一)中文

书码	著者	书名	册数	发行所

000　总记

082－211	林侗辑	春晖堂丛书	28	
082－352	马俊良辑	龙威秘书	80	大西山房
082.1－791	顾宪成	顾端文公遗书	18	泾里宗祠藏版

400 艺术

434.2－396	翁大年	古兵符考略残稿	1	上虞罗氏影印
481.3－473	童 斐	中乐寻源	1	上海商务

700 语言学

722－21	王 襄	簠室殷契征文	4	天津博物院
722－775	罗振玉	殷虚书契菁华	1	上虞罗氏影印
722－775.7	罗振玉	殷虚书契待问编	1	上虞罗氏影印
722－871	商周遗文会	龟甲兽骨文字	2	商周遗文会
722.5－441	陈邦怀	殷虚书契考释小笺	1	
722.5－775	罗振玉	殷虚书契考释	2	东方学会

800 文学

820.4－375	孙梅辑	四六丛话	12	
820.9－717	谢无量	中国妇女文学史	1	上海中华
821－393	徐乾学	憺园文集	24	冠山堂藏板
821.7－162	阮 元	学海堂初集二集三集四集	38	启秀山房刊本
822.1－415	康熙敕编	全唐诗	32	上海同文
823.1－506	贺长龄辑	皇朝经世文编	80	
823.1－787	严可均辑	全上古三代秦汉三国六朝文	100	广州广雅书局
824.1－21	王国维校	古今杂剧三十种	5 两部	景印元刻本

900 史地

922.35－402	梁章钜	三国志考证	12	广雅书局
927－151	李 桓	国朝耆献类征	300	湘阴李氏藏板

厶小说

厶－386	柴霍甫	悒 郁	1	上海开明

ㄙ－289	左 拉	左拉小说集	1	上海出版合作社
ㄙ－n99	普希金	普希金小说集	1	上海亚东
ㄙ－665	鲁 彦	犹太小说集	1	上海开明

(二)西文

CALL No.	AUTHOR AND TITLE
	000 GENERAL WORK
093－B62	Black, A. and C. : *Who's Who.* (1928)
096－S91	Strachey, Lytton: *Eminent Victorians.*
099－G43	Gibbon, Edward: *Autobiography.*
099－□69	Boswell, James: *Life of Samuel Johnson.* 2v.
099－L21	Lucas, E. V. : *Life of Charles Lamb.* 2v.
099－V64	Strachey, Lytton: *Queen Victoria.*
099－W57	Pennell, E. R. and J. : *Life of James Mcneill Whistler.*
	100 PHILOSOPHICAL SCIENCES
110－P71	Plato: *Dialogues.* 5v.
110－P71r	Plato: *Republic.* 2v.
152－D71	Dorsey, G. A. : *Why We Behave Like Human Beings.* 2cps.
154－M13	Mc Dougall, William: *Outline of Abnormal Psychology.*
155－M99	Myers, C. S. and Bartlett, F. C. : *Text－book of Experimental Psychology.* 2v.
191－N55	Newman, J. H. : Apologia Pro Vita Sua.
	200 EDUCATIONAL SCIENCES
249.73－M15	Mackaness, George: *Inspirational Teaching.*
	300 SOCIAL SCIENCES
330.92－L48	Lee M. P－H. : *Economic History of China.*
	400 FINE ARTS
480－S73	Speeth, Sigmund: *Common Sense of Music.*

480.071 – S36 Scholes, P. A.: *Complete Book of the Great Musicians.*

492.4 – K92 Krehbiel, H. E.: *A Book of Operas.*

492.4 – K92s Krehbiel, H. E.: *Second Book of Operas.*

500 NATURE SCIENCES

512.2 – D55 Dickson, L. E.: *Elementary Theory of Equations.*

512.8 – B67 Bocher, Maxime: *Introduction to Higher Algebra.*

513 – B16 Baker, W. M. and Bourne, A. A.: *Elementary.*

600 APPLIED SCIENCES

655.13 – W49 Wermuth, C. E.: *Railroad Accounts and Statistics.*

655.5 – J66 Johnson, E. R. and Huebner, G. G.: *Railroad Traffic and Rates.* 2v.

666.1 – N99 Nystrom, P. H.: *Retail Selling and Store Management.*

668.5 – C77 Cooper, C. S.: *Foreign Trade, Markets and Methods.*

700 PHILOLOGY

783.3 – C43 Cassell: *Latin Dictionary.*

800 LITERATURE

814.4 – H93 Huneker, James: *Iconoclasts: A Book Dramatists.*

830.4 – C69 Coleridge, S. T.: *Biographia Literaria.* 2v.

830.9 – S15 Saintsbury, George: *Short History of English Literature.*

830.9 – S91 Strachey, Lytton: *Books and Characters.*

830.94 – G67 Gosse, Edmund: *History of Eighteenth Century Literature.*

830.95 – S15 Saintsbury, George: *History of Nineteenth Century Literature.*

830.99 – c86 Cousin, J. W.: *Biographical Dictionary of English Literature.*

831 – C75 Conrad, Joseph: *Works.* 26v.

838 – M55 Meredith, George: *Works.* 20v.

832 – C49 Chaucer, Geoffrey: *Prologue to the Canterbury Tales.*

832 – R83 Rossetti, D. G.: *Poems and Translations* 1850 – 1870.

833 - A22	Addison, Joseph: *Selections: from Addison's Papers Contributed to the Spectator.*
833 - A76	Arnold, Matthew: *Essays.*
833 - L21	Lamb, Charles: *The Essays.*
833 - L21L	Lamb, Charles: *Last Essays of Elia.*
833 - L93	Lucas, E. V.: *Character and Comedy.*
833.1 - E25	Edwards, S. L. ed.: *Anthology of English Prose.*
833.13 - R47	Rhys, Ernest ed.: *Modern English Essays.* 5v.
834 - H62	Heywood, Thomas: *Best Plays.*
834 - J81	Jonson, Ben: *Best Plays.* 3v.
834 - M62	Middleton, Thomas: *Best Plays.* 2v.
834 - S55	Sheridan, R. B.: *Rivals; and School for Scandal.*
834 - S56	Shirley, James: *Best Plays.*
834 - S99	Synge, J. M.: *Plays.*
834 - W38	Webster, John and Tourneur, Cyril: *Best Plays.*
836 - W21	Walpole, Horace: *Select Letters.*
839.5 - E93	Evelyn, John: *Diary.* 2v.
839.5 - P42	Pepys, Samuel: *Diary; Note by Richard Garnett.* 2v.
839.8 - B98	Butler, Samuel: *Note - books.*
843 - M18 - 3	Maeterlinck, Maurice: *Life of the Bee.*
844 - B85	Brieur, Eugane: *Three Plays.*
847.09 - S15	Saintsbury, George: *History of the French Novel.* 2v.
880.4 - H93	Huneker, James: *Unicorns.*
883 - E53	Emerson, R. W.: *Essays First and Second Series.*
883 - E53□	Emerson, R. W.: *English Traits; Representative Men. and Other Essays.*
883 - H75	Holmes, O. W.: *Professor at the Breakfast Table.*
883 - H75a	Holmes, O. W.: *Autocrat of Breakfast Table.*
883 - T38	Thoreau, H. D.: *Walden; or Life in the Woods.*

894 – A25 – 3 Aeschylus: *Four Plays: Rendred into English Verse.*

894 – E83 – 3 Euripides: *Plays.* 2v.

895 – D38 Demosthenes: *Public Operations.* 2v.

FICTION

F – Au74p Austen, Jane: *Pride and Prejudice.*

F – D362l Defoe, Daniel: *Life Adventures and Piracies of Captain Singleton.*

F – D362r Defoe, Daniel: *Robinson Crusoe.*

F – E144m Eliot, George: *Mill on the Floss.*

F – E144r Eliot, George: *Romols.*

F – Sco86b Scott, S. W.: *Black Dwarf and a Legend of Montrose.*

F – Sco86i Scott, S. W.: *Ivanhoe, A Romance.*

F – Sco86m Scott, S. W.: *Monastery.*

F – T393 Thorne, N. H.: *Scarlet Letter.*

F – T749b Trollope, Anthony: *Barchester Towers.*

F – T749d Trollope, Anthony: *Doctor Thorne.*

F – T749l Trollope, Anthony: *Last Chronicle of Barset.* 2v.

F – T749s Trollope, Anthony: *Small House at Allington.*

F – T749w Trollope, Anthony: *Warden.*

900 HISTORY AND GEOGRAPHY

930 – 12 – S99 Synge, J. M.: *Aran Islands.*

994.3 – T53 – 3 Thucydides: *Thucydides.* 2v.

(《暨南周刊》第 2 卷第 9 期,1928)

国立暨南大学洪年图书馆之经过及概况

叶崇智

本校图书馆之建筑系于中华民国十五年五月由前校长姜琦召集校务会议议决举行,预定建筑费以一万五千元为度,先由校董、校长及教职员等酌认外,并分任劝募。当时校董郑洪年先生(即现任校长)首先认捐五千元,越两月,各教职员所认捐款及募得之数亦如之。时郑校董以募集之款已有万金,不妨先行兴工,并谓嗣后经费如有不敷,当代为募足,遂请范文照工程师绘图招工投标。结果张源兴营造厂当选,于十二月间实行开工。馆图为凸字形,全馆占地六分零九毫四丝,分上下两层;上层全作阅览室及书库,可容一百二十人;下层分作教室及馆员办事室,限半年竣工。是项建筑费因经郑校董独捐半数并允担任募足不敷之款,姜前校长乃提出校务会议,议决定名曰洪年图书馆,藉留纪念。开工甫二月,沪宁路线即发生战事,当局勒令即日迁空校舍,以备驻兵。迫不获已,即将全校学生迁徙沪上,馆舍工程因此停顿。迨至夏初时局稍靖始行迁回。姜前校长于去年五月二十七日举行本校二十周纪念,并于是日举行洪年图书馆开幕典礼,继续开工。九月间,兵复来校,致垂成之馆舍又为军人盘踞月余,阻碍工作,迁延复迁延,直至十六年秋全部落成。又因装置橱柜桌椅,布置一切费时颇久,至十一月二十一日方正式开馆。其建筑费计银一万三千八百零七两,器具装修等费计银五千余元。不敷之款即以南洋美荷两属募得之万余元开支动用。

馆既成立,郑校长鉴于本校藏书屡经兵事,散失过半,现所存者不敷应用,爰特筹款二万元,添购各系应用之中西新旧书籍,以备参考。现各书陆续购到,正由馆员从事登录编目;惟册数过多,一时尚不易竣事。迩因本校教室不敷,馆中楼下房屋,强半辟为教室,致原议规定馆内应附设南洋馆等咸无照设之余地。爰拟将馆舍再事扩大,仍由范工程师绘就图样,定于暑期内即行开工。一俟添建之新屋告成设备等等或可渐臻完善。

现馆中所藏中文书计一万六千册(约十五万卷),西文书计六千册,日文书五百册,外国杂志六十种,中国杂志七十九种。中西书籍之分类,均用杜定友氏之世界图书分类法编制,间有欠妥者,略加修改,缺少者则参照杜威十分法加以扩充,以期完善。《目录》分书名、著者及类名三种,混合排列,以成字典式目录。现有各书约在暑假中可以告竣。

现每日到馆阅览人数平均约三百人,借书者平均约四十人。现馆中设馆长一人,由校长就教授中聘定兼任,统理全馆事务;助理二人,协助馆长办理一切事项;文牍一人,专司办理公文、函件、编辑、报告等事;并设登录、编目、典藏三股。登录股专司登记书籍、检查卷册、核对发票等事,现设主任一人,登录员三人。编目股专司中西图籍编目等事,现设中西文主任各一人,编目员四人。典藏股专司书库图书传递、出纳保管等事,现设主任一人(助理兼),典藏员四人。至馆章暨办事细则等悉另有规定。

十七年四月二十六日

(《暨南周刊》第2卷第10期,1928)

洪年图书馆日记

四月二十一日,来复六,雨

亟询北京国立京师大学校文科新编中文书目何日告竣。

二十二日,来复日,晴

休息。

二十三日,来复一,晴

公布十六日起至二十二日止一星期内本馆阅书借书人数次数统计表,并抄送校长鉴核。

亟复商务印书馆批发处,允其所定购书办法。

通知南洋文化教育事业部及出版课,常年邮寄本校出版品与上海中华农学会交换该学会出版书籍。

二十四日,来复二,晴

鲍益清先生因事赴苏,请假一日。

刘士木先生赠来《约章成案汇览》一部,《大佛顶首楞严经》一部,《孙大元帅戡乱记》一本,当即函谢。出版处送来第八期《暨南周刊》三十册。

二十五日,来复三,阴,下午细雨

刘士木先生赠来《荷属华侨废约运动》十册,《庸书内外编》《富国策》《通鉴揽要》各一部,即函谢。

二十六日,来复四,晴

函寄本馆概况至上海图书馆协会出版股,因该会函索欲登入会刊。

函复大正一切经刊行会书已收到,惟查点书中号数不符,如何情形请速复。

函复南京萃华书局,寄来书十七包已照收。

函复章铁民先生等说明购书办法。

二十七日,来复五,阴

广东省政府农工厅编书科函寄《农工旬刊》,请常年交换本校出版品。

抄录本馆概况,分送校长及图书馆设计委员会备查。

发函金陵大学农科定购《农林新报》半年,附去邮票一角半。

(《暨南周刊》第 2 卷第 10 期,1928)

国立暨南大学洪年图书馆新书目录

(民国十六年度下学期布告第十次　十七年四月廿七日)

(一)中文

书　码	著　者	书　名	册数	发行所
		000　总记		
018.3－661	郑宗海	修学指导	1 册	上海商务
032.1－316	姚培谦	增补类腋	24 册	

019.1－775	罗振玉	续汇刻书目	10册	连平范氏双鱼室刊
082－151	李之鼎刊	宋人集	64册	南城李氏宜秋馆校刊

100 哲理科学

110.1－J58	耶路撒冷	西洋哲学概论	1册	上海商务
120.9－271	胡 适	中国哲学史大纲	5部	上海商务
120.9－717	谢无量	中国哲学史	1册	上海中华
120.91－942－2	渡边秀方	中国哲学史概论	1册	上海商务
121－441	陈钟凡	诸子通谊	1册	上海商务
121.35－402	梁启超	墨经校释	1册	上海商务
112.01－402	梁漱溟	印度哲学概论	1册	上海商务
150－W34－2	臧玉淦译	行为主义的心理学	1册	上海商务
150.1－H71－2	王国维译	心理学概论	1册	上海商务
160－505	屠孝实	名学纲要	1册	上海商务
160－091－2	刘奇译	逻辑概论	1册	上海商务
170.914－933－2	三浦藤作	西洋伦理学史	1册	上海商务
170.92－654	蔡元培	中国伦理学史	1册	上海商务
170.92－933－2	三浦藤作	中国伦理学史	1册	上海商务

300 社会科学

320－428	张慰慈	政治学大纲	1册	上海商务
320.9－332	高一涵	欧洲政治思想史	2部	上海商务

700 语言学

725.1－352	马建忠	马氏文通	2册	上海商务

800 文学

810.1－935－2	本间久雄	新文学概论	1册	上海商务
810.9－248	周作人	欧洲文学史	1册	上海商务
817.07－T32－2	汤澄波译	小说的研究	1册	上海商务
820.1－955－2	盐谷温	中国文学概论	1册	北京朴社

820.9－402	梁乙真	清代妇女文学史	1册	上海商务
822－784	施元之注	施注苏诗	16册	
822.5－271	胡适注	词 选	1册	上海商务
824.15－616	臧晋叔辑	元曲选	48册	上海商务
ム－172	林纾等辑	拊掌录	1册	上海商务
ム－412	郭沫若	塔	1册	上海商务

900 历史地理

907－R66－2	何炳松译	新史学	1册	上海商务
920.1－941－2	高桑驹吉	中国文化史	1册	上海商务
921－65	司马迁	史 记	8册	上海中华
922.1－350	班 固	前汉书	8册	上海中华
922.2－300	范 晔	后汉书	8册	上海中华
922.3－441	陈 寿	三国志	4册	上海中华
922.4－257	房乔等	晋 书	8册	上海中华
922.6－151	李延寿	南 史	6册	上海中华
922.61－128	沈 约	宋 书	6册	上海中华
922.62－727	萧子显	南齐书	2册	上海中华
922.63－316	姚思廉	梁 书	2册	上海中华
922.64－316	姚思廉	陈 书	1册	上海中华
922.7－151	李延寿	北 史	8册	上海中华
922.71－761	魏 收	魏 书	8册	上海中华
922.75－151	李百药	北齐书	2册	上海中华
922.76－78	令狐德棻等	周 书	2册	上海中华
922.8－761	魏 征	隋 书	6册	上海中华
923－636	欧阳修	新唐书	16册	上海中华
923－674	刘 昫	旧唐书	16册	上海中华
923.5－636	欧阳修	新五代史	2册	上海中华
923.5－371	薛居正等	旧五代史	6册	上海中华
		旧五代史	60册	丰城熊氏

				影印本
924 – 465	脱脱等	宋 史	32 册	上海中华
924.4 – 465	脱脱等	辽 史	3 册	上海中华
924.5 – 465	脱脱等	金 史	8 册	上海中华
925 – 122	宋濂等	元 史	14 册	上海中华
926 – 428	张廷玉等	明 史	24 册	上海中华

(二)西文

CALL No. AUTHOR AND TITLE

000 GENERAL WORKS

019.9 – H53 Herbert, J. A.: *Catalogue of Romances in the Department of Manuscripts in the British Museum*. v. 3.

043.5 – L48 Lee, Teng-Hwee: *Vital Factors in China's Problems.*

099 – J69 Macaulay, T. B.: *Samuel Johnson; Essay with Chinese Notes.*

100 PHILOSOPHICAL SCIENCES

104 – F98 Fung, Yu-Lan: *Comparative Study of Life Ideals.*

110 – A71 Aristotle: *Works.* tr. by J. A. Smith & W. D. Ross. v. 4 – 7.

110 – P71f Plato: *Four Socratic Dialogues.* tr. by Benjamin Jowett.

150.5 – A51 *American Journal of Psychology.* (quarterly) v. 36 – 38.

150.5 – C73 *Comparative Psychology.* (bi-monthy) v. 5 – 6.

150.5 – E24 *Educational Psychology.* (published monthly except June to August)

150.5 – P97 *Psychological Bulletin.* (monthly) v. 22 – 24.

171 – D55 Dickinson, G. L.: *Meaning of Good; A Dialogue.*

400 FINE ARTS

404 – H93 Huneker, James: *Promenades of an Impressionist.*

600 APPLIED SCIENCES

655.5 – C73 China – Ministry of Communications: *General Regulations*

Relating to Carriage of Goods by Goods Trains.

655.5 – C73c China – Ministry of Communications: *General Classification of Goods by Goods Trains*. (Chinese Government Railways)

655.5 – S52 Chinese Government Railways – S. N. L& S. H. N. L.: *Goods Tariff.*

655.92 – C73 China – Ministry of Communications: *Statistics of Railways for the Year Ending* Dec. 31, 1924.

661 – H11 Haas, J. A. D.: *Business Organization and Administration.*

666.1 – N99 Nystrom, P. H.: *Economics of Retailing*. 2cps.

667 – D73 Douglas, A. W.: *Merchantising.*

668.5 – O81 Osborne, R.: *How to Organise and Conduct an Export and Import Business.*

700 PHILOLOGY

725.8 – O89 Otte, Friedrich: *Translations from Modern Chinese.*

800 LITERATURE

809.5 – B81 Brandes, George: *Main Currents in Nineteenth Century Literature.* v. 1.3.4.

814.1 – D55 Dickinson, T. H. ed.: *Chief Contemporary Dramatists.*

814.1 – M44 Matthews, Brander ed.: *Chief European Dramatists.*

815.5 – Y94 Yu, C. C.: *Public Speaking.*

830.4 – J76 Jones, E. D.: *English Critical Essays.* (16th – 18th Centuries) 2cps.

830.95 – W18 Walker, Hugh and Walker, Mrs Hugh: *Outlines of Victorian Literature.*

(《暨南周刊》第2卷第10期,1928)

洪年图书馆编目概况

金敏甫

本校洪年图书馆，自郑校长来校后，即大加注意，从事扩充，既于图书经费，尽量增加；复于内部管理，设法整顿，故增添编目员，以从事于图书目录之编制。盖夫图书馆之设置，不仅在搜藏丰富、设置精雅而已，其于阅者所欲之书，馆中有无，即当于短时间中答覆之。此亦图书馆之一大职责。负此职责者，则图书目录是也，而编目工作，遂为图书馆之最大任务。本校图书馆之编目工作，开始于前年夏间，但以限于人力时间，故仅编分类目录，以为临时应用；此种目录，检查颇不方便，自今春扩充改组而后，即设编目股，专司分类编目之事，而字典式目录，遂着手编制；除新到书籍先行编制外，并将旧有目录加以改编，大约暑假期后，西文目录可以完成，供诸应用，中文目录亦可告一段落，至于该项目录之需要及其内容，谅为本校同人之所欲亟知者，因略书一二，以为报告。

一、现有目录之缺点

欲明本馆之所以编制字典式目录，当知现有目录缺点之所在：

本馆之分类目录，每书一卡，依类排比，与书架上书籍之推列相同，故在图书馆学上，称之为书架目录（Shelf List）。此种目录之功用，仅为便于编目员编目时之检查，以及查点书籍之用而已，本馆用为正式目录，不过一时权宜之计，亦不得已之办法。其不便之处，凡曾到馆检查者，谅当感及，兹更举以明之。

夫分类目录,乃依照图书分类之方法而排列,是以检查者,必需略知分类情形,方可着手;设或盲然不知,即无从检查,此其缺点一也。(本馆虽印有图书分类表以说明,但不足以概括一切也)归类方面,亦颇多为阅者之所不能尽知者,如银行学似属应用科学,而入社会科学;心理学似属教育科学,而入哲理科学。凡此种种,其入此入彼,虽经图书馆专家之商定,自有其相当价值,阅书人非图书馆学者,安得而知之,苟误认其类属,则无从而得其书矣,此其缺点二也。且一书之可入此类,亦可入于彼类者,及一书之含有数种性质者,只能归入一类,而不能兼入他类(虽章学诚有互著别裁之法,但不能应用于书架目录也),若阅者只检某类,而不检他类,即不对其书,此其缺点三也。且查书必知其性质,倘只知其书,而不知其性质者,无从检查,此其缺点四也。以上不过举行荦荦大者,已足见现有目录之不能应用,不得不更弦改张者矣。

二、编制中之字典式目录

字典式目录者,混合著者目录、书名目录、类名目录等之卡片,依字顺排列,如字典然,故名之。此种目录,完全用客观眼光,适合阅者之需求而作。如阅者欲知图书馆中有无某著者所著之某书或各书,则有著者目录卡,即将一书之著者列为第一项而编成之目录,阅者只须依著者之姓名而检查之,当可知其有无;如阅者欲知图书馆中有无某书名之书,则有书名目录卡,即以书名列为第一项而编成之目录卡,阅者只须依书名字顺检查,即可知其有无;若阅者欲得关于某种类之各种书籍,则有类名目录,即以种类(Subject)名称列为第一项而编成之目录,阅者只须依类名检查之(例如关于物理学之书,中文依"物理学"检查,西文依 Physics 检查),即可得关于某类之各种书籍也;又若阅者不知目录中所用之类名为何字,而在其另一同义字中检查,则有"见"卡("See" crad)以引导之(例如目录中所用之类名为 Economics,而阅者依 Political Economy 检查,则可得一卡"Political Economy, See Economics",表明当依 Economics 之类名而检查者)。又为检查某类者,使其得较多之参考书起见,则有"参见"卡("See also"card)以介绍之,例如检查 Economics 类名时,则除该类之书每书一卡外,并有"Economics,See also Banks and Banking;Manufactures;……"之卡片,盖因 Banks and Bankings、Manufactures 等与 Economics 互有关系,故亦可参考该类之书籍也。此外若一书之包含数种性质者,则类名卡可编制数张,以便在各类名中检查者,均可得见此书。而一书之可作此类,而又可作为彼类者,则类名卡亦各编一张。总之,此种目录,阅者只须依字检查,无须问图书分类之方法为何如,更无须知某书之性质若何,一索即得,便利何如;且互著别裁之法,均得采用,此皆字典式目录之特长也。关于使用目录之法,俟日后编制完全,陈列目录箱时,当有简明之目录使用法以说明之。

至于卡片之排列,西文依 abcd 之字顺为次,可无问题;而中文目录卡之应用何法排列,尚在考虑之中,张凤先生之形数法,或须试用之。

字典式目录之编制,既如此之繁,故一书应编之目录卡片,少则四五张,多则数十张,是以需时颇久,不能于短时期间可以完成。目下中文方面,已经编就者,约二千册,计卡片约二千余张;未编者,约有一万册,旧目录之尚待改编者,约二千册。西文方面,新到书籍,均已编就,计约一千册,共编卡片约二千张,而旧目录亦正在改编,计已改者约二百册,未改者八百册,惟尚有已购而未到之西书约有二千册,亦须编目者也。

(《暨南周刊》第 2 卷第 11 期,1928)

图书馆日记

四月二十八日,来复六,晴

通知南洋文化教育事业部及出版课,寄本校出版品与广东省政府农工厅编审科交换旬刊。

二十九日,来复日,晴

休息。

三十日,来复一,晨雨

布告五月一日为世界劳动纪念日,遵照校长布告第四十九号,停止借阅一天。

公布自四月二十三日起至二十九日止本馆一星期内阅书借书统计表,并抄送校长备核。

五月一日,来复二,晴

世界劳动纪念日,休息一日。

二日,来复三,晴

劳谦先生赠来《省立第二图书馆书目续编》两部共四册,又《三编》一部四册。

送第十一次新书目录至出版课,请登周刊。

三日,来复四,晴

函寄邮费一元八角至北京银行月刊,请寄该行月刊。

函复槟榔屿新南洋杂志社,谢寄杂志赞成交换。

日本古籀刊行会赠《古籀篇》一部,本日由许克诚先生持函往驻沪日领署将书领回。

公布明日为学生运动纪念日,本馆停止借阅一天。

公布五日为总理在粤就任大总统纪念,并值北伐成功开祝捷大会,本馆停止借阅一天。

发函广州《民国日报》《国民新闻英文日报》,厦门《民钟报》《民国日报》,香港《大光报》《循环报》,请以本校出版品交换报纸。

四日,来复五,晴;五日,来复六,晴

均因纪念日,停止阅览。

(《暨南周刊》第2卷第11期,1928)

国立暨南大学洪年图书馆新书目录

(民国十六年度下学期布告第十一次
民国十七年五月二日)

(一)中文

书码	著者	书名	册数	发行所
		000 总记		
082-21	王岫卢等辑	学生国学丛书	19	上海商务
082-21-1	王岫卢等辑	诗经		上海商务

082－21－2	王岫卢等辑	荀　子		上海商务
082－21－3	王岫卢等辑	韩非子		上海商务
082－21－4	王岫卢等辑	庄　子		上海商务
082－21－5	王岫卢等辑	孟　子		上海商务
082－21－6	王岫卢等辑	管　子		上海商务
082－21－7	王岫卢等辑	淮南子		上海商务
082－21－8	王岫卢等辑	墨　子		上海商务
082－21－9	王岫卢等辑	列　子		上海商务
082－21－10	王岫卢等辑	文史通谊		上海商务
082－21－11	王岫卢等辑	史　记		上海商务
082－21－12	王岫卢等辑	礼　记		上海商务
082－21－13	王岫卢等辑	春秋公羊传		上海商务
082－21－14	王岫卢等辑	晏子春秋		上海商务
082－21－15	王岫卢等辑	传习录		上海商务
082－21－16	王岫卢等辑	新序说苑		上海商务
082－21－17	王岫卢等辑	李后主词		上海商务
082－21－18	王岫卢等辑	吕氏春秋		上海商务
082－21－19	王岫卢等辑	陶渊明诗		上海商务
082－21－7	王岫卢辑	国学小丛书	21	上海商务
082－21－7－1	王岫卢辑	经今古文学		上海商务
082－21－7－2	王岫卢辑	先秦经济思想史		上海商务
082－21－7－3	王岫卢辑	章句论		上海商务
082－21－7－4	王岫卢辑	儒道两家关系论		上海商务
082－21－7－5	王岫卢辑	中国古代法理学		上海商务
082－21－7－6	王岫卢辑	论语要略		上海商务
082－21－7－7	王岫卢辑	诗经研究		上海商务
082－21－7－8	王岫卢辑	古代政治思想研究		上海商务
082－21－7－9	王岫卢辑	楚词新论		上海商务
082－21－7－10	王岫卢辑	陶渊明		上海商务

082－21－7－11	王岫庐辑	尚书论略		上海商务
082－21－7－12	王岫庐辑	儒教与现代思潮		上海商务
082－21－7－13	王岫庐辑	中国古代婚姻史		上海商务
082－21－7－14	王岫庐辑	孔　子		上海商务
082－21－7－15	王岫庐辑	平民文学之两大文豪		上海商务
082－21－7－16	王岫庐辑	中国文字变迁考		上海商务
082－21－7－17	王岫庐辑	乐府古辞考		上海商务
082－21－7－18	王岫庐辑	经子解题		上海商务
082－21－7－19	王岫庐辑	中国御史制度的沿革		上海商务
082－21－7－20	王岫庐辑	道教概说		上海商务
082－21－7－21	王岫庐辑	字例略说		上海商务

100　哲理科学

141－938－2	金子筑水	现代理想主义	1	上海商务

500　自然科学

572－441	陈映璜	人类学	1	上海商务

800　文学

821－393	徐　陵	徐孝穆集	3	广东翰墨园重刊
821－705	钱谦益	牧斋全集	40	邃汉斋校印
821－775	罗罗山	罗忠节公遗集	8	
821.1－705	钱基博	国学必读	1	上海中华
822－21	王先谦	虚受堂诗存	3	平江苏氏刊
823.1－21	王先谦	续古文辞类纂评注	8	上海文明
823.1－650	蒋瑞藻纂	新古文辞类纂稿本	24	上海中华

900　史地

927－151	李元度	国朝先正事略	20	循陔草堂雕板

厶　小说

ム－T65	瞿秋白等译	托尔斯泰短篇小说集	1	上海商务
ム－H89	俞　忽译	活冤孽	1	上海商务
ム－T99－2	耿济之译	父与子	2	上海商务
ム－386	柴霍甫	柴霍甫短篇小说集	1	上海商务

(二)西文

831－K57	Kipling, Rudyard: *Works*. 5v.
831－T47	Thompson, Francis: *Works*.
832－B99	Byron, Lord: *Poems and Plays*. 3v.
832－C99	Coleridge, S. T.: *Poems*.
832.1－A72	Armes, W. D.: *Old English Ballads and Folk Songs*.
832.1－M11	Mabie, H. W. ed.: *Book of Old English Ballads*.
832.1－P16	Palgrave, F. T. selected: *Golden Treasury*. 3cps.
833－A22	Addison, Joseph: *Essays*. ed. by John Richard Green.
833－B12	Bacon, Francis: *Essays or Counsels Civil and Moral*. ed. by A. S. Gaye.
833－B44	Belloc, H.: *On*.
833－B44h	Belloc, H.: *Hills and the Sea*.
833－B47	Benson, A. C.: *From a College Window*.
833－C52h	Chesterton, G. K.: *Heretics*.
833－D55m	Dickinson, G. L.: *A Modern Symposium*.
833－L93L	Lucas, E. V.: *A Little of Everything*.
833－L98	Lynd, Robert: *The Blue Lion; and Other Essays*.
833－M66	Milton, John: *Prose*. ed. by M. W. Wallace.
833－S64	Smith, Alexander: *Dreamthorp: a Book of Essays Written in the Country*. ed. by Hugh Walker.
833.1－Y94	Yu, C. C.: *Representative Masterpieces*. 3cps.
834－D81	Dryden, John: *Best Plays*. ed. by G. Saintsbury. vol.
834－E73	Ervine, J. G.: *John Ferguson: a Play in Four Acts*.

834 – G17s	Galsworthy, John: *Six Short Plays.*
834 – G82	Gregory, Lady: *Seven Short Plays.*
834 – H83	Houghton, Stanley: *Five One Act Plays.*
834 – A83h	Houghton, Stanley: *Hindle Wakes.*
834 – M39	Masefield, John: *Tragedy of Nan.*
834 – M39□	Masefield, John: *Tristan and Isolt: a Play Verse.*
834 – S53s	Shaw, Bernard: *Saint Joan: a Chronicle Play in Six Scenes and an Epilogue.*
834.1 – M44	Matthews, Brander and Lieder P. R. ed.: *Chief British Dramatists.*
834.13 – N41	Neilson, W. A.: *The Chief Elizabethan Dramatists.*
835.1 – B29	Bartlett, Myrth: *Orations: Past and Present.*
838.3 – B41	Beerbohm, Max: *Happy Hypocrite.*
839.5 – P42p	Pepys, Samuel: *Passages from the Diary.*
843 – M18w – 3	Maeterlinck, Maurice: *Wisdom and Destiny.* tr. by Alfred Sutro.
883 – □53c	Emerson, R. W.: *Conduct of Life; Nature; and Other Essays.*
884 – F54	Fitch, Clyde: *The Truth; A Play in Four Acts.*
892 – A25	Aeschylus: *House of Atreus.* tr. by E. D. A. Morshead.
892 – D19 – 3	Dante, Alighieri: *Hall; Purgutory and Paradise.* tr. by H. F. Cary.
892 – H76(c)	Homer: *Odyssey.* tr. by W. Cowper.
892 – H76i	Homer: *Iliad, Done into English Prose by A. Lang, W. Leaf and E. Myers.*
892 – H76p	Homer: *The Iliad.* tr. by Alexander Pope.
892 – K45	Khayyam, Omar: *Rubaiyat.*
892 – T38	Theocirtus: *Idylls and the Eclogues of Virgil.* tr. by C. S. Calverley.

892 – V81	Virgil: *Aeneid*. tr. by John Conington.
894 – A25	Aeschylus: *Suppliant Maidens*; *Persians*; *Seven Against Thebes*; *Prometheus Bound*. tr. by E. D. A. Morshead.
894 – T22	Tagore, Rabindranath: *The King of the Dark Chamber*.
899 – X15	Xenophon: *Works*. tr. by H. G. Dakyns. v. 3 (bound in 2).

FICTION

F – B276	Barrie, J. M.: *Margaret Ogilvy*.
F – B569	Blackwood, Algernon: *Garden of Survival*.
F – D722	Doyle, A. C.: *Return of Sherlock Holmes*.
F – D722a	Doyle, A. C.: *Adventures of Sherlock Holmes*.
F – D722h	Doyle, A. C.: *Hound of the Baskervilles*.
F – D722m	Doyle, A. C.: *Memoies of Sherlock Holmes*.
F – G447	Gissing, George: *House of Cobwebs*.
F – H222r	Hardy, Thomas: *Return of the Native*.
F – M317	Mansfield, Katherine: *Bliss*; *and Other Stories*.
F – M317d	Mansfield, Katherine: *Doves Nest*; *and Other Stories*.
F – N178	Nashe, Thomas: *Unfortunate Traveller*: *or the Life of Jacke Wilton*.
F – R116	Radcliffe, Ann: *Mysteries of Udolpho*.
F – T911	Twain, Mark: *Pudd'nhead Wilson*.
F – T911a	Twain, Mark: *Adventures of Huckleberry Finn*.
F – W165	Walpole, Horace: *Castle of Otranto*.

（《暨南周刊》第2卷第11期，1928）

图书馆日记

五月七日,来复一,晴

公布自四月三十日始至五月六日止本馆阅书借书统计表,并抄送校长备考。

出版课交来《津浦之声》一册。

八日,来复二,晴

送第二十次新书目录至出版课,登周刊发表。

布告明日为国耻纪念日,本馆遵照校长布告,停止借阅一天。

注册课索取本馆职员履历,当即抄送一份。

九日,来复三,晴

放假。

十日,来复四,阴

函寄邮费七角至第四中山大学农科,定购《农声旬刊》全年一份。

函复日本大正一切经刊行会收到《大藏经索隐》,并催寄未到之书。

十一日,来复五,晴

今明两日本校举行运动会,停止借阅两日。

十二日,来复六,晴

放假。

(《暨南周刊》第2卷第12期,1928)

国立暨南大学洪年图书馆新书目录

(民国十六年度下学期布告第十二次
民国十七年五月八日)

(一)中文

书码	著者	书名	册数	发行所
		000 总记		
019-756	瞿启甲	铁琴铜剑楼书影	九册	上海商务
		200 教育科学		
201.5-E26-2	钱希乃等译	学习之基本原理	一册	上海商务
202-98	朱君毅	教育统计学	一册	上海商务
224-556	杨祥麟	科外教育设施法	一册	上海商务
240.1-932-2	入泽宗寿	新教授法原论	一册	上海商务
241-P24-2	俞子夷译	普通教学法	一册	上海商务
245.6-415	唐绍言等译	设计教学法辑要	一册	上海商务
261-5.35	程其保等	小学行政概要	一册	上海商务
		700 语言学		
725-242	金兆梓	国文法之研究	一册	上海中华
727.1-128	沈星一	初级古文读本	三册	上海中华
727.1-713	穆齐波	高级古文读本	三册	上海中华

727.7－128	沈星一	初级国语读本	三册	上海中华

800 文学

810－942－2	厨川白村	苦闷的象征	一册	上海商务
810－W77	景昌极等译	文学批评之原理	一册	上海商务
821－562	陆世仪，陈瑚	陆陈二先生诗文抄	十册	太仓安道书院
821.1－834	文明书局辑	音注名人选定诗文读本		上海文明
821.1－834－1	曾国藩选	韩昌黎文	二册	上海文明
821.1－834－2	曾国藩选	柳子厚文	一册	上海文明
821.1－834－3	曾国藩选	欧阳永叔文	一册	上海文明
821.1－834－4	储　欣选	苏明允 子由文	一册	上海文明
821.1－834－5	储　欣选	苏东坡文	二册	上海文明
821.1－834－6	茅　坤选	王介甫文	一册	上海文明
821.1－834－7	茅　坤选	曾子固文	一册	上海文明
821.1－834－8	曾国藩选	归震川文	一册	上海文明
821.1－834－9	沈德潜选	顾亭林文	一册	上海文明
821.1－834－10	朱梅崖选	侯朝宗文	一册	上海文明
821.1－834－12	蒋剑人选	汪尧峰文	一册	上海文明
821.1－834－13	王先谦选	方望溪文	一册	上海文明
821.1－834－14	江　标选	龚定庵文	一册	上海文明
821.1－834－16	王先谦选	姚姬传文	一册	上海文明
821.1－834－17	王先谦选	梅伯言文	一册	上海文明
841.1－834－18	王先谦选	恽子居 管异之文	一册	上海文明
841.1－834－19	王先谦选	曾涤生文	一册	上海文明
841.1－834－20	严芝僧选	吴挚甫文	一册	上海文明
841.1－834－21	严芝僧选	张濂亭文	一册	上海文明
821.1－834－22	王士祯选	王摩诘 孟浩然诗	一册	上海文明

821.1－834－23	沈德潜选	李太白诗	一册	上海文明
821.1－834－24	沈德潜选	白乐天诗	一册	上海文明
821.1－834－25	沈德潜选	杜少陵诗	二册	上海文明
821.1－834－26	王士祯选	高渤海岑嘉州诗	一册	上海文明
821.1－834－27	沈德潜选	韦苏州柳柳州诗	一册	上海文明
821.1－834－28	沈德潜选	韩昌黎孟东野诗	一册	上海文明
821.1－834－31	王士祯选	苏东坡诗	一册	上海文明
821.1－834－32	曾国藩选	黄山谷诗	一册	上海文明
821.1－834－34	刘辰翁选	陆放翁诗	一册	上海文明
821.1－834－37	蒋剑人选	吴梅村诗	二册	上海文明
821.1－834－40	蒋剑人选	黄仲则诗	一册	上海文明
823－491	黄远庸	远生遗著	三册	上海商务
823.1－316	姚　鼐	古文辞类纂评注	十六册	上海文明
825－402	梁启超	梁任公学术演讲集	三册	上海商务
ㄙ－671	黎烈文标点	大宋宣和遗事	一册	上海商务
ㄙ－D89－2	伍光建译	侠隐记	二册	上海商务
ㄙ－D99－2－9	伍光建译	续侠隐记	二册	上海商务

(二)西文

CALL No. AUTHOR AND TITLE

000 GENERAL WORK

099－H88 Hudson, W. H.: *Far Away and Long Ago.*

300 SOCIAL SCIENCES

320.1－L34 Laski, H. J.: *A Grammar of Politics.*

320.1－M56 Merriam, C. E. and Barnes, H. E. ed.: *History of Political Theories; Recent Times.*

321.7－G65 Goodnow, F. J.: *Principles of Constitutional Government.* 2cps.

334 – W36 Webb, Beaterice and Sidney: *Consumers' Cooperative Movement.*

351.5 – M96 Munro, W. B.: *Principles and Methods of Municipal Administration.*

400 FINE ARTS

492 – C88 Craig, E. G.: *On the Art of the Theatre.*

700 PHILOLOGY

733.1 – V86 Vizetelly, F. H. and Bekker, L. J.: *Desk – book of Idioms and Idiomatic Phrases in English Speech and Literature.*

800 LITERATURE

814.01 – C59 Clark, B. H.: *European Theories of the Drama.*

814.07 – C59 Clark, B. H.: *A Study of the Modern Drama.* 2cps.

814.1 – E42 Eliot, S. A. ed.: *Little Theater Classics.* 4v.

815.5 – K64 Kleiser, Grenville: *How to Develop Power and Personality in Speaking.*

815.5 – L79 Lockwood, F. G. and Thorpe, C. D.: *Public Speaking Today.*

854 – S36 Schnitzler, Arthur: *Comedies of Words; and Other Plays.* tr. by Pierre Loving.

892 – D19d Dante, Alighieri: *Divine Comedy.* tr. by C. E. Norton.

FICTION

F – G549 Godwin, William: *Caleb Williams.*

F – H294 Hauptmann, Gerhart: *Phantom.* tr. by Byard Quincy Morgan.

F – K156 Katherine, Mansfield: *Garden Party and Other Stories.*

900 HISTORY AND GEOGRAPHY

928 – R92 Raffe, D'Auxion de.: *Is China Mad?* tr. by R. T. Peyton – Griffin.

929 – 38 – K18 Karamisheff, W.: *Mongolia and Western China.*

(《暨南周刊》第 2 卷第 12 期,1928)

洪年图书馆启事(一)

本馆前因参考书架内陈列各书,时有遗失,无从查考,曾于三月二十一日通告周知,请来馆阅书诸生,务须按照本馆所定手续取书,幸勿自动等因在案。乃迩来参考书籍仍不时缺少,虽为数不多,然为遵重公家书籍起见,嗣后切望诸生各自尊重,勿再将馆内不借出之书报擅自取去,以免再有遗失,并望爱校诸生协助本馆监察。如见有人未经手续而自行携书出馆者,请即来馆报告,以便追查。

此布

(《暨南周刊》第 2 卷第 12 期,1928)

洪年图书馆启事(二)

本馆定章,借出之书如有污损,须照原价赔偿。此后,凡来馆借书诸生,应将借得书籍在馆中先行审查有无缺页污损。若有损坏,即向典藏员声明。否则,还书时一经查出,即须由该借出人负责,按章照赔。

此布

(《暨南周刊》第 2 卷第 12 期,1928)

洪年图书馆日记

五月十四日,来复一,阴,微雨

南洋新加坡《新国民日报》赠《钱录》一部,当即函谢。

刘士木先生赠《政治类典》四册,《海国图志》四辑,《盛世危言》一部,《王希天小史》一册。

公布自五月七日起至十三日止本馆阅书借书人数统计表,并抄送校长备核。

函催汪奠基、夏康农二位先生,速将在校借去各书归还。

十五日,来复二,阴

布告明日上午九时起开会追悼蔡公时先生并山东被难诸烈士,本馆遵照校长布告,于开会时间内闭馆,停止阅览。

十六日,来复三,晴

章铁民先生赠《波斯故事》《天鹅集》各一册。

本日开蔡公时先生追悼会,上午闭馆。

送第十三次新书目录至出版课,请登周刊发表。

十七日,来复四,晴

本日照常开馆。

刘士木先生赠《博物奇观》等书二十三种计廿七册,当即函谢。
尹靄川先生请假数日归里。
函寄修正之《本馆概况》与上海图书馆协会出版股登入会刊。

十八日,来复五,晴

本日照常开馆。
函彭子星君请照章赔偿遗失《俄国经济史》一册书价。

十九日,来复六,晴

本日照常开馆。
函复汪奠基、夏康农二先生,说明还书尚未收到。
函催陈荩民先生送还夏康农先生托还各书。

(《暨南周刊》第3卷第1期,1928)

国立暨南大学洪年图书馆新书目录

(民国十六年度下学期布告第十三次
民国十七年五月十六日)

(一)中文

书码	著者	书名	册数	发行处
		000 总记		
019-441	陈钟凡	古书读校法	13部	上海商务
023.5-30	支伟成	尚书去伪	1部	上海泰东

082－834	中华书局	学生丛书		上海中华
082－834(1)	谢无量	孔　子	1部	上海中华
082－834(2)	谢无量	韩非子	2部	上海中华
082－834(3)	谢无量	王充哲学	2部	上海中华
082－834(4)	谢无量	朱子学派	2部	上海中华
082－834(5)	谢无量	阳明学派	1部	上海中华
082－834(6)	吕思勉	关岳合传	1部	上海中华
082－834(7)	中华书局	廿年来之中日关系	1部	上海中华
082－834(8)	丁锡华	谈　天	1部	上海中华
082－834(9)	史礼绶	谈　地	1部	上海中华
082－834(10)	陈　莘	读书法	1部	上海中华
082.1－402	梁章钜	二思堂丛书	24部	浙江书局
099－K12－2	商承祖等译	康德传	1部	上海中华
099－A71－2	刘衡如译	亚里斯多德	1部	上海中华

100　哲理科学

120.37－30	支伟成	墨子综释	1部	上海泰东
120.57－30	支伟成	商君书	1部	上海泰东
121－3－402	梁启超	墨子学案	1部	上海商务
121.9－674	刘　勰	新　论	1部	上海泰东
127.01－402	梁启超	清代学术概论	3部	上海商务
150－441	陈大齐	心理学大纲	1部	上海商务
150.1－W91	潘梓年译	动的心理学	2部	上海商务
150.1－G27	陈大齐译	儿童心理学	1部	上海商务
156.3－N31－2	陈大齐译	审判心理学大意	1部	上海商务
157.2－749	戴应观译	教育心理的实验	1部	上海商务
160－065－2	严　复译	穆勒名学	3部	上海商务
160－077－2	潘梓年译	逻　辑	2部	上海商务

200　教育科学

201－D52－2	常道直译	平民主义与教育	1部	上海商务

201 – 300	范寿康	教育哲学大纲	2 部	上海商务
201.3 – 449	陶孟和	社会与教育	1 部	上海商务
245.7 – 590	廖世承	道尔顿制实验报告	1 部	上海商务
249.5 – 375	孙佐等译	理化学教授指南	1 部	上海商务
249.5 – 933	严保诚译	博物学教授指南	1 部	上海商务
270 – 590	廖世承	中学教育	2 部	上海商务
299.2 – 441	陈鹤琴	家庭教育	2 部	上海商务

300 社会科学

343 – 79	白鹏飞	行政法总论	1 部	上海商务
380 – 141 – 2	刘文岛译	新军论	1 部	上海商务
380.5 – 30	支伟成	孙氏兵法史证	1 部	上海泰东
391.6 – W19 – 2	梁仲策译	社会心理之分析	1 部	上海商务
392 – M95 – 2	陶孟和等译	社会进化史	2 部	上海商务
393.2 – 938	毛泳棠等译	人的生活	2 部	上海商务

500 自然科学

513 – 21	王邦珍	极大极小问题	1 部	上海商务
543 – 441	陈世璋	定性分析	1 部	上海商务
550 – 428	张资平	普通地质学	1 部	上海商务
571 – 21	王其澍	近世生物学	1 部	上海商务
575.1 – 21	王其澍	遗传学概论	1 部	上海商务

600 应用科学

621.1 – 674	刘振华	蒸汽机	1 部	上海商务
622.7 – 271	胡庶华	铁冶金学	1 部	上海商务

700 语言学

725.4 – 402	梁启超	中学以上作文教学法	1 部	上海中华

800 文学

809.6 – 375	孙俍工	世界文学家列传	1 部	上海中华
810 – F15	顾钟序译	欧洲文学入门	2 部	上海商务
810.1 – 352	马宗霍	文学概论	1 部	上海商务

817.07－H22	华林一译	小说法程	1部	上海商务
817.07－F46	金兆梓译	诗之研究	1部	上海商务
817.07－375	孙俍工	小说作法讲义	1部	上海中华
820.8－843	中华书局	文学精华	21部	上海中华
820.9－717	谢无量	中国大文学史	1部	上海中华
820.86－717	谢无量	中国六大文豪	1部	上海中华
821－151	李 绂	穆堂初稿	16部	无怒轩版
822.2－717	谢无量	诗史指南	2部	上海中华
822.12－21	王文濡编	古诗评注读本	1部	上海文明
822.13－21	王文濡编	晚唐诗选	4部	上海中华
822.14－21	王文濡评选	宋元明诗评注读本	2部	上海文明
822.17－21	王文濡评选	清诗评注读本	3部	上海文明
822.52－717	谢无量	词学指南	1部	上海中华
822.67－30	支伟成	楚词之研究	1部	上海泰东
822.607－271	胡云翼	宋词研究	1部	上海中华
823－641	樊绍述	樊绍述集	1部	上海文明
823.1－441	陈曾则	古文比	1部	上海中华
823.12－21－7	王文濡评选	南北朝文评注读本	2部	上海文明
823.12－21	王文濡	秦汉三国文评注读本		上海文明
823.17－21	王文濡	清文评注读本	4部	上海文明
823.18－21	王石京	新文选	1部	上海文明
823.877－21	王文濡评选	清代骈文评注读本	4部	上海文明

900 史地

914.31－650	蒋方震	欧洲文艺复兴史	1部	上海商务
920－5－556	杨守敬撰	水经注疏要删	6部	观海堂刻
920－19－215	王祖畬纂	太仓镇洋县志	20部	
921－65	吴见思评	史记论文	8部	上海中华
921.4－128	沈 镕注	国语评注	4部	上海文明
927－868		国史列传	20部	东方学会印

(二)西文

CALL No.	AUTHOR AND TITLE
	300 SOCIAL SCIENCES
338. 9 – 1 – 58	Hetherington, H. J. W. : *International Labour Legislation.*
338. 93 – M58	Mess, H. A. : *Factory Legislation and Its Administration* (1891 – 1924).
338. 98 – O11	Oakes, E. S. : *Law of Organized Labor and Industrial Conflicts.*
340. 1 – C32	Carter, J. C. : *Law : Its Origin Growth and Function.*
340. 1 – D86	Duguit, Leon : *Law in the Modern State.*
340. 1 – G78	Gray, J. C. : *Nature, and Sources of the Law.*
340. 1 – H73	Holland, T. E. : *Elements of Jurisprudence.*
340. 1 – M34	Markby, William : *Elements of Law.*
340. 1 – S17	Salmond, S. J. : *Jurisprudence.*
340. 3 – B78	Bouvier, John : *Law Dictionary.* rev. by W. E. Baldwin.
340. 3 – S34	Scholefield, Joshua : *Encyclopedia of Local Government Law.* 7v.
343 – B62	Bishop, J. P. : *Criminal Law.* ed. by John M. Zane and Carl Zollmann. 2v.
347. 1 – D57	Dillon, J. F. : *Commentaries on the Law of Municipal Corporations.* 5v.
347. 1 – M14	Machen, A. M. : *A Treatise on the Modern Law of Corporations.* 2v.
347. 2 – G65	Goodwin, Frank : *Treatise on the Law of Real Property.*
347. 4 – A62	Anson, W. B. : *Principles of the English Law of Contract and Agency in Its Relation to Contract.* 6th ed. by M. L. Gwyer.
347. 4 – D68	Donnelly, J. F. : *A Treatise on the Law of Public Contracts.*

347.4 – T89	Tucker, J. I.: *Contracts in Engineering.*
347.5 – S17	Salmond, John: *The Law of Torts.*
347.6 – E96	Everlay: *Law of the Domestic Relations.* 4th ed. by Alexander Cairns.
347.7 – E99	Byles, S. J. B.: *A Treatise on the Law of Bills of Exchange, Promissory Notes, Bank – notes and Cheques.* 18th ed. by W. J. B. Byles & A. W. B. Welford.
347.7 – E37	Eldridge, W. H.: *Marine Policies, a Complete Statement of the Law Concerning Contracts of Marine Insurance.* 2nd ed. by Harry Atkins.
347.7 – E53	Emanuel, M. R.: *Banking Law, Theory and Practice.*
347.7 – E82	Estrich, W. A.: *Law of Instalment Sales of Goods Including Conditional Sales with Statutes and Forms.*
347.7 – H27	Hardy, G. L.: *Law and Practice of Bankruptcy.*
347.7 – L73	Lindley: *A Treatise on the Law of Companies.* 6th ed. by W. B. Lindley. 2v.
347.7 – W73	Williston, Samuel: *Law Governing Sales of Goods. at Common Law and under the Uniform Sales Act.* 2v.
349.37 – S55	Sherman, C. P.: *Roman Law in the Modern World.* 3v.
374 – P84	Porter, J. B.: *Laws of Insurance.*

400　FINE ARTS

492 – 051	Cheney, Sheldon: *The Art Theater.*

800　LITERATURE

814.4 – H49	Henderson, Archibald: *European Dramatists.*
854 – S36	Schnitzler, Arthur: *Anatol; Living Hours; the Green Cockatoo.* tr. by G. I. Colbron.

(《暨南周刊》第3卷第1期,1928)

洪年图书馆日记

五月二十一日,来复一,阴

公布本月十四日起至二十日止本馆借阅图书人数次数表,并抄送校长备核。

函询前南京女子部主任章君度,女子部订购商务出版《四部丛刊》收条现存何处。

二十二日,来复二,晴

函复香港《大光报》,允其交换刊物,以一年为期,通知南洋文化事业部及出版课,即日将本校刊物邮寄大光报馆。

函送谢循初先生教育系向国内外购书银数单两纸。

送出版课第二十一次新书目录一份,请在周刊发表。

刘士木先生赠日本早稻田大学行政法各论参考书十册,价值五十八元六角,此书业已绝版。又日本早稻田大学商业讲义参考书二十二册,价值四十六元,当即函谢。

二十三日,来复三,晴,暖

函复北京银行月刊社,六十册社刊全数收到,并道谢。

函真茹邮局,请留意各埠寄本馆之报纸等件,勿使时有遗失。

本馆参考书籍及杂志报章等仍时有遗失,布告阅览诸生务须遵守定章,勿再擅取本馆不借出之书籍。

龙自强先生奉馆长函,开在中文编目股办事,符滋李先生调在登录股办事,当即分别通知。

函寄本馆编目概况至上海图书馆协会出版股，请登入该会会刊。

二十四日，来复四，晴

出版课送到《暨南周刊》第二卷第十一期二十本。

函呈校长本馆购置图书应付款项单一纸。

曹裕先生因赴慰劳北伐将士运动会，请假两日。

二十五日，来复五，阴，下午微雨

发函陆敬德君，借去书籍损坏，请照章赔偿。

函复商务书馆虹口分店，所有该馆查不得出版家之西书六种已自行往购。

函复南洋文化教育事业部，中华农学会新迁地址尚待调查。

二十六日，来复六，阴

布告嗣后借出书籍，应在馆中先行审查有无损污。如不预先声明，还书时查出损坏，应由借书人负责照章赔偿。

（《暨南周刊》第3卷第2期，1928）

国立暨南大学洪年图书馆新书目录

（民国十六年度下学期布告第十四次
民国十七年五月廿二日）

（一）中文

书码	著者	书名	册数	发行处

100 哲理科学

110－502	费鸿年	杜里舒及其学说	一册	上海商务
121.1－271	胡　适	戴东原的哲学	二部	上海商务
121.9－674	刘　安	淮南集证	十册	上海中华
151.2－M15	张庭英译	感觉之分析	一册	上海商务
152.3－M13	刘延陵译	社会心理学绪论	一册	上海商务
152.3－L44	吴旭初等译	群众心理	一册	上海商务
152.8－L44	杜师业译	革命心理	二册	上海商务
157.9－B61	费杰培译	儿童心智发达测量法	一册	上海商务

200 教育科学

293.01－352	马宗荣	社会教育概说	一册	上海商务

300 社会科学

329－674	刘文岛	政党政治论	一册	上海商务
334－K93	周佛海译	互助论	一册	上海商务
392－730	萨　端译	社会进化论	一册	上海商务
393.3－441	陈震异译	社会之经济基础	一册	上海商务

700 语言学

721－21	王　璞	王璞的国音示范	一册	上海中华

800 文学

822.17－441	陈　衍辑	近代诗钞	二十四册	上海商务
822.5－175	成肇麟	唐五代词选	一册	
822.5－248	周　济	词辨二卷	一册	
822.5－428	张友鹤	白话词选	一册	上海文明
822.54－248	周　济	宋四家词选	一册	
822.84－399－6	殷溎深	牡丹亭曲谱	四册	上海朝记书庄
822.84－399－7	殷溎深	拜月亭全记曲谱	四册	上海朝记书庄

822.84 – 399 68	殷淮深	西厢记曲谱	二册	上海朝记书庄
822.84 – 399.77	殷淮深	春雪阁曲谱三记	二册	上海朝记书庄
827.5 – 650	蒋瑞藻	小说考证	三册	上海商务
827.5 – 650 – 9	蒋瑞藻	小说考证续编	二册	上海商务
840.9 – 151	李　璜	法国文学史	一册	上海中华
850.9 – 428	张传普	德国文学史大纲	一册	上海中华
870.9 – 661	郑振铎	俄国文学史略	二部	上海商务
874 – T65	文范邨译	活　尸	一册	上海商务
		900　史地		
920.4 – 674	刘知几	史　通	一册	梁溪图书馆
922.2 – 705	钱大昭	后汉书补表	四册	后知不足斋刊本
963.6 – 942	黄文中译	日本民权发达史	一册	上海商务

（二）西文

CALL No.	AUTHOR AND TITLE
	000　GENERAL WORK
043 – K37	Kenworthy, J. M.: *Will Civilization Crash?*
	100　PHILOSOPHICAL SCIENCES
110 – P72	Plotinos: *Complete Works.* 2v.
156.6 – L74	Link, H. C.: *Employment Psychology.*
193 – G28	Gayley, C. M.: *Classic Myths in English Literature and in Art.*
	300　SOCIAL SCIENCES
300 – B26	Barnes, H. E. ed.: *History and Prospects of the Social Sciences.*

330. 1 – C59 Clark, J. B.: *Essentials of Economic Theory.*

330. 1 – D55 Dickinson, Z. C.: *Economic Motives.*

330. 1 – R51 Ricardo, David: *Principles of Political Economy and Taxation.*

330. 1 – S64 Smith, Adam: *Wealth of Nations.*

330. 9 – O34 Ogg, F. A. and Sharp, W. R.: *Economic Development of Modern Europe.*

331 – C51 Chenery, W. L.: *Industry and Human Welfare.*

331 – H89 Huggine, W. L.: *Labor and Democracy.*

331. 6 – P44 Perlman, Selig: *History of Trade Unionism in the United States.*

335 – C33 Carver, T. N.: *Distribution of Wealth.*

335 – T93 Turgot: *Reflections on the Formation and the Distribution of Riches.*

339 – K99 Kyrk, Hazel: *Theory of Consumption.*

340. 9 – J59 Jhering, Rudolf Von: *Law in Daily Life.*

342. 8 – B95 Burdick, C. K.: *Law of the American Constitution; Its Origin and Development.*

347 – S63 Sprague, W. C. Abridged: *Blackstone's Commentaries.*

347. 7 – C43 Chalmers, M. D.: *Bills of Exchange Act.*

371 – A55 Anderson, B. M.: *Value of Money.*

371 – F53 Fisher, Irving: *Purchasing Power of Money.*

371. 6 – P55 Phillips, C. A.: *Bank Credit.*

374. 9 – F73 Forsberg, A. B. ed.: *Selected Articles on Unemployment Insurance.*

393. 1 – M26 Malthus, T. R.: *An Essay on the Principle of Population.*

500 NATURE SCIENCES

511. 3 – C74 Conant, L. L.: *Number Concept; Its Origin and Development.*

513 – W48s Wentworth, George and Smith, D. E. : *Plane and Solid Geometry.*

514 – W48 Wentworth, George and Smith, D. E. : *Plane and Spherical Trigonometry and Tables.*

520 – M93 Moulton, F. R. : *An Introduction to Astronomy.*

600 APPLIED SCIENCES

634.9 – R29 Recknagel, A. B. : *Forests of New York State.*

661.3 – P31 Paton, W. A. : *Accounting.* 2cps.

662 – T24 Taylor, F. W. : *Principles of Scientific Management.*

663.01 – K62 Kitson, H. D. : *Mind of the Buyer; a Psychology Selling.*

663 3 – H78 Hoover, S. R. : *Science and Art of Salesmanship.*

663.5 – C59r Clark, F. E. : *Readings in Marketing.*

664.01 – A21 Adams, H. F. : *Advertising and Its Mental Laws.*

700 PHILOLOGY

712 – S62 Skeat, W. W. : *Science of Etymology.*

735 – B16 Bain, Alexander: *Companion to the Higher English Grammar.*

735 – B88 Brown, Goold: *Grammar of English Grammars.*

735 – F36 Fernald, J. C. : *Connectives of English Speech.*

735 – J59 Jespersen, Otto: *Modern English Grammar on Historical Principles.* 2v.

735 – M41 Mason, C. P. : *English Grammar Including Grammatical Analysis.*

735 – P87 Poutsma, H. : *Characters of the English Verb and the Expanded Form.*

735 – S97 Sweet, Henry: *New English Grammar; Logical and Historical.* 2v.

735.3 – K29 Kellner, Leon: *Historical Outlines of English Syntax.*

7□□ – J13 Jackson, E. H. : *Latin for Lawyers.*

793 – M13 Macdonell, A. A.: *Practical Sanskrit Dictionary; with Transliteration Accentuation, and Etymological Analysis.*

700 – B65 Bloomfield, Leonard: *An Introduction to the Study of Language.*

700 – J59 Jespersen, Otto: *Language Its Nature Development and Origin.*

701 – W73 Willis, George: *Philosophy of Speech.*

800 LITERATURE

814.1 – S53 Shay, Frank and Loving, Pierre ed.: *Fifty Contemporary One Act plays.*

834.1 – M27 Manly, J. M.: *Specimens of the Pre-Shaksperean Drama.* 2v.

884 – O58 O'neill, Eugene: *Great God Brown; Fountain: Moon of the Caribbees and Other Plays.*

892 – D19a Dante Alighieri: *Divine Comedy.*

FICTION

F – St86 Strindberg, August: *Married.*

900 HISTORY

930 – G81 Green, J. R.: *Short History of the English People.*

(《暨南周刊》第3卷第2期,1928)

图书馆日记

五月二十八日,来复一,晴

上海特别市工务局送到十六年份业务报告一册,请交换刊物。

公布自五月二十一日起至二十七日止一星期内本馆阅书借书人数统计表，并抄送校长备查。

刘士木先生赠《表解丛书》，计三十二种共三十八册（绝版本），又《冯玉祥军纪实》两册（非卖品），当即函谢。

二十九日，来复二，晴

史昌蕃君赠 *Whither Russia* 书一部，函请各系主任将下学年需用书籍于六月十号前开单交下，以便订购。

刘士木先生赠《会计学》等洋装书十八种计十八册，当即函谢。

函复中央陆军军官学校图书馆，允其先寄本校刊物请即交换。

布告明日为五卅纪念日，本馆停止阅览一天。

中国画学系主任陶冷月先生自今日起在本馆楼上开陈列画件个人展览会三日。

三十日，来复三，晴

停止阅览。

三十一日，来复四，阴

苏州后宅太伯图书馆邮赠《三借庐剩稿》《希社中兴续编》各一册。

刘德泽先生请假一日。

收出版课《暨南周刊》第二卷第十二期三十册。

布告本馆向例每逢年暑两假前一星期，将借出之书一律收回以事清理，请各生于考试完毕后将所借之书即日交还以资结束。

北京香山慈幼院赠《发展蒙》等五册，又私立青岛大学赠十七年度一览一册，再又苏州太湖流域水利工程处赠季刊第一卷第三期一册，当即分别函谢。

六月一日，来复五，上午阴，下午晴

发关通告全体教员,请将所借本馆之教科参考等书,俟学年考试完毕后即行送还以便清理。

登录股主任凌翔通假半年回吉隆坡省亲。

函请尹霭川先生代理登录股主任职务。

函复南京华文书局,书疑本月可以汇上。

符滋李先生请假一天。

二日,来复六,晴

刘德泽先生请假。

函请余佑人先生,嗣后购书请照本馆手续办理。

函催欧景泉君来馆办清借书手续,函请尹霭川先生暂缓代理登录股主任职务,因凌翔先生改期本月底赴南。

(《暨南周刊》第3卷第3期,1928)

国立暨南大学洪年图书馆新书目录

(民国十六年度下学期布告第十五次
民国十七年六月四日)

(一)中文

书码	著者	书名	册数	发行处
		000 总记		
032 - 441	陈仁锡纂评	八编类纂	61册	明天启丙寅刊
018.3 - W58	韦伯尔	修学效能增进法	1册	上海商务

019－375	孙德谦	汉书艺文志举例	1册	戊午家刻本
019－717	谢启昆	小学考	20册	浙江书局
019.21－491	黄立猷	金石书目	2册	北京法轮印刷局
082－650	蒋光煦辑	别下斋丛书	20册	上海涵芬楼影印
082－710	鲍廷博辑	知不足斋丛书	240册	上海古书流通处影印
095－30	支伟成	清代朴学大师列传	2册	上海泰东
095－428	张惟骧	疑年录汇编	8册	小双寂庵刊本

100　哲理科学

121－674	刘永济编	周秦诸子选粹	1册	上海泰东
121.1－21	王　充	论　衡	2册	上海扫叶
121.1－30	支伟成标点	扬子法言	1册	上海泰东
121.5－30	支伟成标点	管子通释	2册	上海泰东
121.9－30	支伟成标点	晏子春秋	1册	上海泰东
121.21－30	支伟成标点	老子道德经	1册	上海泰东
121.24－30	支伟成标点	庄子校释	1册	上海泰东
160－D52	杜　威	思维术	1册	上海中华

200　教育科学

240－535	程湘帆	教学指导	1册	上海商务

400　艺术

420－164	吴　升	大观录	14册	武进李氏圣译楼印本
432－151	李金发	雕刻家米西盎则罗	1册	上海商务

500　自然科学

590－731	薛德焴	近世动物学（下卷）	2部	上海商务

800　文学

821－21	王守仁	王文成公全书	6 册	上海泰东
821－393	徐　铉	徐骑省集	6 册	金陵书局刊本
821－449	陶渊明	陶渊明集	1 册	上海群众图书公司
822－441	陈师道	陈后山诗注	6 册	上海文明
822.1－21	王文濡	唐诗评注读本	2 册	上海文明
822.5－428	张惠言录	词选,续词选	1 册	道光十年刊本
822.73－705	钱牧斋,何义门评注	唐诗鼓吹	5 册	上海文明
823－170	吕祖谦	东莱博议	1 册	上海群众
823－311	侯朝宗等	侯朝宗魏叔子汪尧峰三家文合钞	4 册	上海文明
823.1－765	谭嗣同	谭浏阳全集	6 册	上海文明
823.13－21	王文濡	唐文评注读本	2 册	上海文明
823.14－21	王文濡	宋元明文评注读本	2 册	上海文明

(《暨南周刊》第 3 卷第 3 期,1928)

洪年图书馆启事(三)

本馆向例,每逢暑假年假前一星期,即将借出各书一律收回,以事清理。现距暑假不远,转瞬举行学年考试,凡学生之借有本馆图书者,务请于考试完毕后即日交还,以资结束。

此布

(《暨南周刊》第 3 卷第 3 期,1928)

洪年图书馆日记

六月四日,来复一,晴

苏翰章君赠《济南事变》画册一大本。

布告广州《英文日报》《民国日报》,香港《香江日报》,厦门《思明报》《民钟报》等,均于今日寄到陈列阅览室中,当即通知南洋文化教育事业部出版课,即寄本校刊物去作为常年交换。

发函北宫陈列所订购该所发行之珂罗版《故宫书画集》一套。

刘士木先生赠《德国六法》等书二十四部计二十五册,内有七种绝版,即函谢。

布告自五月二十八日起至六月三日止本馆阅览人数暨借书次数统计表,并抄送校长一份,送第十五次新书目录至出版课登周刊。

五日,来复二,晴,大风

金善培先生请假三日。

函请秘书处通知会计课购买三千法郎汇票一纸,预备寄往法国购生物系数理系各书。

发美国各书店索取新书目录函九十四件。

六日,来复三,晴

香港《新中国报》今日寄到,当即布告周知,并通知南洋文化教育事业部出版课,即寄本校刊物去作为常年交换。

刘士木先生赠《法律大词典》等共三十三种计三十三本,即函谢。

七日,来复四,晴,大风

北京外交部吴建邦先生赠 *La Chine et Les grandes Puissances* 一册,即函谢。

发函上海民智书局、伊文思图书公司,嘱开细账寄来方可付款。

北京清华学校吴雨僧先生赠第六十一期《学衡》一册,即函谢。

发函孙岫人君催还借书。

八日,来复五,阴

初中美术展览会假本馆楼上开第二次展览会三日。

发函订购天津《大公报》一份,以一年为期,函送洋九十元向张发林先生购买《西文演讲说集》一部。

九日,来复六,阴

出版课送到《暨南周刊》第三卷第一期三十册。

函寄三千法郎汇票一纸至法国,购买生物学数理系各书。

(《暨南周刊》第3卷第4期,1928)

国立暨南大学洪年图书馆新书目录

(民国十六年度下学期布告第十六次

民国十七年五月十六日)

西文

CALL No.　　AUTHOR AND TITLE

000 General Works

031 – N53	Gilman, D. C. & others ed. : *New International Encyclopaedia.*
090.1 – N53	*New International Year Book.* 1912.
099 – L66	Lewisohn, Ludwig: *Up Stream an American Chronicle.*

100 Philosophical Sciences

110 – S86	Stirner, Max: *Ego and His Own.*

200 Educational Sciences

209 – M75	Monroe, Paul: *A Text Book in the History of Education.*

300 Social Sciences

330.1 – K44	Keynes, J. M. : *Scope and Method of Political Economy.*
330.9 – I54	Ingram J. K. : *A History of Political Economy.*
330.93 – C97	Cunningham, W. & Mcarthur, E. A. : *Outlines of English Industrial History.* 2cps.
320.93 – K73	Knowles, L. C. A. : *Economic Development of the British Overseas Empire.*
332.04 – T85	Trotsky, Leon: *Whither Russia? Towards Capitalism or Socialism.*
340.1 – J72	Johnston, Frank: *Modern Conception of Law.*
346.3 – J54	Jenks, Edward: *Digest of English Civil Law.* 2v.
347.01 – I38	Indermaur: *Principles of the Law of Contracts and Torts: With a Short Outline of the Law of Evidence.*
347.4 – P77	Pollock, Frederick: *Principles of Constract.*
371 – R65	Robertson, D. H. : *Money.*
371.4 – K44	Keynes, J. M. : *Indian Currency and Finance.* 201s.
393.4 – R13	Rae, John: *Contemporary Socialism.*

500 Nature Sciences

580.7 – C85	Coulter, John M. : *A Text – book of Botany.*
595.78 – F12	Fabre, J. H. : *Life of the Caterpillar.*

600 Applied Sciences

660 – J82 Jordan, D. F. : *Business Forecasting.*

662.01 – V54 Vernon, H. M. : *Industrial Fatigue and Efficiency.*

662.5 – H88 Hudders, E. R. : *Indexing and Filing.*

666.6 – E39 Eley, H. W. : *Mall Order Methods.*

668.8 – C16 Calvert, Alfred: *Shipping Office Organisation Management and Accounts.*

700 Philology

785 – B16h Bain, Alexander: *A Higher English Grammar.*

785 – J59 Jespersen Otto: *Philosophy of Grammar.*

785.3 – S52 Setzler, E. B. : *An Introduction to Advanced English Syntax.*

800 Literature

833 – L98p Lynd, Robert: *Peal of Bells.*

833 – S99 Synge, J. M. : *Aran Islands.*

Fiction

F – B442 Benson, E. F. : *Dodo, a Detail of the Day.*

F – M442t Maugham, W. S. : *Trembling of a Leaf.*

(《暨南周刊》第 3 卷第 4 期,1928)

洪年图书馆日记

六月十二日,来复二,雨

高中部赠来《暴风》第二卷第一册一本。

许民一君因事请假两日赴苏。

十三日,来复三,晴

函复伊文思图书公司来账十八元五角七分,此项书款并非本校所欠,请直接向潘序伦先生收取。

十四日,来复四,晴

本日添设布告箱一具,专将各报每日所载紧要新闻剪下张贴在内。

刘德泽先生请假回里。

十五日,来复五,晴

函上海董任坚先生,商议订购西书折扣办法。

函余佑人先生,请转催初中学生将陈列本馆之成绩品即行收去。

布告自本月二十三起停止出借书籍,所有借去各书于本月三十号以前务请送还。

十六日,来复六,晴

发函全校教职员,通知凡借本馆图书务须于本月三十号前送还,以资结束。

函本馆各职员,通知暑假期内轮值服务办法。

函询刘德泽先生请假至何日为止。

(《暨南周刊》第 3 卷第 5 期,1928)

洪年图书馆启事

本馆因暑假在即,拟将书籍一律收回,从事清理。兹定于六月二十三日起停止借出,所有借去之书,务请诸生于三十号以前送还本馆,以资结束。

此布

六月十四日

(《暨南周刊》第3卷第5期,1928)

洪年图书馆日记

六月十八日,来复一,阴

函秘书处,请核准伊文思图书公司旧欠一单,计洋四十五元二角。

公布六月十一日起至十七日止本馆阅览人数及借书人数统计表,并抄送校长备查。

送第十六次新书目录至出版课,请登周刊发表。

十九日,来复二,阴,午后雨,大风

通知各系主任,请转知各教授、讲师将下学年各科应用课本书名册数于本月三十号前交下,以便向各书肆订购。

南洋中学送来河南省各县县志十四部,由本馆购入备考,计洋五十元,即付讫。

函复董任坚赞成所定代购西书折扣,并附去购书单三份。

二十日,来复三,阴,下午微雨

秘书处出版课转来政治分会月刊一册。

二十一日,来复四,阴

布告明日为夏节,本馆遵照校长布告,停止开馆一天。

中国国民党真茹独立区分部送到《五卅》《总理蒙难纪念册》《反日歌曲》共三本。

出版课送到《暨南周刊》第三卷第二期三十册。

二十二日,夏节,来复五,晴

休息。

二十三日,来复六,阴

叶馆长告假一月赴津,所有本馆职务暂由许克诚先生代理。

二十四日,来复日

休息。

(《暨南周刊》第3卷第6期,1928)

国立暨南大学洪年图书馆新书目录

(民国十六年度下学期布告第十七次
民国十七年六月廿四日)

(一)中文

书码	著者	书名	册数	发行处
		000 总计		
019.12-806-2	江苏省立第二图书馆	省立第二图书馆书目续编	二册	
019.12-806-3	江苏省立第二图书馆	省立第二图书馆书目三编	四册	
019.14-775	罗振玉	雪堂校刊群书叙录	二册	民七刊本
019.15-556	杨守敬	藏书绝句一卷	一册	丁卯刊本
082-775(2)	罗振玉	玉简斋丛书二集	十二册	
		100 哲学		
150.14-84	江恒源	中国先哲人性论	一册	上海商务
		400 艺术		
432-782	兰泉少冠	金石萃编未刻稿	三册	上虞罗振玉影印
		600 应用科学		
661.4-151	李宣韩	商业簿记	一册	上海商务
672-428	张廷金	科学的工厂管理法	一册	上海商务
		700 语言学		

725.4－370	夏丏尊等	文章作法		上海开明

800 文学

812.01－21	王希和	诗学原理	一册	上海商务
822.6－441	陈洪绶等	离骚图	四册	蟫隐庐影印

900 史地

926－2－784	苏演存	中国境界变迁大势考	二册	上海商务

(二)西文

CALL No. AUTHOR AND TITLE

000 GENERAL WORK

018－G25 Gates, A. I. : *Improvement of Reading.*

100 PHILOSOPHICAL SCIENCES

152.3－F88 Freud Sigmund: *Group Psychology and the Analysis of the Ego.*

154－M61 Meyer, Max F. : *Abnormal Psychology.*

200 EDUCATION SCIENCES

204－P43 Bell, J. C. : *Contributions to Education.* v. 1.

209.2－C53 Chinese National Association for the Advancement of Education: *Bulletins on Chinese Education.*

247－M88 Morrison, H. C. : *Practice of Teaching in the Secondary School.*

249－S91 Strayer, G. D. : *A Brief Course in the Teaching Process.*

300 SOCIAL SCIENCES

335.3－F53 Fisher, Irving: *Nature of Capital and Income.*

351.5－K52 King, C. I. : *Regulation of Municipal Utilities.*

500 NATURE SCIENCES

510－A77 Arnoux, Gabriel: *Arithmetique Graphique.* 3v.

513 – F68 Fontené, G.: Géométrie Dirigée.

600 APPLIED SCIENCES

660.74 – H83 Hotchkiss, G. B. and Drew, C. A.: *Business English: Its Principles and Practice.*

700 PHILOLOGY

737.2 – W24 Wang, Yuan – chang: *Students' English Conversation.*

800 LITERATURE

832.1 – W87 Woo, Z. K.: *Selection of English Short Poems.*

834.1 – L74 Ling, T. H.: *Eighteen Dramatic Dialogues.*

834.1 – L74 Ling, T. H.: *Advanced Dramatic Dialogues.*

900 HISTORY AND GEOGRAPHY

913.64 – B25 Barkman, C. P.: *A History of the World War Period for Chinese Students.*

940 – 8 – 84 Stevenson, R. L.: *Travels with a Donkey and an Island Voyage.*

(《暨南周刊》第3卷第6期,1928)

校长布告

(第八十七号)

兹聘许克诚先生为图书馆助理,派宋策鳌为图书馆文牍员,金善培、鲍益清、刘德泽、刘纪泽、宋荫瀛、龙自强、凌翔、尹霭川、符滋李、曹裕、汪善录、柳灿、戴淮清、黄振汉为图书馆馆员。应如何分配职务,由馆长分别指定。

此布

校长 郑洪年

中华民国十七年六月廿三日

(《暨南周刊》第3卷第6期,1928)

图书编目之原则

通 夫

近来常听到一些讲编目分类的人,开口便拿学理做盾牌。谁知“学理”这一个东西,说起来吓得煞人,一说穿了,却是一钱不值。天下多少可以予人利便的事,那一不被“学理”该尽哟!

我常这么想想,裁缝老司一弹好了粉线,运起剪刀来,布的这么剪,绸的这么剪,便是巴黎缎、印度绸什么了不得的料子还是这么剪。因为他的眼里只看见一块料子,只想做成一件样式好的衣裳,什么布不布绸不绸都不成问题。工程师打好了图样,泥水匠动手砌墙,不管是土烧的泥砖也罢,水泥红砖也罢,即玉石做成的宝砖也罢,他还是该敲的敲,该镶的镶,老是这么堆起来,只要坚固美观就好。至于是否红砖,抑或白玉,全不成问题。再看见其他其他,何一不是如此?——啊!原来世界上还有一种极平常的道理哟!

偏是一班读书人,老是不长进,处处要摆出学者的态度编到字典。看见“肠”字,边虽同“月”,源实自“肉”,于是从月部拖出,挤入肉部;看见“滕”字,边虽同“月”,源实自“水”,又强要使它排入水部。他们这样地哼,可怜一般小百姓上了学者的老当,都弄得走投无路。谈到图书馆,又要费学者们的心,祖述刘歆,宪章四库,一钻到经史子集的螺丝壳里,摆不尽的迷魂阵,打不了的金斗。即墙外挤着一大群知识饥荒的人,他们还是四库四库地库下去。呜呼,这真叫做阿弥陀佛!

现在,我老实不客气,当头一下金棒,请学者们张开眼目,醒醒迷梦罢!要知道所谓图书,在我们管理图书的人手里,正如一块砖头,一方衣料,为泥为土,为布为绸,全不重要;只要做得称心,堆得平正,便已达到目的。至于藏经之柜脚应否加高,分类是否还须学经,我们连想也不去想它。

结底一句话,图书馆设备布置上的秘诀,只有"便当"两个大字;研究者参考得便当,读书者检查得便当,馆员拿取得便当,便是一等出色,上乘上上乘了!

(《暨南周刊》第3卷第7期,1928)

洪年图书馆日志

六月二十五日,来复一,微雨

苏州女子中学章君度先生寄来暨南女子部前欠商务书馆账单一纸,当即寄还,请其直寄校长。

数学系交来教员用书单一纸,即日送商务书馆订购。

出版课送来《暨南周刊》第三卷第四期三十册。

公布六月十八日起至二十日止本馆阅书借书人数统计表,并抄送校长备查。

秘书处索本馆办事细则,当即送去。

二十六日,来复二,大雨

商务书馆来函,通知四月二十八来单订购之西书现已绝版,无从购觅。

广东省立第五中学寄赠《五中周刊》第三十七八九三期,共三册。

二十七日,来复三,雨

京师社会教育办公处来函,通知新迁地址,并请补寄出版品,当即分别转知出版课并南洋文化教育事业部查照办理。

天津《大公报》复函,照章须预先收款,方可发报。

二十八日,来复四,雨

宋荫瀛先生请病假一天。

函送大学院第六期公报一册至秘书处。

涂芬芳女生遗失《模范町村》一部,刻来通知,自愿照购一部赔偿。

数学系开来学生用书一单,即送商务书馆照办。

二十九日,来复五,阴

出版课送到第三卷第三期《暨南周刊》三十册。

下学年因扩充阅览室,函请校长批准添置桌椅等件。

函虹口商务书馆,通知派人前来取书。

北京图书馆赠第一卷第一号月刊一册,又现藏中国政府出版品目录第一辑一本,即函谢,并请此后按期寄月刊一册。

三十日,来复六,阴

函范慷源秘书,请饬木器店添制桌椅等件,并附去校长批函一件。

函商务书馆账务处,通知星期一前来收账务,须将本校旧欠之细账一并开来,方可付款。

七月二日,来复一,晴

中国画研究会会员假本馆楼上,开成绩展览会五日。

学生谢绍先失去吴伟士《心理学》一册,当即自购一册送馆偿还。

公布六月廿五日起至七月一日本馆阅书借书人数次数及各系分类统计表四纸,并抄呈校长备函。

函教务处及秘书处,请开示下学期离职教职员名单,俾便索还书籍,以清手续。

三日,来复二,阴

本馆文牍许民一先生改聘为校纪委员会常务委员,所遗文牍之职,自今日起由宋荫奎先生接任。

函致下学期离职职员,索还前借本馆书籍以清手续。

函致教授黄念远先生,并附参考书三册,交庶务课派专差去。

四日,来复三,晴

布告自下星期一(九号)起本馆办公时间,暂行更定如下:办公室:上午七时至十二时;阅览室:上午八时至十二时,晚间七时至十时。

前向上海别发公司定购之商业用书,今日到七十八种。

函商务印书馆账务处,□将旧欠二百四十四元四角四分三厘之款开一详细账单,以便核对照付。

付上海图书协会购《图书分类法》洋四元六角,又美国纽约 Gaylord Bros. 购卡片美金二元,又上海泰晤士报馆订报费洋十一元六角正。

函致住校各教职员,第三次催还借书。

五日,来复四,晴

接商务印书馆虹口分店来函,报告生物学系用书内有二十五种不知出版处,又商业书三册著者与书名有疑问,当即转询该系主任备复。

函致住沪各教员,催还借书,函件送庶务课,请派专役去送,以便将书带回。

六日,来复五,晴

学生乔云岳前借本馆《文学概论》一册遗失,当即自购一册送馆偿还。

函询叶纯泉先生前嘱商务所购商业西书之出版处及著者书名不明处,请示知以便转函该馆即办。

商务印书馆批发处来函,旧欠详细账单允于一星期内寄来。

无锡泰伯市立图书馆特派馆员秦炎先生来馆参观,并赠送《三借庐剩稿》续刊、三刊各一册,《希社中兴续编》一册。

七日,来复六,晴

函谢无锡泰伯市立图书馆馆长邹翰飞先生赠书二册。

藏书室今日移至东首小房间内,即原编目室。

(《暨南周刊》第3卷第7期,1928)

洪年图书馆日记

七月九日,来复一,晴

本月二日至八日本馆日记抄送出版课,请登周刊。

公布本月二日至九日本馆阅书借书人数次数及各系分类统计表四张,并抄呈校长备查。

十日,来复二,晴

胡适之先生赠送《白话文学史》上卷一册,由谢循初先生转来,当即函谢。

鲍益清先生请假一日。

十一日，来复三，晴

馆长室迁至朝南房间内，即前第廿六教室。

典藏股请金敏甫、鲍益清两先生帮同整理书库图书。

十二日，来复四，晴

布告自即日起，凡读暑期学校者，可凭注册证来馆借书。若非暑期学校生而欲借书者，须先至校纪委员会或训育委员会领取住校证明单，经查明后亦可借阅，期限皆限一星期。

函商务印书馆发行所发行部，附寄书单一纸，计书三十二种，请即配就，送馆应用。

十三日，来复五，晴

凌翔先生请假一日。

函商务印书馆虹口分店，寄去书单一纸，请即配就，明日派人去取，以供教员参考之用。

十四日，来复六，晴

叶纯泉先生嘱购 *Year Book of National Association of Cost Accounting* 书一册以供商科之用，当即函托商务印书馆代向美国订购。

十六日，来复一，晴

本月九日至十五日本馆日记抄送出版课，请登周刊。

公布本月九日至十四日本馆阅书借书人数次数及各系分类统计表四纸，并抄呈校长备查。

函商务印书馆发行所发行部，催庶务课派人送去，请将前函订购书三十二种即配就交来。

十七日，来复二，晴

龙自强先生请病假一日。

商务书馆送西书一包。

十八日，来复三，晴

函商务印书馆发行所批发处前寄旧欠细账一份，及由南新书社转来所配书籍，均收到。

商务印书馆虹口分店来函询问前嘱购之 Richardson and Ramrog Modem Sermetrg 何处出版，当即转询陈莨民先生。

十九日，来复四，雨

龙自强、刘纪泽、宋仲平、鲍益清四先生请假一日。

上海务本女学校长贾佛如先生来馆参观。

二十日，来复五，晴

向商务印书馆购到历史及社会学书籍，以备暑期学校教员参考之用。

二十一日，来复六，晴

编就本馆概况。

宋荫瀛、宋荫奎二先生因事旋里，请假二星期。

（《暨南周刊》第 3 卷第 8 期，1928）

洪年图书馆日记

七月二十三日,来复一,晴

本月十六日至二十一日本馆日记抄送出版课,请登入周刊。

金敏甫先生因事请假六日。

龙自强先生因病请假四日。

中学部主任夏开权先生所开书单致函商务印书馆照购。

符滋李先生请假返里。

二十四日,来复二,晴

中国画系及暑期学校开来书单各一纸。

二十五日,来复三,晴

教务主任所开之书单已致函商务印书馆照购。

二十六日,来复四,晴

请庶务课派人到商务印书馆取书。

二十七日,来复五,晴

刘纪泽先生请假。

二十八日,来复六,雨

尹靄川先生因事返里,请假二星期。

汪善录先生因事返里,请假六日。

二十九日,来复日,晴

休息。

三十日,来复一,晴

商学院主任叶渊先生开来书单一纸,当即致函商务印书馆照购。

收到美国 Columbia University, Colorado School of Mines, Colgate University, Antioch College, New York University, University of Michigan 等大学来函,谓本馆所索章程,当即日寄来。

凌翔先生因病请假。

三十一日,来复二,阴

鲍益清先生因事返里,请假四日。

商务印书馆来函谓本馆所订 *Municipal Budgets of Budget Making* 及 *A Century of the British Foreign Policy* 两书已绝版。

八月一日,来复三,晴

商务印书馆来函谓本馆所定 *New Constitution of Europe* 一书业已绝版。

真如独立区分部送来《国民革命》与《民众》等书计五种,当即陈列借书处。

吴君实君赠《修正公司条例》一本。

二日

龙自强先生续假。

布告来馆阅书人不得仅着内衣入室。

Northwestern University 来函,谓本馆索该校章程应改寄该校校长室。

Lowell Textitle School 来函,谓本馆函索该校章程已照寄,并将本馆名称列入通信簿中。

三日,来复五,雨

Columbia University 寄来章程一份。

Simmons College 寄来章程三种。

四日,来复六,雨

University of California 寄来章程一份。

Mount Holyoke College 寄来章程一份。

六日,来复一,晴

New York University,University of Michigan, University of Colorado, Vanderbilt University 等二十大学各寄到学校一览一份。

函商务订购图书馆学书五种。

浙江党务指导委员会寄赠《政纲与政策》一部。

七月二十三日至八月五日本馆日记抄送出版课,请登入周刊。

七日,来复二,阴

出版课送来第三卷第六期《周刊》二十本。

公布七月三十日至八月五日借阅人数统计三种,并抄呈校长备查。

Princeton University, University of Tennessee, Polytechnic Institute, Michigan College 等八大学各寄章程一份。

签发华昌印刷所印刷费一百四十九元六角。

八日,来复三,阴

西文新旧书籍字典式目录均编就,原有之分类目录卡悉数抽下置编目室,以便编目之查考。

九日,来复四,晴

政治经济系主任翟俊千先生交来书单一份。

历史系主任黄凌霜先生交来书单一份。

别发洋行交来西书五十八本。

十日,来复五,阴

商学院主任杨汝梅先生交来订书单一纸,计书八种。

宋荫瀛、宋荫奎两先生今日到馆销假。

南洋文化教育事业部费哲民先生惠赠京报副刊、党政专刊合本一册,当即函谢。

十一日,来复六,阴

刘纪泽先生返里,请假半月。

Worcester Polytechnic Institute & Lehigh University 来函,谓本馆函索该校章程业已照寄,并将本馆名列入邮寄簿。

Calcutta University 来函,谓本馆函索该校章程,请先寄本校一览以便考查而后交换。

十二日,来复日,晴

休息。

十三日,来复一,晴

金敏甫先生因事返里,请假六日。

鲍益清先生因身体不舒,请假三日以资休养。

龙自强先生因家事返苏,请假二星期。

商务虹口分店来函,前托向外洋定购西书四种有二种已绝版,并代垫电费三十三元,如何办法。当即函询叶纯泉先生,原函亦附去。

中华图书馆协会来函,本届董事及正副部长业已选定,公布董事为胡适等五人,正部长袁同礼,副部长杜定友、刘国钧。惟正部长提出辞职,请示意见以便共同讨论。

马尼拉菲律宾大学来函,谓本馆函索该校章程,惟一九二八年至一九二九年者尚未编制,一九二七至一九二八年者正在排印中,一俟出版当即照寄。

公布本月六日至十二日本馆阅书借书人数次数及各系分类统计表四张,并抄呈校长备查。

十四日,来复二,晴

出版课前借本馆杂志一册,内有若干页被撕下,对于保存方面殊多妨碍,特函该课以后本馆杂志概不借出馆外,如须参考可来馆就阅。

北平清华学校寄赠一九二八年毕业纪念刊一册,当即函谢。

Bates College, Williams College, Waynesburg College, Indiana University, Vassar College, Bryn Mawr College, University of Maryland, University of Pennsylvania, The Kansas City University, Northwestern University, United States Naval Academy 等校各寄来章程一册。

前向法国订购之 *The International Law Review* 今日寄到第二期一册。

十五日,来复三,晴

函陈苨民先生前借西书四册兹因尚未登记请即交还,待登记后再行借阅。

函刘肖愚先生前借书籍卅本作暑期学校参考之用,现暑校已结束,该书请即交还。

十六日,来复四,阴

University of Madras 寄来该校详章上下二册。

南京财政部总务科寄赠《全国财政会议汇编》一册,当即函谢。

十七日,来复五,晴

教务处请汪善录、尹霭川、宋荫瀛三先生帮办新生考试事宜两日。

函商务虹口分店书单一纸,计书廿种,请其配就送下。

生物学系主任黎国昌先生来书单一纸,计书十七种,内有数种本馆业已购置,容交典藏股查复后再购。

十八日,来复六,晴

上海医学书局来函《说文解字诂林》第二期已出版,请将预约券带去取书。

函李培恩先生请将前借西书一册即归还,该函交庶务课饬役专送。

鲍益清先生今日到馆销假。

十九日,来复日,晴

休息。

二十日,来复一,晴

添印购书领款单五百张。

李邦栋先生函告赴宁参观晓庄学校,为本馆代订该校出版之《乡教丛讯》半月刊一年,自二卷十三期至三卷十二期止。

University of Wisconsin,Colgate University 两校各寄来章程一册。

伦敦大学来函云一九二八至一九二九年章程须九月内方可出版,容出版后当即寄来。

公布本月十三日至十九日本馆阅书借书人数次数及各系分类统计表四张,并抄呈校长备查。

函上海沪宁沪杭甬铁路管理局编查课,拟以本校《周刊》及《南洋研究》等杂志与该局出版之《铁路公报》交换,如无此例请示价目以便订购。

函夏开权先生请还前借参考书十一册,待登记后再借。

廿一日,来复二,晴

金敏甫先生今日到馆销假。

教务处来函,伊文思图书公司现有半价图书出售,本馆可酌购若干,当即预支一百元购办。

前向法国定购书籍,今日寄到四十九包。

廿二日,来复三,晴

宋荫瀛先生今日请假。

函询商务虹口分店 Reed & Gantle:*A Manual of Measurement in Physics* 有否,即复。

廿三日,来复四,晴

上海沪宁沪杭甬铁路管理局编查课来函,并附《铁路公报》卅八册(一期至卅八期),又《两路史料》一册,允与本校出版之《周刊》及《南洋研究》等杂志交换,请补寄全份,当即转知出版课及南洋文化教育事业部照寄。

Hamilton College, Rockford College, Kyato Imperial University, Lehigh University, Johns Hopkins University, Middlebury College, University of Hawaii, Clark University, The College of the City of New York, Ohio State University 等校各寄来章程一册。

黄良兴君来函,拾得本馆前失之吴伟士《心理学》一册,送还本馆,当即函谢。

函谢绍先君,前失之吴伟士《心理学》现已由黄君拾得,送还所赔偿一册作为赠送者。

廿四日,来复五,晴

函上海别发洋行,前欠书款俟叶馆长到校后当即照付。

商务虹口分店来函,Reed & Gantle:*A Manual of Measurement in Physics* 业已售罄,当即函询陈莑民先生须向国外订购否。

Johns Hopkins University (Faculty of Philosophy), Lowell Textile School, Purdue University, Harvard University, Miami University, United States Military Academy, Yale University and Brown University 等校各寄来章程一册。

Houghton Mifflin Co, Chapman & Hall and Marens 三书局各寄来书目一册。

函庶务课请派匠来馆修理打字机,并索打字桌一张。

廿五日,来复六,晴

尹霭川先生请假一天。

廿六日,来复日,阴

休息。

廿七日,来复一,阴

宋荫瀛、宋荫奎两先生因事请假一日。

公布本月十三日至十九日本馆阅书借书人数次数及各系分类统计表四张,并抄呈校长备查。

叶馆长今日由津回校。

廿八日,来复二,晴

函商务虹口分店询 Smith:*Commerce and Industry* 及 Blanchard:*Advertising* 南新书社已订否,如未订,现有此项存书否。

(《暨南周刊》第 3 卷第 9 期,1928)

洪年图书馆启事

本馆西文字典式目录,业经编成,刻已插入目录箱内,凡借书诸君欲阅何书,可按该书之“著者”或“书名”或“类名”,照字母次序检查之。此后新到书籍除随时编制字典式目录卡插入外,仍将新书目录陆续公布,以便周知。印有目录使用法(How to use the Catalogue)一纸,请来本馆目录处取阅可也。

(《暨南周刊》第3卷第9期,1928)

洪年图书馆日志

八月廿九日,来复三,晴

函呈校长,前叶馆长请假回津,现已返校,自今日起复职办事。

中华书报流通社来函,前订西书已陆续寄到,须随到随送,抑俟全到再送。当即函复随到随送。

符滋李先生来函续假两星期,函复照准,惟期满即须回校。

送西文新书目录至出版室,请登周刊。

付南新书社购书费九十六元六角四分正。

付 The Mcmillan Co. 购书费美金十元一角三分正。

函南新书社，请补配《东方文库》及《教育丛书》若干册。

卅日，来复四，晴

本馆八月六日至廿八日日记抄送出版室，请登周刊。

别发洋行送来法律及政治书共十一种。

University of Detroit 寄来该校商业、理财、法律、工程、艺术、科学各系章程一份。

函秘书处请移本馆后面体育场，并询开学后电灯公司增加电机否。

卅一日，来复五，阴

函呈校长，本馆拟添做新闻纸架二，杂志架三，卡片箱三只，请批准以便照办。

函商务分店询前代学生订物理书廿余册已照订否，并附书单一纸请照配。

函翟俊千先生前定西书内一册已绝版，请示办法。

函黎国昌先生前定西书内二册已售罄，请示办法。

函秘书处及教务处，自本学期起，凡教职员来馆借书者，须先至各该处填取介绍单，以免舛误。

函会计室，自本学期起，学生缴纳图书费者，请填一通知单给予学生，本馆可凭单发给借书证。

函商务分店附去商科书单一纸计三种，请即配送馆备用。

九月一日，来复六，晴

中国书报流通社送到商科及数理系书五十种。

函天津《大公报》，并汇洋六元四角定该报半年，自六月一日起。

秘书处函复，本馆后面体育场已转知体育委员会迁让，电力不足一层兹暂由闸北分电来校，约九月十二日办妥。

二日,来复日,晴

休息。

三日,来复一,阴

曹裕先生请假一日。

公布自八月廿七日至九月二日本馆阅书借书人数次数及各系分类统计表四张,并抄呈校长备查。

谢循初先生赠送北京文化学社印行《心理学》一册,当即函谢。

上海邮务管理局包裹出口处外洋转口台来函,本日寄到包裹一件,请速来局处置。当即函复请转至真如支局以便领取,并附去邮票一角。

前由青年印刷所承印之书卡、借书证等四种,今日印就送馆备用,计洋六十九元二角五分正。

四日,来复二,晴

陈茹玄先生惠赠《民国宪法及政治史》一册。

东吴大学法律学院、光华大学、University of Illinois 各寄到详章一册。

Johns Hopkins University 寄来《教职员学生名录》一册。

付青年印刷所印刷费六十九元二角五分正。

商务分店送到生物系书五十五种。

上海中央日报社□华侯先生函询本馆有无阅报处,以便赠送报纸公开陈列。当即函复本馆阅报处早经设立。

上海中国美术杂志社来函催索杂志费洋拾元,即照付。

布告本馆西文字典式目录业经编就,已插入目录箱,凡借书者欲阅何书,可按该书之"著者""书名"或"类名",依字母次序查之。以后新到书籍除随时编制字典式目录卡插入外,仍将新书目录公布。印有目录使用法,请来目录处取阅可也。以上布告并抄送出版室,登入周刊。

函陈荩民先生,物理书二种早托商务代向外洋订购,不久可到。

函商务分店,昨来西书核对第一八〇七号发票,缺书三册请补配。

五日,来复三,阴

劳动大学图书馆函索本馆各项章程表册,当即检寄全份。

本校中国语文学系同学会赠送中国语文学系期刊创刊号二册,当即函谢。

六日,来复四,阴

函呈校长,请批准照付各书店欠账。

函呈校长,本馆十七年度下学期各系购书总数已结清,抄呈一纸请鉴核。

上海别发洋行寄来账单二份,结至八月底止,计欠一千八百九十九元五角四分正。

八日,来复六,阴

函北平中华图书协会,并汇洋五元购代售之姜士敦雪白图书馆用品全份。

冯焕文先生赠自著之《实验养蜂学》一册,当即函谢。

函上海麦伦公司定购西书。

夏开权先生来单,须购大学院编纂之《全国教育会议报告》一册以作中学部办公室参考之用,即托南新书社代办。

Boston University,Universite de Paris 各寄来详章一册,又 University of Andrews 寄来各系章程共七册。

Longmans Green & Co. 及中美图书公司各寄来图书目录一册。

九日,来复日,晴

休息。

(《暨南周刊》第 3 卷第 10 期,1928)

洪年图书馆日志

九月十日,来复一,晴

胡适之先生赠《中国问题里的几个根本问题》一册,当即函谢。

公布本月三日至九日本馆阅书借书人数次数及各系分类统计表四张,并抄呈校长备查。

汪善录先生因病请假三日。

商务分店来函,前代订之生物及教育书四种业已绝版,当即函黎国昌、谢循初两先生请示办法。

公布上星期西文新书目录并抄送出版室,请登周刊。

刘纪泽先生今日到馆销假。

十一日,来复二,晴

布告自本日起,除凭缴费单领得借书证者外不得借书出馆,但仍可在阅览室借阅。

布告自明日起,本馆阅报室移至楼下左首大房间内。

函法京 Vlclorian Treres & Cie 订购杂志七种。

宋荫瀛先生因病请假二日。

抄送本馆八月廿九日至九月九日日记一份与出版室,请登周刊。

十二日,来复三,晴

通知本馆同人,自本月十七日起实行全日工作。日本大正一切经刊行会补寄到《大藏经》第十八及四十八卷各一册。

十三日,来复四,阴

商务分店来函,前订 Whithers:*Enclid's Parallel Postulate* 已绝版,当即函知陈荩民先生。

龙自强先生因母病,请假数日回里省视。

宋荫瀛先生因病续假三日。

付上海麦伦图书公司订书电报费十元五角正。

汪善录先生来函,因病返里续假数日。

十四日,来复五,雨

函商务批发处将本馆欠书账结至最近止,开单寄来以便清账。

函商务分店请配商科用书二种。

函刘肖愚、戴淮清两先生请还借书。

中美图书公司寄到法律系书三种。

十五日,来复六,雨

宋荫奎先生因事请假半日。

十六日,来复日,雨

休息。

(《暨南周刊》第 3 卷第 11 期,1928)

洪年图书馆日志

九月十七日,来复一,阴

公布上星期西文新书目录并抄送出版室,请登周刊。

出版室送到第三卷第九期《暨南周刊》二十册。

函商务批发处本馆所欠书账迅开详账以便照付,并附中西文书单共九纸,请向外洋订购。

函中华书报流通社董任坚先生,附书单三纸,计西书一百〇四种,杂志五种,请代向外洋订购。

送 *Criminology and Penology* 书一册与张元枚先生以作课本用,交庶务室饬役专送。

函庶务室,请派人专送 *Cases Agency* 书一册与刘世芳先生以作课本用。

函秘书处,请以校长名义致函广东、福建各县搜集县志,附该两省县名单一纸。

函刘士木先生,并附图书购订单十纸,购订卡廿张,请随时介绍购书。

别发洋行送到历史系及商学院书共六册。

夏开权先生开来书单一张,即托南新代购。

付华昌印刷所费卅三元六角正。

签发 Longman's Green & Co. 购书费美金一百元正。

十八日,来复二,晴

函别发洋行,附书单一份,请代向外洋订购。

武汉政治分会秘书处寄到该会月报第一期一册,并请交换刊物,当即函出版室以本校周刊寄与交换。

函刘肖愚先生,前借 *Short History of English Literature* 一册因外国文学系教授须作参考用,请即交还。

函询易寅村先生北平故宫博物院情形,以便购订该院印行之珂罗版《名人书画集》。

本月十日至十六日本馆日记抄送出版室,请登周刊。

鲍益清先生因事请假一日。

凌翔先生因病赴医院诊视，请假数日。

秘书处来函，奉校长条开，本馆尹霭川先生调充教务处教务员，原职不另补人。

高达观先生开来外国文学系用法文书二册，即托南新代办。

十九日，来复三，晴

蔡正雅先生交来商学院参考书单一纸，计书十二种，即托南新代办。

南新书社送来托购之地图十种。

杭州蚕业学校郑鑫泉先生函索本馆各项规章表册，当即检寄全份。

别发洋行送到外国文学系书十六册。

请秘书处电知符滋李先生即日来馆。

大学院寄赠全国教育会议报告一册，当即函谢。

商务批发处送到西书一百二十一册。

廿日，来复四，晴

本校丽泽学社赠丽泽暑期特刊二册，当即函谢。

秘书处来函，现奉校长条开，许克诚先生办事勤劳，操行纯笃，忠于学校，历久不渝，自九月份起加薪廿元等因，相应函达，即希查照等由，当即遵循办理。

函商务批发处，附初中用书单二纸，请即配送馆备用。

函南新书社书单二纸，请即代购备用。

函蔡正雅先生请补签购书单。

廿一日，来复五，晴

布告自今日起本馆办公时间更订如下：

楼上　星期一至五　上午八时至下午五时

晚间七时至十时

星期六　上午八时至十二时

星期日　下午一时至五时　晚间七时至十时

楼下　星期一至五　上午八时至十二时　下午一时至四时

星期六　上午八时至十二时

星期日　休息

布告凡领取借书证者,必须凭缴费单、注册证,不能替用。

本馆阅报室及办公室须做窗帘十六面,函庶务室请派人来馆面洽。

函南新书社,并附初中及数理系用书单二纸,请即配送馆备用。

函学生符诲、朱芳桂、陈新元、谭声、王栋吕、涂芳芬、彭子星、邱安朝、蒋振声、程家豫等,兹查上学期所借书讫今未还,应即停止借书权一月。

函学生李明祥、李灏芬、林自余、甘豫昌、张嘉树、田乾石、庄运昶等,暑期所发临时借书证现已作废,望即凭缴费单来馆调换新证。

函伦敦童子军总部请寄童子军章程。

南洋文化教育事业部送来《南洋研究》第五、六期各十册。

廿二日,来复六,晴

陈彬龢先生赠自著之《日本研究》及《谈谈教育》各一册,当即函谢,并函知刘士木先生,如须参考请来馆借阅。

函商务批发处,并附商学院、政治经济系及高初中书单共三纸,请迅配送馆备用。

美国芝加哥大学寄到一九二六至一九二七年一览一册。

函中学部教务处,学期开课时教员应用课本须于两月前将书单汇交本馆照办。倘书单迟开而致开课时无书应用者,本馆不能负责,请其查照并转知各科主任。

函夏开权先生书书名于图书购订卡背面不符本馆保存方法,以后介绍书籍请书正面。

函商务批发处,请将前致三函嘱配之书即交来人带下,函由馆役李荣走送。

廿三日,来复日,晴

休息。

(《暨南周刊》第 3 卷第 12 期,1928)

洪年图书馆日志

九月廿四日,来复一,阴

符滋李先生今日到馆销假。

龙自强先生因母病回里,请假四日。

公布本月十七日至廿三日本馆借书阅书人数次数及各系统计表四张,并抄呈校长备核。

函商务分店,附教育系书单一纸,计书十五种,请即配送。

商学院经济研究会赠送《经济汇报》四卷一号廿六册,当即函谢。

易寅村先生来函,谓故宫博物院金石拓本可代为物色,当即函复,该本物色定妥后当面洽,照价购买。

出版室送来《暨南周刊》三卷十期二十册。

南洋文化教育事业部送到《南洋研究》二卷一期十册。

廿五日,来复二,晴

符滋李先生因事请假一日。

函学生郁德山,前借 Smith & Gala:*Elementary Analytic Geometry* 书一册因教员须作课本用,望即交还。

商务分店来函,日本及印度年鉴已自一九〇〇年起至一九二八年止,每种向外洋各代定一部,再前有特定书十二种已售罄及绝版,当即通知订书各主任。

函商务分店,附政治、数理、法律、外国文学各系书单一纸,请即配送馆应用。

函知陈苳民先生,前定之 Ball:*Great Astronomers*, Fisk:*Functions of a Complex Variable*, and Johnson:*Curve Tracing in Cartesan Coordinates* 三种业已绝版。

函知翟俊千先生,前定之 Baldwin:*Individual and Society* 一种业已绝版。

廿六日,来复三,晴

付南京萃文书局前购中国语文学系书费洋二百七十六元正。

许民一先生赠蔡烈士公时遗墨一册,当即函谢。

柳灿先生因病请假一日,所事由符滋李先生暂代。

付华昌印刷所印刷费洋四十四元正。

秘书处来函,奉校长条开,尹霭川先生仍回图书馆办事,当即遵循办理。

函商务分店,附政治经济系及法律系书单一纸,计书九种,请即配送。

函别发洋行附外国文学系书单一纸,请代向外洋订购。

外国文学系及政治经济系书单四纸交中美图书公司代向外洋订购,由许克诚先生前去面洽。

廿七日,来复四,晴

公布上星期西文新书目录并抄送出版室,请登周刊。

本馆九月十七日至廿三日日记抄送出版室,请登周刊。

高初中及商科高中各来书单一纸,即托南新书社及暨南合作社代办。

函商务分店请代配化学用书五种,即日送馆应用。

布告明日秋节,本馆停止办公及借阅一日,惟晚间仍照常开放,今日晚间则休息。

柳灿先生因病续假数日。

廿八日,来复五,晴

今日秋节,本馆休假一日。

廿九日,来复六,晴

前向天津法文图书馆订购之法文书今日到馆。

函出版室,本校各种印刷讲义每周检送本馆恐有遗误零乱之处,对于保存方面殊感困难,此后请于每学期终了时汇集全份送交本馆较为妥善。

函商务分店,附商科用书单一纸,计书四种,请即配送。

卅日,来复日,晴

休息。

(《暨南周刊》第 4 卷第 1 期,1928)

洪年图书馆西书目录

Hung Nien Library

Chinan University

List of New Books Just Arrived

Bulletin No. 5 Sep. 30, 1928

CALL No. AUTHOR AND TITLE

000 GENERAL WORKS

099 – G59 Ludwig, Emil: *Goethe the History of a Man* 1749 – 1832. 1928.

100 PHILOSOPHICAL SCIENCES

150 – R62 Rivers, W. H. R.: *Psychology and Politics; and Other Essays.* 1923.

150.1 – P45 Perrin, F. A. C. & Klein, D. B.: *Psychology Its Methods and Principles.* 1927.

150.13 – T31 Terman, L. M. ed.: *Genetic Studies of Genius.* 1926. 2v.

152.3 – J92 Judd, C. H.: *Psychology of Social Institutions.* 1927.

156.2 – H91 Hullfish, H. G.: *Aspects of Thorndike's Psychology in Their Relation to Educational Theory and Practice.* 1927.

200 EDUCATIONAL SCIENCES

224 – S53 Sheehan, M. A.: *Extra-Curricular Activities in a Junior High School.* 1927.

231 – C48 Charters, W. W.: *Curriculum Construction.* 1925.

231 – M15 Mc Murry, C. A.: *How to Organize the Curriculum.* 1924.

237.7 – C62 Clement, J. A.: *Curriculum Making in Secondary School.* 1923.

240 – S91h Strayer, G. D. & Norsworthy, N.: *How to Teach.* 1927.

242 – W25 Waples, Douglas: *Problems in Classroom Method.* 1928.

245.6 – W46 Wells, M. E.: *A Project Curriculum.* 1926.

249 – D27 Dawson, Elgar: *Teaching the Social Studies.* 1928.

249.7 – E98 Buswell, G. T.: *Laboratory Study of the Reading of Modern Foreign Languages.* 1928.

300 SOCIAL SCIENCES

320.1 – L34a Laski, H. J.: *Authority in the Modern State.* 1927.

321.8 – L91 Lowell, A. L.: *Public Opinion and Popular Government.* 1916.

327 – E84	Etherton, B. T. & Tiltman, H. H.: *Pacific: a Forecast*. 1928.
327 – F79	Fox, S. F.: *Mastery of the Pacific*. 1928.
340 – C26	Cardozo, B. N.: *Growth of the Law*. 1924.
340.1 – T12	Taft, H. W.: *Law Reform: Papers and Addresses*. 1926.
340.9 – P87	Pound, Roscoe: *Internation of Legal History*. 1923.
342.8 – B36e	Beard, C. A.: *Economic Origins of Jeffersonian Democracy*. 1915.
343 – G56	Glueck, S. S.: *Mental Disorder and the Criminal Law*. 1925.
343.2 – G48	Gillin, J. L.: *Criminology and Penology*. 1926.
347.09 – J54	Jenks, Edward: *Short History of English Law*. 1922.
347.1 – P24	Parker, J. S.: *Corporation Manual*. 1926.
347.2 – M12	Mac Chesney, N. W.: *Principles of Real Estate Law*. 1927.
347.4 – M48	Mechem, F. R.: *Cases on the Law of Agency*. 1893.
347.4 – R64	Roberts, M. G.: *Federal Liabilities of Carriers*. 1918.
347.7 – B93	Bunker, R. E.: *Negotiable Instruments Law*. 1905.
347.7 – C51	Ches, D. S.: *Commercial Law*. 1925.
347.7 – S43	Sears, J. H.: *A Treaties on Trust Company Law*. 1917.
347.93 – J77	Jones, L. A.: *Legal Forms: Contractual Business and Conveyancing Forms*. 1919.
349.3 – H94	Hunter, W. A.: *A Systematic and Historical Exposition of Roman Law*. 1903.
359.4 – S53	Shaw, Bernard: *Intelligent Women's Guide to Socialism and Capitalism*. 1928.
371 – R69	Rodkey, R. G.: *Banking Process*. 1928.
374 – R53	Riegel, Robert & Loman, H. J.: *Insurance; Principles and Practices*. 1922 – 1928.
374 – V22	Vance, W. R.: *Cases on the Law of Insurance*. 1914.

500 NATURE SCIENCES

512.8 – H18 Hall, H. S. & Knight S. R.: *Higher Algebra* 1916. 1937.

516.3 – S97 Snyder, Virgil &Sisam, C. H.: *Analytic Geometry of Space*. 1914.

518.1 – M47 Mc Clenon, R. B.: *Introduction to the Elementary Functions*. 1918.

530 – D85 Duff, A. W. ed.: *Physics*. 1926.

530 – G67 Gorton, F. R.: *A High School Course in Physics*. 1918.

530 – K49 Kimball, A. L.: *College Text-book of Physics*. 1918.

54□ – □ Mc Pherson, William & Hendeson, W. E.: *A Course in General Chemistry*. 1927.

573 – P□ Pittard, E.: *Race and History: An Ethnological Introduction to History*. 1926.

572.891 – C33 Childe, V. G.: *The Aryans a Study of Indo-European Origins*. 1926.

575 – D29 Dendy Authur: *Outlines of Evolutionary Biology*. 1922.

575.2 – B6□ Blaringhem, L.: Mutation et Traumatismes. 1908.

575.5 – D22 Darwin, Charles: *Descent of Man and Selection in Relation to Sex*. 1927.

575.5 – G92 Goldschmidt Richard: *Mechanism and Physiology of Sex Determination*. 1923.

575.5 – D12 Darwin, Charles: *Origin of Species: by Means of Natural Selection*. 1927.

581 – O85 Osterhout, W. J. V.: *Experiments with Plants*. 1927.

581.19 – T35 Thatcher, R. W.: *The Chemistry of Plant Life*.

581.9 – H27 Hardy, M. E.: *Geography of Plants*. 1925.

581.9 – D93 Drucs, G. C.: *Flera of Berkshire*. 1897.

589.2 – S97 Swanton, E. W.: *Fungi and How to Know Them*. 1922.

599 – P21 Parker, T. J. & Haswell, W. A.: *Manual of Zoology*. 1927.

591.172 – H46 Hegner, R. W. : *Germ-Cell Cycle in Animals*. 1914.

591.4 – H94 Hunt, H. R. : *Laboratory Manual of the Anatomy of the Rat*. 1925.

（以下四条漫漶不清）

600 APPLIED SCIENCES

（本部分十二条漫漶不清）

700 PHILOLOGY

735 – H87 Hu, S. S. : *English Grammar for Junior Middle Schools*. 1928.

735.4 – W91 Woolley, E. C. : *Handbook of Composition*. 1929.

737 – H87 Hu, S. S. : *English Reader and Grammar: for Junior Middle Schools*. 192□.

800 LITERATURE

815.5 – W74 Winter, L. L. : *Public Speaking: Principles and Practice*. 1927.

830.9 – T49 Thorndike, A. H. : *Literature in a Changing Age*. 1925.

830.9 – W73 Williams, S. T. : *Studies in Victorian Literature*. 1923.

832.1 – P16 Palgrave, F. T. selected: *Golden Treasury*. 1927.

832.2 – H88 Hubbell, J. B. & Beaty, J. O. : *An Introduction to Poetry*. 1928.

833.1 – S43 Scott, F. W. & Zeitlin, Jacob ed. : *College Readings in English Prose*. 1927.

835.7 – C52 Chesterton, G. K. & Shaw With Belloc, Hilaire: *Do We Agree? A Debate*. 1928.

837.09 – C95 Cross, W. L. : *Development of the English Novel*. 1927.

900 HISTORY AND GEOGRAPHY

910.1 – R66 Robinson, J. H. : *Our World Today and Yesterday*. 1924.

913.642 – S52 Seymour Charles: *Diplomatic Background of the War*. 1923.

920.6 – A21 Adams, C.C. : *A Text – book of Commercial Geography*. 1918.

928 – A76 Arnold, Julean: *Some Bigger Issues in China's Problems.* 1918.

FICTION

F – Sw55(2) Swift Jonathan: *Gulliver's Travels.* ed. by Thomas M. Balliet; with Chinese Notes by Tseu Yih – Zan. 1928.

(《暨南周刊》第4卷第1期,1928)

洪年图书馆日志

十月一日,来复一,晴

公布九月廿四日至卅日本馆借书阅书人数次数及各系分类统计表四张,并抄呈校长备核。

签发教员代购教课用书洋一元二角零五厘。

函复天津法文图书馆法文书一大箱,由太古轮船公司运来,照收无误。

龙自强先生今日到馆销假。

前请易寅村先生代为物色之故宫博物院金石拓片,今日由陈秘书长转来十五种,又《金薤留珍》一部,该项拓片极为珍贵,容装池后方可陈列阅览。

本馆九月廿四日至卅日日志抄出版室,请登周刊。

二日,来复二,晴

公布上星期西文新书目录并抄送出版室,请登周刊。

昨日天津法文图书馆寄到法文书,经检点后缺书二册,当即函询该馆,并附去数理、历史、政治经济各系书单一纸,请代向法京购办。

函致美国 Drama Bookshop, Samuel French, Democratic Printing Co., Multum in Parvo Binder Co., F. U. Wentworth & Co., Library Bureau, and Messrs Daylard Brothers 等公司,索取各该公司章程。

函英京 Grafton & Co. 索取章程。

函商务分店,附政治经济及历史系书单一纸,计书十六种,请即配送。

三日,来复三,阴

上海法政大学戊辰级赠送毕业纪念册一本,当即函谢。

外国文学系选购参考书十四种,即向中美图书公司及别发洋行照办,由许克诚先生前去面洽。

函商务分店,附数理系及商学院书单一纸,计书十种,请即配送。

函英美各书店,索取图书目录计信十四封。

出版室送到《暨南周刊》三卷十一期廿册。

商务印书馆送到外国文学系及政治经济系又本馆自购书共十六册。

四日,来复四,晴

商务分店由南新书社转来数理学系特定书三十八册。

马叙伦先生赠《老子核诂》《天马山房丛书》《王阳明年谱校录》《读书小记》《中国文字构造法》各一部,该书由校长转来,当即函谢。

公布本学期第一次中文新书目录并抄送出版室,请登周刊。

五日,来复五,晴

叶馆长因病入上海宝隆医院诊治,函请校长准假一星期。

柳灿先生病尚未愈,再续假至本月七日止。

夏开权先生来单拟购北平文化书社出版历史书十一种,当即快函该社照购。

别发洋行寄来九月份欠账单二份,计洋二千零廿元二角二分正。

六日,来复六,阴

秘书处来函,奉校长函开,各团体或个人送图书馆书籍,均应汇齐登在周刊,以后随到随登,望转告图书馆云云,特此转达等因。当即函复,本馆对于赠书,均按期登入周刊,并函赠书人鸣谢,未尝间断云。

曹裕先生来函因病请假三日。

七日,来复日,晴

休息。

(《暨南周刊》第4卷第2期,1928)

呈大学院造送建筑图书馆收支经费文

呈为《呈送建筑图书馆收支清册》,仰祈察核备案事。窃职校建筑图馆系前校长姜琦所倡议,计自十五年五月开始募捐,至十七年三月止,总计收入大洋二万三千九百二十五元一角三分八厘。当开始募捐时,经前校长姜琦召集会议决以捐款最多者即以其名名馆额。嗣募捐结束,乃定名曰"洪年图书馆",并经姜前校长于去年四月先行开幕典礼。查建筑开工始于十六年春,间继因战事影响,全校迁避上海,中间暂告停顿,至是年六月洪年接事,乃继续开工,阅五月馆址遂告落成。计支出之建筑费及募捐委员会用费共计大洋二万一千七百三十九元二角九分。收支相抵,实存洋二千一百八十五元八角四分八厘。理合造具清册,连同单据备文呈报钧院察核,伏乞准予备案,并将单据发还归档，实为公便。

谨呈

中华民国大学院

国立暨南大学校长 郑洪年

附呈清册单据各一件

建筑图书馆收支各款清册

收入项下

捐款

收郑洪年	洋五千元
收英美烟公司	洋二千元
收黄弈住	洋一千元
收潘序伦	洋二百元
收商务印书馆	洋一百元
收陈陶遗	洋一百元
收孙馨远	洋一百元
收姜伯韩	洋一百元
收韩希琦	洋一百元
收雷宾南	洋七十元
收吴倚沧	洋七十元
收周茂蕃	洋七十元
收真如电灯公司	洋六十元
收周炳文	洋五十元
收贾佛如	洋五十元
收许克诚	洋五十元
收周仲千	洋五十元
收徐三来	洋五十元
收史量才	洋五十元
收邓只淳	洋四十元

收黄念远	洋四十元
收叶纯泉	洋四十元
收许民一	洋四十元
收樊川爱莲义塾	洋三十六元
收学校银行	洋三十三元九角五分八厘
收大明眼镜公司	洋三十元
收唐桐侯	洋三十元
收马景常	洋三十元
收王雨生	洋三十元
收盛汉珍	洋三十元
收蔡正雅	洋二十五元
收兴华眼镜公司	洋二十元
收吕九鹏	洋二十元
收天福饼干公司	洋二十元
收李明兴	洋二十元
收王曦晨	洋二十元
收张天方	洋二十元
收梁官松	洋二十元
收运商公所	洋二十元
收徐侯和	洋二十元
收金先生	洋二十元
收王志莘	洋二十元
收王淮君	洋十元
收南新书社	洋十元
收冠生园	洋十元
收甘鸿逵	洋十元
收郑子政	洋十元
收夏斗南	洋十元
收李雨生	洋十元

收陆叙伯	洋十元
收叶溯中	洋十元
收曹挺岫	洋十元
收缪征中	洋十元
收李尊康	洋十元
收淮盐栈公所	洋十元
收淮北岸商公所	洋十元
收黄应荣	洋五元
收林枕义	洋五元
收郭绪绵	洋五元
收郑云汉	洋五元
收谢□友	洋五元
收许耀南	洋四元五角
收同昌庄	洋四元
收华兴典	洋四元
收元昌公司	洋四元
收增源泰	洋四元
收开泰	洋四元
收同盛局	洋四元
收王石愚	洋四元
收蔡寿生	洋四元
收林泉丰	洋四元
收廖伯仁	洋四元
收廖伯玉	洋四元
收陈照源	洋四元
收施照东	洋四元
收邓连进	洋四元
收黄日晄	洋四元
收陈镇和	洋四元

收何盘铭	洋十元
收蒋拱震	洋十元
收鲁继曾	洋十元
收王克仁	洋十元
收顾仲彝	洋十元
收温锡洪	洋十元
收傅文楷	洋十元
收毛啸吟	洋十元
收卓绪麟	洋十元
收陶昌海	洋五元
收明华手表眼镜公司	洋五元
收许仲英	洋五元
收计仰先	洋五元
收段光尘	洋五元
收沈葆新	洋五元
收周佛绫	洋五元
收林芷香	洋五元
收林政初	洋五元
收郭锡泉	洋五元
收施伯珩	洋五元
收梁藏章	洋五元
收梁定昭	洋四元
收谭新民	洋四元
收南园菜馆	洋三元
收胡叔异	洋三元
收林友瑞	洋二元
收久昌洋服店	洋二元
收章伯英	洋二元
收张素兰	洋二元

收金敏甫	洋二元
收杨春韶	洋二元
收姚永伯	洋二元
收王洪钊	洋二元
收尹德记	洋一元
收朝宋馆	洋一元
收祥泰洋服店	洋一元
收真如商店	洋一元
收义生公司	洋一元
收黄玉刚	洋一元
收潘克勤	洋一元
收马宝义	洋一元
收王剑英	洋一元
收万心仪	洋一元
收光华公司	洋五角

以上计共洋一万零三百十四元九角五分八厘。

此项捐款系姜前校长发起倡募。

南洋捐款

一·收	南洋募捐 许克诚经手汇来	规元 224437	合洋三千零六十二元 九角四分
一·收	南洋募捐 小吕宋杨国标手		洋二千五百元
一·收	南洋募捐 许克诚手汇来	规元 160665	合洋二千一百九十五 元六角三分
一·收	南洋募捐 雷宾南手汇来	规元 116614	合洋一千六百零三元 四角九分

一·收	南洋募捐 雷宾南手汇来	规元	115	合洋一千五百七十五元三角四分
一·收	南洋募捐 曾鸟砝手汇来	规元	804	合洋一千一百十元零一角一分
一·收	南洋募捐 雷宾南手汇来	规元	4381	合洋六百零四元四角八分
一·收	南洋募捐 和丰银行汇来			洋四百三十一元二角五分
一·收	中南银行两期利息			洋三百六十三元五角二分
一·收	南洋募捐 直葛中华会馆			洋一百四十六元五角二分
一·收	南洋募捐 荷盾 廿盾 许克诚经手汇来			合洋十六元九角

以上计共洋一万三千六百十元零一角八分(此项捐款系姜前校长派员赴南洋劝募者),连前统计捐入款洋二万三千九百二十五元一角三分八厘。

支出项下

建筑费

一·支	范文照工程师 设计费	规元	23655	合洋三百十九元七角七分 前任手付出有账
一·支	范文照工程师 设计费	规元	15167	合洋二百零七元四角一分 前任手付出有账

一·支	图书馆建筑费		规元	1200	合洋一千六百三十三元四角九分 前任手付出有账
一·支	图书馆建筑费		规元	1200	合洋一千六百四十八元九角二分 附单据一号
一·支	图书馆建筑费		规元	1400	合洋一千九百二十二元四角二分 附单据二号
一·支	图书馆建筑费		规元	1200	合洋一千六百五十八元□角三分 附单据三号
一·支	图书馆建筑费		规元	2240	合洋三千零九十二元八角五分 附单据四号
一·支	图书馆建筑费		规元	1650	合洋二千二百五十六元四角一分 附单据五号
一·支	图书馆建筑费		规元	1640	合洋二千二百五十二元三角六分 附单据六号
一·支	图书馆建筑费		规元	88·2	合洋一百二十二元一角 此笔前任付出有账
一·支	图书馆建筑费	装置电灯费	规元	200	合洋二百七十五元三角九分 附单据七号
一·支	图书馆建筑费		规元	223	合洋三百零七元二角七分 附单据八号
一·支	图书馆建筑费	电灯材料	规元	8018	合洋一百零九元九角九分 附单据九号

一·支	图书馆建筑费		合洋四百零六元 附单据十号
一·支	图书馆卫生工程	规元 198	合洋二百六十六元九角四分 附单据十一号
一·支	图书馆书匾额		洋六元五角 附单据十二号十三号

以上计共洋一万六千四百八十五元八角五分。

募捐委会用款

一·支	摄影	洋一百五十元
一·支	摄影	洋三十五元
一·支	摄影	洋一百十五元
一·支	摄影	洋二百元
一·支	印捐册	洋二百元
一·支	印捐启	洋二百二十一元五角八分
一·支	印捐册	洋一百八十□元八角六分
一·支	雷宾南君川资	洋一千五百元
一·支	许克诚君川资	洋五百三十元
一·支	许克诚君川资	洋一千八百七十元
一·支	许克诚君川资 （补付涂炳立君）	洋二百五十元

以上计共洋五千二百五十三元四角四分。

统计支出洋二万一千七百三十九元二角九分。

统计收入洋二万三千九百二十五元一角三分八厘。

收支相抵应存洋二千一百八十五元八角四分八厘。

查前任移交簿捐款项下，因经费不足，曾借支洋八千六百八十五元四角，当时图书馆尚未建筑完工，不得不设法挪借，继续工程。总计该项收支及前任借用，实际亏洋六千四百九十九元五角五分二厘。

（《暨南周刊》第4卷第4期，1928）

洪年图书馆日志

十月八日，来复一，晴

公布上周西文新书目录并抄送出版室，请登周刊。

上海新民大学图书馆函索本馆详章等，当即检寄全份。

本馆十月一日至七日日志抄送出版室，请登周刊。

商务分店来函，谓前托定之数学书廿二种，据出版家函称业已绝版云，当即通知陈荩民先生。

商务印书馆批发处来函，催索欠款。

本校训练处送来训练处周刊十张，当即放阅报室，俾众阅览。

奉校长布告第一二五号，十月十日为国庆大典，本校遵例庆祝三天，自九日起至十一日止。兹定于十日上午九时在大礼堂举行庆祝礼，并延请名人来校演讲。凡我全校教职员、同学，务须依时出席，以隆典仪等因。当即布告，遵循办理。

九日至十二日，晴

庆祝双十节，休假四日。

十三日,来复六,晴

公布本月一日至七日本馆借书阅书人数次数及各系分类统计表四张,并抄呈校长备核。

函商务分店,附商学院铁路学书单一纸,计书十一种,又杂志一种,请即配送。

天津《大公报》来函,谓该报已自九月十二日起按日照寄。当即函复,请补寄定报收据,以便报销而清手续。

十四日,来复日,晴

休息。

十五日,来复一,晴

公布本月八日至十四日本馆借书阅书人数次数及各系分类统计表四张,并抄呈校长备核。

签发暨南合作社购书费,洋七十八元五角正。

华昌印刷所送到因狄克司三副,图书购订单五百张,新书目录三册,计洋十四元四角五分正。

出版室送到《暨南周刊》四卷一期二十册。

十六日,来复二,晴

叶馆长病已痊愈,今日回校视事。

教务处送来本校十七年度教务一览五册,即陈列参考室,俾众参考。

易寅村先生来函,附前购故宫博物院金石拓片价目单一纸,计洋一百五十元,当即签付,请陈秘书长转交。

广东海澄总图书馆来函,征集本校各项刊物,当即函复,并检寄本馆各种表章及规程,并转知出版室及南洋文化教育事业部,请寄各项刊物。

函商务分店,请配外国文学系书九种,高中部用化学参考书十四种,又杂志三种。

凌翔先生病,请假静养,函询请假日数。

教务处日前来函,拟编辑《暨大指掌》一册,向本馆征集材料,因编就《洪年图书馆指南》一篇,今日送去,以便插入该册。

南洋文化教育事业部送来《南洋华侨殖民伟人传》《南洋文化教育事业部概况》《南洋物产一览》《殖民南洋十五伟人事略》《南洋各属面积人口一览》《郑和出使南洋年表》《南洋丛书出版目录》等各十份,又紫罗兰女士丽影、小青吊影及舞姿美术明片各五张。

签付南新书社购书费,洋二百四十二元八角五分正。

本馆前订之 *The American Mercury* 杂志,现已满期,先请会计室购美金汇票洋九元,容日寄去,续订两年。

十七日,来复三,晴

函呈校长,请先筹款四千元,分付各书局欠款。

函广东国立中山大学售书处,订购民俗学会丛书,并索出版书目。

天津法文图书馆来函,附有 *Innermost Asia* 书预约卷一纸,书价三百五十元。兹以该书对于吾国文艺及历史上之研究极有价值,拟定购一部,该价由中国语文学、中国画及历史社会三系分担,特函各该系征求同意。

本馆前订之《英语周刊》《东方杂志》《妇女杂志》《教育杂志》四种现已满期,函商务批发处各续定一年。

商务印书馆送到数理等系西书六十五册。

十八日,来复四,晴

郑曼青先生赠自绘之《写生佳品》一册,当即函谢。

公布上周西文新书目录,并抄送出版室,请登周刊。

曹裕先生因事赴嘉定,从本日下午起请假二日。

十九日,来复五,晴

前呈校长函,称前由秘书处转呈本馆集欠各书局账款单一纸,计洋七千元,谅邀钧及,惟日来各书局催索甚亟,就目前不得不即付者,至少亦需四千元。以维持本馆对外信用及本校名誉起见,势难再延,恳请钧座于一二日内,设法先筹四千元以济眉急,曷胜盼祷云。顷蒙批示"九月经费大约日内即可领到,届时照发交秘书处记办",当即祗遵办理。

由秘书处转来高要县公署函,前索县志因受兵燹散失无遗,现正从新修纂,成书后即照寄云。

签发由教员代向中美图书公司购书,洋六元二角五分正。

高中普通科开来指定参考书单三十三种,即托南新书社代办。

前函北平文化社订购历史书,今日由邮寄到支款十六元,向邮局领取。

柳灿先生来函,因病请假半日。

二十日,来复六,晴

布告凡搬迁宿舍者,请将借书证上原填住址改正为要。

签付华昌印刷所印刷费,洋十元正。

夏开权先生送来特别班国语用书单一纸,即托南新书社代办。

二十一日,来复日,晴

休息。

(《暨南周刊》第4卷第4期,1928)

洪年图书馆西书目录

Hung Nien Library
Chinan University
List of New Books Just Arrived

Bulletin No. 8 Oct. 25, 1928

CALL No.	AUTHOR AND TITLE
	000 GENERAL WORKS
090.7 - S72	Santalov, A. A.: *Soviet Union Year-book*. 1928.
	100 PHILOSOPHICAL SCIENCES
109 - R73	Rogers, A. K.: *Student's History of Philosophy*. 1926.
150 - R66m	Robinson, J. H.: *Mind in the Making*. 1921.
152.3 - D92	Dunlap, Knight: *Social Psychology*. 1927.
155 - K65	Kline, L. W. and Kline, F. L.: *Psychology by Experiment*. 1927.
	200 EDUCATIONAL SCIENCES
249.51 - Y73	Young, J. W. A.: *Teaching of Mathematics in the Elementary and the Secondary School*. 1927.
	300 SOCIAL SCIENCES
327.21 - W73f	Willoughby, W. W.: *Foreign Rights and Interests in China*. 1927. 2v.
329 - B87	Brooks, R. C.: *Political Parties and Electoral Problems*. 1923.

329 – L66 Lewis, Stuart: *Party Principles and Practical Politics*. 1928.

329 – R26 Ray, P. O. : *Introduction to Political Parties and Practical Politics*. 1924.

341.01 – R69 Rodick, B. C. : *Doctrine of Necessity in International Law*. 1928.

347.7 – H88 Huffcut, E. W. : *Elements of Business Law*. 1927.

370 – R69 Rietz, H. L. : *Mathematics of Finance*. 1925.

390 – W26 Ward, L. F. : *Outlines of Sociology*. 1923.

393.4 – R96 Russell, Bertrand: *Proposed Roads to Freedom; Socialism Anarchis and Syndicalism*.

393.409 – L18 Laidler, H. W. : *History of Socialist Thought*. 1927.

400 FINE ARTS

492 – Y68 Young, A. B. : *Sage Costuming*. 1927.

500 NATURAL SCIENCES

509 – S44 Sedgwick, W. T. : *Short History of Science*. 1927.

510.1 – K44 Keyser, C. J. : *Mathematical Philosophy*. 1925.

510.9 – H43 Heath, S. T. : *History of Greek Mathematics*. 1921. 2v.

510.9 – L33 Larrett, Denham: *Story of Mathematics*. 1926.

510.9 – M65 Miller, G. A. : *Historical Introduction to Mathematical Literature*. 1927.

510.9 – S46h Smith, D. E. : *History of Mathematics*. 1923. 2v.

511.3 – C74 Conant, L. L. : *Number Concept Its Origin and Development*. 1923.

511.3 – H64 Hill, G. F. : *Development of Arabic Numberals in Europe*. 1915.

512 – S65 Smith, D. E. : *Essentials of Algebra; Complete Course*. 1924.

512.81 – C28 Carmichael, R. D. : *Theory of Numbers*. 1914.

512. 81 – R35	Reid, L. W.: *Elements of the Theory of Algebraic Numbers*. 1910.
512. 82 – B29	Barton, S. M.: *Elementary Treatise on the Theory of Equations*. 1899.
512. 86 – N47	Netto, Eugen: *Theory of Substitutions and Its Applications to Algebra*.
513 – H43	Heath, T. L.: *Thirteen Books of Euclidis Elements*. 1926. 3v.
513. 18 – F35	Ferguson, D. F.: *Areas and Volumes*.
513. 6 – M65	Milne, W. P.: *Projective Geometry for Use in Colleges and Schools*. 1911.
513. 6 – V29	Veblen, Oswald: *Projective Geometry*. 1910. 2v.
513. 8 – C32	Carslaw, H. S.: *Elements of Non-Euclidean Plane Geometry and Trigonometry*. 1916.
513. 8–K64v–5	Klein, Felix: Vorlesungen Uber Nicht-Euklidische Geometrie. 1928.
513. 8 – M58	Manning, H. P.: *Geometry of Four Dimensions*. 1928.
513. 8 – S69	Sommerville, D. M. Y.: *Elements of Non-Euclidean Geometry*. 1914.
516 – C67	Coffin, J. G.: *Vector Analysis*. 1911.
516 – F45	Field, Peter: *Projective Geometry*. 1923.
516 – R56	Riggs, N. C.: *Analytic Geometry*. 1926.
516 – R94 – 3	Runge, C.: *Vector Analysis*.
516 – S17	Salmon, George: *Treatise on the Analytic Geometry of Three Dimensions*. 1928.
516 – S57	Siceloff, L. P.: *Analytic Geometry*. 1922.
516 – W75	Wilson, W. A. and Tracey, J. I.: *Analytic Geometry*. 1925.
516 – W89	Woods, F. S.: *Higher Geometry*. 1922.
516. 1 – B67	Bocher, Maxime: *Plane Analytic Geometry*. 1915.

516.22 – S17 Salmon, George: *Treatise on Conic Sections*. 1924.
516.22 – S64 Smith, Charles: *Elementary Treatise on Conic Section by the Methods of Co-ordinate Geometry*. 1927.
516.3 – H99 Hyde, E. W.: *Grassman's Space Analysis*. 1906.
517 – P28 Passano, L. M.: *Calculus and Graphs*. 1927.
517.1 – C37 Caunt, G. W.: *Introduction to the Infinitesimal Calculus*. 1924.
517.36 – H23 Hancock, Harris: *Lectures on the Theory of Elliptic Functions*. 1910.
517.36 – H23e Hancock, Harris: *Elliptic Integrals*. 1917.
517.36 – M16 Mcmahon, James: *Hyperbolic Functions*. 1906.
517.38 – B32 Bateman, H.: *Differential Equations*. 1926.
517.38 – J71 Johnson, W. W.: *Treatise on Ordinary and Partial Differ*.
517.4 – B64 Bliss, G. A.: *Calculus of Variations*. 1927.
518 – W37 Webber, W. P.: *Introductory Mathematical Analysis*. 1919.
518 – Y73 Young, J. W.: *Elementary Mathematical Analysis*. 1924.
518.11 – P62 Pierpont, James: *Lectures on the Theory of Functions of Real Variables*. 1905. 2v.
518.12 – T75 Townsend, E. J.: *Functions of a Complex Variable*. 1915.
518.2 – B64 Blichfeldt, H. F.: *Finite Collineation Groups*. 1917.
518.2 – C68 Cohen, Abraham: *Introduction to the Lie Theory of Oneparameter Groups*. 1911.
518.2 – B96 Burnside, W.: *Theory of Groups of Finite Order*. 1911.
520 – L66 Lewis, I. M.: *Astronomy for Young Folks*. 1928.
520 – M93 Moulton, F. R.: *Introduction to Astronomy*. 1928.
530 – M65p Millikan, R. A. and Gale, H. G.: *Practical Physics*. 1922.
546 – S64 Smith, Alexander: *Introduction to Inorganic Chemistry*. 1923.
573 – P45 Perrier, Edmond: *Earth before History: Man's Origin and*

the Origin of Life. 1925.

581.8 – O59 Onslow, M. W. : *Anthocyanin Pigments of Plants*. 1925.

581.916 – B57 Bews, J. W. : *Introduction to the Flora of Natal and Zululand*. 1921.

581.916 – G44 Gibbs, L. S. : *Contribution to the Phytogeography and Flora of the Arfak Mountains* &C. 1917.

581.919 – E71 Ernst, A. : *New Flora of the Volcanic Island of Krakatau*. 1908.

581.919 – V18 Vallentin, E. F. : *Illustrations of the Flowering Plants and Ferns of the Falkland Islands*. 1921.

581.93 – S37 Shoolbred, W. A. : *Flora of Chepstow*. 1920.

585 – A66 Arber, Agnes: *Water Plants: a Study of Aquatic Angiosperms*. 1920.

586 – G77 Groves, James: *British Charophyta*. 1920. 2v.

587.3 – B78 Bower, F. O. : *Ferns (filicales)*. 1923. 2v.

589.2 – G88 Grove, W. B. : *British Rust Fungi*. 1913.

589.61 – W52 West, W. : *Monograph of the British Desmidiaceae*. 1904 – 23. 5v.

591.69 – F21 Fantham, H. B. and others: *Animal Parasites of Man*. 1916.

593 – W49 Wenyon, C. M. : *Protozoology*. 1926. 2v.

598.2 – W82 Witherby, H. F. : *Check-list of British Birds*. 1924.

600 APPLIED SCIENCES

633.88 – H26 Harding, A. R. : *Ginseng and Other Medicinal Plants*. 1908.

635.8 – F18 Falconer, William: *Mushrooms: How to Grow Them*. 1925.

635.9 – C75 Coventry, B. O. : *Wild Flowers of Kashmir*.

635.9 – S82 Step, Edward: *Wild Flowers Month by Month in Their*.

655.21 – D86 Droege, J. A. : *Passenger Terminals and Trains*. 1916.

700 PHILOLOGY

731.5 – R59 Ripman, Walter: *Sounds of Spoken English*. 1926.

733.2 – W96 Wu S. and others ed.: *Standard English-Chinese Dictionary*. 1927.

800 LITERATURE

801 – B47 Bennett, Arnold: *Literary Taste How to Form it*.

812.04 – E13 Eastman, Max: *Enjoyment of Poetry*. 1926.

879.5 – O35 – 3 Ognyov, N.: *Diary of a Communist Schoolboy*.

900 HISTORY AND GEOGRAPHY

910.8 – N56 Newton, A. P. ed.: *Travel and Travellers of the Middle Ages*. 1926.

976 – T85 – 3 Trotsky, Leon: *Real Situation in Russia*. 1928.

990.1 – M84 Moret, Alexandre: *Nile and Egyptian Civilization*. 1927.

994.3 – C46 – 3 Chapot, Victor: *Roman World*. 1928.

(《暨南周刊》第4卷第4期,1928)

洪年图书馆日志

十月廿二日,来复一,阴

曹裕先生续假一日。

宋荫瀛先生因病痢,请假一星期。

印度孟买大学寄到一九二八至一九二九年详章一厚册。

本馆十月八日至二十一日日志,抄送出版室,请登周刊。

秘书处转来广东开平县公署来函,该县县志自光复后迭经兵燹,荡然无存，无从检送云。

函商务分店，前托购之生物书多种，兹已择定抄奉计三纸，又西书八种，请一并代配。

廿三日，来复二，晴

同安县政府来函，新县志甫经修竣，尚未刊印，一俟出版，再行检寄云。

秘书处转来广东普宁县公署函复，县志因遭焚毁无从检送云。又福建思明县政府复函一件，并寄来《厦门志》一部，共十二册，当即函谢。

公布本月十五日至二十一日本馆借书阅书人数次数及各系分类统计表四纸，并抄呈校长鉴核。

刘士木先生转来王培孙先生赠送本馆《昔梦词》一册，当即函谢。

鲍益清先生请假。

廿四日，来复三，晴

康白情先生赠自著之《河上集》及《草儿在前集》各一册，即函谢，由训练处转交。

商务分店来函，前订西书内有数学及生物书数种已绝版及售缺，不能配购，当即转知各该系主任。秘书处转来南海县长函，该县县志现无存书，容搜集有得，再行寄来云。

本校一九二八年大学预科毕业班送来纪念册五本。

廿五日，来复四，晴

本校师范科戊辰级教育参观团赠送各地采集之各校章程、一览、概况及各种刊物等五十种，当即函谢。

吴淞中国公学萍社赠《漂萍集》一册，即函谢。

函美国 The American Mercury 公司，并属美金九元汇票一纸，续定该杂志二年。

公布上周西文新书目录,并抄送出版室,请登周刊。

廿六日,来复五,晴

本校一览编辑委员会来函征集本馆稿件,当即着手编纂。

前由惠利公司定做之新闻纸放置架两只,今日送来,暂为装置编目室内。

上海图书协会来函,定本星期日(廿八日)在总商会图书馆开常会,讨论紧要事宜,请派员列席云。

前由希美印刷所所印之中文书籍卡目说明书五千张,今日送到,计洋二十三元三角二分正。

秘书处转来商务印书馆交通科致校长函一件,并《事务管理》及《公司财政》书各一册,即函谢。

廿八日,来复日,晴

休息。

(《暨南周刊》第4卷第5期,1928)

洪年图书馆日志

十月廿九日,来复一,晴

公布本月廿二日至廿八日,本馆借书阅书人数次数及各系分类统计表四张,并抄呈校长鉴核。

本月廿二日至廿八日日志抄送出版室,请登周刊。

黄振汉先生来函,因病不能到馆视事,请假一月,暂托温君文耀代理。

卅日,来复二,晴

本校出版室送到《暨南周刊》四卷三期廿册,又南洋文化教育事业部送到《南洋研究》二卷二号十册。

公布上周中文新书目录,并抄送出版室,请登周刊。

函北平直隶书局,附书单一纸,计书二种,请由邮寄下书价一并开示便照汇云。

函□□人等五人,前借本馆书一种,现因指定为心理学系参考书,照章应收回,请即归还云。

天津《大公报》寄来定报收据一纸。

卅一日,来复三,晴

秘书处转来福建福清县县长函一份,并该县县志一部,计十二册,当即函谢。

凌翔先生因事赴京,续假一星期。

函商务批发处,请配最近出版之新时代史地丛书十六种各一册。

函商务批发处预约影印《汉满蒙藏四体合璧大藏全咒》及《同文韵统》全部,共八十八册。

十一月一日,来复四,晴

公布上周西文新书目录,并抄送出版室,请登周刊。

函学生韩石麟、徐福苍、金殿宾三人,所借书现改为参考用书,照章应收回,请即归还云。

别发洋行送到历史社会系书五种。

大江书铺赠《大江月刊》创刊号二册,即函谢。

函复商务批发处,本馆所欠书款,准于一星期内先将结至八月底之账付清。

秘书处来函,顷奉校长函开,现因经费无着,所有一切书籍均停止购置,请通知图书馆等因,奉此相应函达,即行查照等由,当即遵循办理。

上海澄衷中学葛祖兰先生赠自著之《日语汉译读本》一册,即函谢。

二日,来复五,晴

别发洋行开来账单二份,结至十月底,计欠洋二千零卅八元一角八分正。

三日,来复六,晴

涵江图书馆寄赠《方简肃公文集》二册,当即函谢。

南京金陵大学农林科寄来《售品目录》一册,即转送林彦先生备存。

福建阳春县寄来该县县志一部,共四册,即函谢。

函尹树松先生询前徐钰礼先生所借书,除已代归还六册外,尚有代数学二册,因当作课本用,请即交还。

四日,来复日,晴

休息。

(《暨南周刊》第 4 卷第 6 期,1928)

洪年图书馆书目录

000 总记

书码	著者	书名	册数	发行所
000－491	黄栩园	南洋	1	上海中华
024.1－15	方玉润	诗经原始十八卷	8	上海泰东
042－835	民智书局	建设碎金	4	上海民智
082－740	缪荃孙辑	藕香零拾	32	江阴缪氏刊
082.1－462	崔述	崔东壁遗书	20	上海古书流通处

100 哲理科学

书码	著者	书名	册数	发行所
159.5－B97	J. B. Bury	思想自由史	1	上海民智

200 教育科学

书码	著者	书名	册数	发行所
200－454	庄泽宣	教育概论	1	上海中华
209.2－522	舒新城	近代中国教育史料	4	上海中华
209.2－522－5	舒新城	中国新教育概况	1	上海中华
209－536	杨廉	西洋教育史	2	上海中华

300 社会科学

书码	著者	书名	册数	发行所
328.281－835	民智书局	三民主义要略	1	上海民智
329.289－58	古应芬	孙大元帅东征日记	1	上海民智
329.281－164	吴稚晖	吴稚晖先生最近对于党国之意见	1	广州平社
329.289－491	黄昌谷	孙中山先生北上与逝世后情形	1	上海民智

329.289 -491 -5	黄昌谷	孙中山先生之生活	1	上海民智
329.284 -271 -5	胡汉民	胡汉民先生在俄演讲录	2	广州民智
329.284 -650	广州平社	蒋介石先生讲演集	2	上海民智
329.281.1 -835	孙　文	中国存亡问题	1	上海民智
329.281.1 -491	黄昌谷	孙中山先生遗教	2	上海民智
329.284 -271	胡汉民	胡汉民先生讲演集	6	上海民智
329.284 -835	民智书局	中国国民党讲演集	3	上海民智
329.281 -271	胡汉民	三民主义者之使命	2	上海民智
329.289 -650	蒋介石	孙大总统广州蒙难记	2	上海民智
329.289 -332	高尔松	孙中山先生与中国	2	上海民智
329.283 -407	许崇灏	训政时期调查户口之意见	2	上海民智
329.281 -248	周佛海	改订中山先生思想概观	2	上海民智
329.281 -225	邵元冲	中国之革命运动及其背景	2	上海民智
360.1 -98	朱执信	兵的改造及其心理	2	上海民智
371 -945.2	王鸿猷译	泉币通论	1	上海商务
397 -92 -428	张亮采	中国风俗史	1	上海商务
393.9 - W72 -2	Murlce Willin	马克斯主义与社会史观	1	上海商务
321.4 - W66	廖仲恺译	全民政治	1	上海商务
341.22 -428	张廷灏	不平等条约的研究	1	上海光华
343.9 - K21.2	戴季陶译	资本论解说	2	上海民智
349.23 -803.8	大理院	大理院解释例要旨汇览	3	
349.23 -803	大理院	大理院判例要旨汇览	5	

331.6-225	邵元冲	工会条例释义	1	广州民智
394-98	朱枕薪	俄罗斯之妇女	1	上海民智
327.235-66	杨幼炯	英帝国主义与中国	1	上海民智
329.284-804	国民党中央执行委员会	中国国民党实业讲演集	1	上海民智
329.281.1-375	孙　文	中山演讲集	1	上海太平洋
331.098-225	邵元冲	美国劳工状况	1	上海民智
329.228-869	革命纪念会	红花冈四烈士传	1	上海民智
329.281-271	胡展堂	三民主义的选择性	1	上海民智
329.281-22	王克仁	党化教育概论	1	上海民智
329-674	刘文岛	政党政治论	1	上海商务
329.281-21	王警涛	民生主义与人口问题	1	上海民智
327.2-337	唐守常	帝国主义侵略中国痛史	1	上海大东
329.281.1-491-8	黄昌谷	孙中山先生演讲集	1	上海民智
329.283-428	张宏业	训政时期地方自治论	2	
329.283-225	邵元冲	训政时期地方行政计划	1	上海民智

400　艺术

409-B97-2	戴岳译	中国美术	1	上海商务
409-170	吕　澂	西洋美术史	1	上海商务
409-412	郭沫若	西洋美术史提要	1	上海商务
446-34	戈公振	中国图案集	1	上海有正

500　自然科学

509-428	张子高	科学发达略史	1	上海中华
517-K79-2	李协译	简要实用微积术	1	上海商务
514.5-491	黄元吉	平面三角大要	1	上海商务
530.7-441	陈学郢	物理学讲义	2	上海商务
530.7-M65.2	徐善祥译	密尔根盖尔物理学实	1	上海商务

验教程

600 应用科学				
655.92-814	沪宁管理局	沪宁沪杭甬铁路史料	1	
672-731	薛明剑	工场设计及管理	1	上海华新
700 语言学				
723.3-428	张在新	汉英辞典	1	上海商务
727.2-21-6	王　璞	实用国语会话	1	上海商务
800 文学				
817.9-717	谢六逸	西洋小说发达史	1	上海商务
900 史地				
907-29	郎格诺瓦	史学原论	1	上海商务
910-441	陈衡哲	高中教科书西洋史	2	上海商务
910.1-717	谢勖之	近世文化史	1	上海光华
927-674	刘法曾	清史纂要	2	上海中华
920-12-1	直隶省视学	直隶风土调查录	1	上海商务
976-98	朱枕薪	俄国革命史	1	上海商务
927-107	印水心	近代史读本	3	上海世界
925.07-177	李思纯	元史学	1	上海中华
920-1-937	佐田弘治郎	满洲旧迹志	2	南满铁道株式会社
911-225	邵元冲	各国革命史略	1	上海民智
920-1-937.9	佐田弘治郎	济南旧迹志	1	南满铁道株式会社
920-476	南洋义务学校	历史讲义	1	上海民智
910-3-V21.2	房　龙	人类的故事	2	上海商务
Z 小说				
Z-671	黎烈文	新编五代平话	1	上海商务

(《暨南周刊》第4卷第6期,1928)

我对本校的希望

王维驷

本校历年来,受时局影响,经济状况,很不富裕,所以我们的图书馆就因陋就简,一间房子里摆着一些旧书,没有专家去管理它。从今夏郑校长重长本校,觉得非有图书馆不足以称最高学府,不足以使师长有研究的机会。到了现在,我们都看见一座巍巍大厦,占校境的西部,统计藏书共有旧存书籍一万余册,改订后约六千余本。它的建筑费,大半由郑先生捐助,此外有的像教职员、英美烟草公司和南洋父老慨助的也不少,虽然各种设备,未臻十分完美,然已不能说没有"智库"的存在了。

我们很知道大学里图书馆底重要,比别种建设还要重要,究竟图书馆是什么东西?就是读书人的谷仓。读书人与书籍,好比兵辎重与队厂主与资本金,是一天不能离开的。你要故时代底落伍人吗?你要肚子里起智识荒吗?要是你不愿做这两种人,你便非常常拜访图书馆不可。今年九月里图书馆落成了。那时以前,我们决想不到从一间小小的房子为藏书的地方一跃而为"仓廪实府库充"的地位!这是哪一位给我们的?是本校长郑先生赐我们的。那么不能不感谢他,同时还有几位热心家的尽力,慷慨输囊的捐助,也是配受我们相当感谢的!

不过我们为什么要叫"洪年图书馆"?就是因为纪念他的意思,他非但添了一座美满的大厦,并又送了许多的书——最近他又送了一大部"图书集成"(约四百余册),并且源源不绝地输粮草给我们,我们暨南师生应该表示谢意的。

末了,我希望郑先生维持我们粮草,是永久性的。我们不但希望有图书馆,就算心满意足;我们还要希望有大礼堂、科学馆、健身房、游泳池、疗病院及师范大学院等种种建设。这一层我们更希望各界人士热心地来慨助暨南师生相依为命的种种设备。现在新年到了——民国十七年的诞生——我们的暨南可否同新年一样的进展!一样的进展!

(《暨南周刊》1928 年寒假特刊)

国立暨南大学洪年图书馆之经过及现况

国立暨南大学图书馆之建筑,系于十五年五月由前校长姜琦召集校务会议议决举行。预定建筑费以一万五千元为度。先由校董、校长及教职员等酌认外,并分任劝募。时该校校董郑洪年(即现任校长)首先认捐五千元,越两月,各教职员所认捐款及募得之数,亦如之。募集之款既足万金,乃于十二月先行兴工。建筑图案由范文照工程师绘制。全馆为凸字形,分上下两层;上层全作阅览室及书库,可容一百二十人,下层分作教室及馆员办事室。是项建筑费因郑洪年君独捐半数,并允担任募足不敷之款,遂由校务会议议决,定名曰"洪年图书馆",以留纪念。原定以半年竣工。甫二月沪宁路线即发生战事,全校学生迁徙沪上,馆舍工程因此停顿。迨至夏初时局稍靖,乃藉五月二十七日二十周纪念之便,先于是日举行洪年图书馆开幕典礼,继续开工。九月间又为军队盘踞月余,阻碍工作,直至十六年秋始全部落成;而布置内部复费时颇久,至十一月二十一日方正式开馆。总计建筑费银一万三千八百零七两,器具装修等费银五千余元。不敷之款即以南洋美荷两属募得之万余而补足之。

馆既成立，校中鉴于藏书屡经兵事，散失过半，残存者不敷应用，特筹款二万元，添购各科应用之中西新旧书籍，以备参考。现各书已陆续购到，正由馆员从事登录编目，惟册数过多，一时尚不易竣事。迩来楼下房屋，强半辟为教室，致原议规定应附设之南洋馆等，咸无照设之余地，爰拟将馆舍再事扩大，定于暑期内即行开工，一俟添建之新屋告成，设备当更进臻完善也。

现馆中所藏中文书计一万六千册（约十五万卷），西文书计六千册，日文书五百册，外国杂志六十种，中国杂志七十九种。中西书籍之分类均用杜定友之世界图书分类法编制，间有欠妥者，略加修改，缺少者则参照杜威十分法加以扩充，以期完善。目录分书名、著者及类名三种，混合排列，以成字典式目录。现有各书，约在暑假中编目可以竣事云。

（《中华图书馆协会会报》第4卷第1期，1928）

暨南大学图书馆大扩充

真如国立暨南大学自郑洪年氏长校后，对于图书馆方面扩充不遗余力，自本年起已改为独立机关，并规定本学期购书费二万元，聘英文学系主任叶崇智兼任馆长，杨昭悊、许克诚为助理，职员共十五人，分三股办事。编目股西文主任金敏甫，中文主任刘纪泽，典藏股主任许克诚，兼登录股主任凌翔。中西文均编字典式目录，并因馆舍不敷，尚在计划扩充云。

（《图书馆学季刊》第2卷第2期，1928）

暨大洪年图书馆之蔚观

国立暨南大学洪年图书馆自改为独立机关,聘图书专家叶崇智氏担任馆长,力事扩充。现又添建馆舍,内辟毕业生研究院。上学期由郑校长指定一万八千元,分配于各系,购置大宗书籍,业已陆续到馆,惟向欧美定购尚未运到者约六千余元。现藏中文书籍十五万卷,精订一万六千余册,西文书八千余册,日文书五百册,典藏充实,蔚为大观。每日平均到馆阅览在五百人以上。分类等则运用科学方法,采取世界图书分类法,参以杜威法国会法,中国之四库法。编目则新创混合字典式目录,西文卡片用百科全书之排列法,中文则用张凤形数检字法,翻阅异常迅捷,足为他馆所矜式。

(《申报》1928 年 7 月 21 日)

暨大洪年图书馆征求地方志

国立暨南大学洪年图书馆为考求中国文献、官阶制度及民族历史起见,向各省征求旧日府州县属地方志。先从闽粤两省着手,以该校侨生籍隶该两省者居多,一面由学校当局直接函请省政府通知所属地方应征,其次及于江浙,再次向北方诸省征求。如各地愿自行寄赠者,该馆当以相当刊物交换。须贴费者，亦照补。

（《申报》1928 年 9 月 23 日）

国立暨南大学洪年图书馆略述

（一）经过　本校之有图书馆，已历十有二年。历年添置图书，规模粗具；但因屡经兵燹，散失过半。十五年五月，议向海内外捐募巨款，筹建馆舍。十二月开工建筑。复以军事影响，迁延至十六年十一月，始行正式开幕，定名为洪年图书馆。盖以其时校董郑公洪年先生对于兴建斯馆，捐助最力，因以郑公之名名之。既而郑公重长本校，于馆务多所改组扩充，聘叶公超教授为馆长，广征专门人才，增加购书经费，馆务蒸蒸日上。十八年夏，叶馆长就职北平。因另聘张天方博士继任馆长，馆务进行，一如往时。

（二）组织　本馆为本校之独立机关，直接对校长负职。馆内分编目、登录、典藏及总务四股。编目股司图书之分类编目，登录股司书报杂志之登记，典藏股司图书之保管流通，总务股司图书之购订统计及文书、会计、庶务等事。每股设主任一人，现有馆员计十五人，工读生二人。

（三）馆舍　本馆馆舍为凸字形，计二层。楼上系阅览室、杂志室及书库。楼下为阅报室、办公室、馆长室及贮藏室等。阅览杂志及阅报等室均三面临空，光线充足。近以添置图书甚多，阅览人数猛增，馆舍已感不敷，刻正在计划将书库两翼加倍扩充，早有成议，不日兴建也。

（四）藏书　本馆旧有书籍计中文二万八千三百七十九册，西文五千九百五十一册,合共三万四千三百三十册。十八年新添书籍,计中文二千一百三十一册,西文一千四百三十九册,合共三千五百七十册,总计现有书籍中文三万五百一十册,西文七千三百九十册,合共三万七千九百册。查中文书籍分两种装订法,一合数册订成一厚帙,一合数册装成一巨函。是以上列中文书数,若依原有册数计,当四倍之。更有未经装订及编目者,约二千册,尚未列入上数。

(五)开放　本馆开放时间:每日上午八时至十二时,下午一时至五时,晚间七时至十时,计十一小时。但星期六下午及晚间,星期日上午及例假日,则停止开放。寒暑假期间,仍照常开放,时间略有减少耳。

(六)阅览　本馆自改组以还,阅览者日益增加,每日最多一三六〇人,最少二九人,平均四三六人。每月最多一四五九七人,最少三八九一人,平均九四二五人。(参见统计表)

(七)借阅　每日借阅图书人数:最多二四七人,最少十九人,平均一三〇人;每月计最多二九〇六人,最少三六六人,平均一八八四人。(参见统计表)

(八)分类　中西文图书分类均采用杜定友之世界图书分类法编制;但其部次细目,则加以修改及扩充,中文参考四库法,西文参考杜威法。

(九)编目　目录计有四种:(一)书架目录:依分类号码排列,置编目股以便查考。(二)字典式目录:混合著者卡、书名卡、类名卡及参考卡、分析卡等,依字顺排列(中文照张凤字典式,西文照字母次序),此系供阅者检查,故最为详备。(三)书本目录:依照字典式目录编印,西文者已出版,中文者正在编纂中。(四)新书目录:每周新编书籍,均抄录公布一次,并在校刊发表。

洪年图书馆组织条例

第一条　本馆依照本条例之规定,办理本馆一切事宜。

第二条　本馆由校长聘任馆长一人,统理全馆事务,督率馆员执行职务。助理一人,协助馆长办理一切事项。

第三条　本馆暂设以下各股:

一　登录股,专司登记中西书籍、检查卷册、核对发票等事。

二　编目股,专司中西图籍编目等事。

三　典藏股,专司书库图书传递、收入、借出、保管等事。

四　总务股,专司图书购订统计及文书、会计、庶务等事。

第四条　各股设主任一人,股员若干人,主任承馆长助理之命,督率股员办理本股一切事务。

第五条　各股办理事务,遇有本股人员不敷支配时,得由馆长酌添人员,或指派他股人员帮同办理。

第六条　各股人员因事或因病请假者,须经馆长核准,将经办事务陈明主任,委托其他人员代办。

第七条　本馆凡遇有重要问题,得由馆长临时召集馆务会议议决之。

第八条　凡图书设计委员会议决各案,遇有不能实行者,得由本馆请求复议。

第九条　本馆各股办事细则另定之。

第十条　本条例自公布之日实行,如有未尽事宜,得由馆务会议议决,随时修改。

洪年图书馆各股办事细则

甲　登录股

本股专司登记书籍杂志事宜。

一、关于书籍之登录事项

(一)图书收到后,各书检查一过,如有倒装损破等情,即送回调换。

(二)所到图书,检查卷册,核对发票,有无错误。

(三)所到图书,检查无误后,在发票上加盖本股图章,即将该票交总务股付账。

(四)图书检收无误后,加盖本馆图章,中文者用色印,西文者用钢印。

(五)在登记卡上,将新到书籍分别登记其书名、著者、到期、价格、发行所、出版期及登记号码等(登记号码以一册为一号)。

(六)将登记号码、到期、价格三项,由登记卡转入里书标,该标应贴于图书封面里页上,再送编目股编目。

二、关于杂志之登录事项

(一)编制杂志报纸目录,以便检查。

(二)各种外来杂志,按期登记于杂志登记卡。

(三)各项杂志登记后,加盖馆章,再登入移交簿,送典藏股陈览。

(四)缺少之杂志报纸,随即通知总务股,函索补寄。

(五)各项杂志报纸满期时,即通知总务股续订。

(六)杂志每年汇齐后,每种分若干册装订,装订后即由本股当图书登记。

三、各项图书登记后,依其性质分别登记于各系购书总登簿,以便检查各系购书款项。

乙　编目股

I　中文组

(一)本组专司中文图书之分类及编目事宜。

(二)图书之分类,均依照杜定友氏所编世界图书分类法,并酌加修改与扩充。

(三)各种图书均依其内容,审定门类,给予类码,类码之外,应有之著者号码,则照杜定友氏之著者号码编制表编定之。

(四)图书目录卡片,共分六种,胪列于后:

(1)书架目录卡　一张

(2)著者目录卡　一张

(3)书名目录卡　一张

(4)类名目录卡　若干张

(5)参考目录卡　若干张

(6)书卡　每册一张

(五)每编一书,应先查书架目录有无相同之书,或相同之书码,以免冲突雷同。

(六)卡片编就后,即交主任校对,校对后再交馆长核阅。

(七)书架目录卡,依书码排列,存编目股以便参考。

(八)著者书名等目录卡,依张凤先生所编之形数检字法排列之,成为字典目录,陈列目录处供阅者检查。

(九)编目手续完毕后,即登送书簿,交典藏股检收。

(十)每星期应将本周所编新书目录公布,并送交本校校刊发表。

(十一)遇必要时应编书本目录刊印。

(十二)遇书籍遗失或撤销时,应将该书所有各种目录卡抽去,以免有卡无书。

Ⅱ 西文组

(一)本组专司西文书籍之分类及编目事宜。

(二)图书分类依照杜定友著世界图书分类法为根据,并参考杜威十类法,酌加修改与扩充。

(三)各种图书均依其内容审定门类,给予类码。

(四)类码之外,应有著者号码,采用 Cutters 二位数著者号码表。

(五)图书编目规则,依照 Hitchler 之编目法为根据,而以 A. L. A. 及 Fellow 之编目规则为参考。

(六)类名标题采用 A. L. A. Subject Headings。

(七)图书目录卡片,均用打字制成,每书应有下列各卡:

(1)书架目录卡 一张

(2)著者目录卡 一张或二张

(3)书名目录卡 一张

(4)类名目录卡 若干张

(5)参考目录卡 若干张

(6)书卡 每册一张

(八)每编一书应先查书架目录,有无相同或相似之书,以免书码冲突。

(九)目录卡编就后,先经主任校对,再交馆长核阅。

(十)书架目录卡,依书码排列,存编目股以便编目时之查考。

(十一)著者书名等目录卡,依字顺混合排列,成为字典式目录,陈列目录处,以供阅者检查。

(十二)编目手续完毕后,即将书籍检交典藏股收藏。

(十三)每星期应将本周所编书籍,编新书目录公布,并在校刊发表。

(十四)遇必要时,应编书本目录刊印。

(十五)书籍如有遗失,或撤销时,应将该书所编各卡完全抽去。

丙 典藏股

一 本股专司书库图书之保管流通事宜。

二 办公时间:星期一至星期五上午八时至十二时,下午一时至五时,晚间七时至十时;星期六上午八时至十二时,星期日下午一时至五时,晚七时至十时。

三 股员须按照所派定办公时间,到馆办事。

四 每组股员办公结束时,将书库及阅览室之钥匙,交与下一组之股员收执,下次开馆,即归下一组股员负责。

五 出纳手续:

(一)领借书证时,查看登记手续是否完备,及是否重领。

(二)书籍借出时,借书人之借书证存留本馆,按照号码顺序排列。

(三)书名卡先照列于上行之分类号码,按次排列后,再照列于下行之著者号码,按次排列,其著者号码有西文字母者,先按字母顺序,次按同字母次之数目字顺序,排于前项数目字码之后。

(四)借取书籍,在馆阅览者,用取书条,交还时盖“已还”二字,与未还者分置,以便随时查考。

(五)用取书条所借书籍,闭馆时须全数收回。

(六)保存取书条,为统计资料。

(七)每次闭馆前十五分钟停止借书,即在此时,将该次开馆时所还之书,收藏原架原位。

六 留意阅者出馆时,是否有手续未备而携带馆内图书出外者。

七 每组股员对于该组开馆时间、图书之保管及阅览室之秩序,负完全责任。

八　各教授指定在馆内保留以备参考之书籍,须妥为管理。

九　每一学期之末,清查书籍一次。

丁　总务股

本股专司文书、会计、庶务、购订及统计事项。

一、关于文书事项

(一)掌理一切往来公文函件、撰稿缮发、编辑报告等事。

(二)缮写每日各报要目,张贴布告栏,并登记日记等事。

(三)关于图书杂志之函订及征求谢赠事项。

(四)本馆星期报告、新书介绍及借阅统计表等,按期抄送出版室,登载校刊。

(五)保管本馆图记及一切公文案卷。

(六)保管各院各部填购之图书购订单卡,以备查考。

二、关于会计事项

(一)凡财务室拨付款项,由馆长领到后,交本股点收,存学校银行,提取时须凭馆长签字盖章,存折则由本股保管。

(二)凡有应付款项,先核对发票是否与所购之品名件数相符。

(三)发票核对后,而须即付者,填写学校银行支款单一纸,送呈馆长签字盖章,领款付给。

(四)各项发票及收据,须妥为汇存,按月编造清册,呈馆长鉴核后,再送财务室报销。

(五)各项出纳采用新式簿记。

三、关于庶务事项

(一)一切新书点收事宜,概由本股办理之。

(二)凡本馆各种购置事宜,经馆长核准后,交本股办理。

（三）一切设备清洁卫生事宜，悉归本股办理。

四、关于购订事项

（一）分发图书购订单卡与各院院长及各系各部主任，填注应购书名。

（二）购订单卡填就交来，随时送编目股审查馆内曾否已有此书，再呈馆长鉴核后，分别购订。

（三）购订手续分函购、电购、现购三种，悉依书籍需用之缓急为标准。

（四）图书购到时，随将发票送交掌理会计者记账，书籍则交登录股登记。

（五）现购图书时，得预支款项，惟书到后即须报账。

五、关于统计事项

编制关于本馆各种统计比较表如下：

（一）各类图书借阅次数比较表。

（二）现藏图书价值分类比较表。

（三）现藏图书册数分类比较表。

（四）每月图书借阅次数统计表。

（五）各系借书次数比较表。

（六）每时阅览图书杂志平均人数统计表。

（七）阅览图书杂志人数统计表。

（八）各系每人平均借书次数比较表。

（九）其他。

本细则如有未尽善处，得经服务会议议决，随时修改之。

图书分类表

BOOK CLASSIFICATION

本馆图书分类方法如下

Books of the library are classified under the following subjects:

000 总记 General Work

000 南洋 South sea Islands.

010 图书馆学及书目学 Library science and Bibliography.

020 中国经籍 Chinese classics.

030 普通类书 General encyclopedias.

040 论文汇刊 Collected essays, etc.

050 普通杂志 General periodicals.

060 普通会刊 General societies.

070 新闻学报纸 Journalism and newspapers.

080 丛书 General collections.

090 年鉴及传记 Year books, etc.

100 哲理科学 Philosophical Science

110 外国哲学家 Foreign philosophers.

120 中国哲学家 Chinese philosophers.

130 形而上学 Metaphysics.

140 哲学方法 Philosophical systems.

150 心理学 Psychology.

160 论理学 Logic.

170 伦理学 Ethics.

180 占卜杂技 Divinations, crafts, etc.

190 宗教 Religion.

200 教育科学 Educational Science

210 行政 Administration.

220 管理 Management.

230 科目课程 Curriculum and course of study.

240 教授法 Methods of teaching.

250 教员 The teacher.

260 初等教育 Elementary education.

270 中等教育 Secondary education.

280 高等教育 Higher education.

290 特殊教育 Special education.

300 社会科学 Social Science

310 统计学 Statistics.

320 政治学 Political science.

330 经济学 Economics.

340 法律 Law.

350 行政及政府 Administration and government.

360 会社及机关 Associations and institutions.

370 财政学 Finance.

380 军事学 Military sciences.

390 社会学 Sociology.

400 艺术 Fine Arts

410 建筑 Architecture.

420 中国字画 Chinese lettering and drawing.

430 雕刻 Sculpture.

440 图书图案 Drawing and designing.

450 装饰手工 Decoration and handicrafts.

460 印刷刻版 Printing and engraving.

470 摄影术 Photography.

480 音乐 Music.

490 游艺 Amusements.

500 自然科学 Nature Sciences

510 数学 Mathematics.

520 天文学 Astronomy.

530 物理学 Physics.

540 化学 Chemistry.

550 地质学 Geology.

560 自然研究 Nature study.

570 生物学 Biology.

580 植物学 Botany.

590 动物学 Zoology.

600 应用科学 Applied Sciences

610 医药学 Medicine.

620 工程学 Engineering.

630 农业 Agriculture.

640 化学工艺 Chemical technology.

650 交通及转运 Communication and transportation.

660 商业 Business and commerce.

670 制造工业 Manufactures and industries.

680 机械贸易 Mechanic trades.

690 家政及其他科学 Domestic science and others.

700 语言学 Philology

710 普通与比较的 General and comparative.

720 中国语言 Chinese.

730 英国语言 English.

740 法国语言 French.

750 德国语言 German.

760 日本语言 Japanese.

770 俄国语言 Russian.

780 美国语言 United States.

790 其他小国 Minor countries.

800 文学 Literature

810 万国与普通的 International and General.

820 中国文学 Chinese.

830 英国文学 English.

840 法国文学 French.

850 德国文学 German.

860 日本文学 Japanese.

870 俄国文学 Russian.

880 美国文学 United States.

890 其他小国 Minor countries.

900 史地 History and Geography

910 万国 International.

920 中国 Chinese.

930 英国 English.

940 法国 French.

950 德国 German.

960 日本 Japanese.

970 俄国 Russian.

980 美国 United States.

990 其他小国 Minor countries.

详见杜著图书分类法(陈列本馆阅览室中)。

图书类名索引举要

	书类名	分类号
3	工业	670
	工程学	620
	女子问题	394
	小说(中文)	827
	小说(英文)	837
4	文化史	910.1
	文学	800
	文集(中文)	823
	心理学	150
	化学	540
	公文程式	525.7
5	市政	351.5
	生理学	612
	外交	327
6	地理	900—
	百科全书	030
	年鉴	090
	名学	160
	自然科学	500
7	社会科学	300
	社会学	390
	作文(中文)	725.4

本馆图书目录，依分类排列，兹将普通类名编成索引，俾便检查。详细索引，可参考杜著图书分类法。凡检得类名之分类号后，依之在目录中选择书籍，再将欲借书籍之书码（在目录卡左上角之上下二号）填入借书证中，交馆员检出阅览。如有不明了处，请询本馆馆员。

国立暨南大学图书馆

中文书籍卡目排列说明书

采用张凤形数检字法

一、形数检字法说明及举例

二、编目法说明附译书籍西文原名统一排列表

三、字体标准说明及标准字

形数检字法 口诀六字,正例一条。

面·线·点 照数检

(解)面(Surface)为线合成之方格形,有面积者。(面边引长之线,及已经成面之线,不计数。)如:

▲“口凸凹尸已亚氏廿女井攵廾”等为一面。

▲“同日巴月民中甘弔西丑尹册”等为二面。

▲“目且皿臣耳酉”等为三面。

▲“田由甲用串毋弗”等为四面。 ▲“鹿慶”等字之头部为五面。

▲“曲”字为六面。 ▲“曹”字之头为七面。

线(Line)为点连成之长条形,有长度者(不论曲折)。如:

▲“一丨丿𠃍㇋乙乛乚亅く𠃋丿㇂㇁乚㇏”等各为一线。

点(Point)为尖圆形,有位置者。如:

▲“丶丶丶”等各为一点。(与点对列之短撇如在“丷八冫□”中者有长度,算线不算点。)

(法)先数面,次数线,后数点。先后次序,一定不易。

　　　123　120　411　420　453
(例)洪　年　图　书　馆　▲注意　本方法一律以刻体字为准。

编目法 与编各种索引同例。

1. 书名或人名之第一字,计算其面线点正目,写在指导卡上。第二三字类推,卡上不记数目,因本方法有离去数目的可能。

2. 正码相同之字论交(如+×),无交者列前,交多者列后,举例如下:

550

(1)暨大同学录

(2)暨南大学十七年毕业同学题名册

(3)暨南大学改组特刊

(4)暨南大学教务一览

(5)暨南周刊

(1)与(2,3,4,5)相比,比第二字“大,南”,数量小者列前。

(2,3,4,5)相比,比第三字“大,周”,周字有一面列后。

(2,3,4)相比,比第五字“十,改,教”,数量小者列前。

附翻译书籍西文原名

统一排列表

	0,1 2 3,4 5 6,7 8 9
	a,b c d,e f g,h i j
0̇	k,l m n,o p q,r s t
0̈	u,v w x,y z

截取西文前三字母以数代入,即可与中籍同排。

0̇ 行为十数,0̈ 行为廿数

(,)示读法及记忆

字体标准

形数检字法以看字查字为唯一之要则。

形数检字法以国内外印刷书报之通行刻体字为准。

刻体字有显见错误者,如攵夂不分,木朩不别者,一一订正。

刻体字有点捺不一致者,其窄小部分之低捺准作点算。如在:

门字内部者—闪闵;辶字上部者—远逐;冂字内部者内肉;

匚字内部者—医区;囗字内部者—因园。

写刻异体,易于忽略者,备举其单字及头旁如下:

042 050 032 042 121 400 140

衤 礻 穴 糸 舟 覀 言 (商帝商辛戠音亥音新意旁童妾龙亲等从点起)

300 320 071 022 520 310 241 0122 521 184 700

酉 隹 雨 辶 面 革 饣 齐 黄 齿 黾

上部首字。

080 090 411 181 212 230 431 320 350 341 330 0120 610 061

并 侯 昷 寻 良 皀 曾 酋 益 真 直 华 毕 成

0101 151 090 210 226 071 080 391 241

敖 录 奂 吴 为 崗 丽 毚 者

上习见字。

正 面

图书馆购订及登记卡

LIBRARY ORDER AND ACCESSION CARD

填写方法

1. 请缮写清楚,字句完全,以免误会。
2. 每书请用一卡。
3. 版次之后,请写明该书系第几版。
4. 不甚著名之发行所,请并填详细地址。
5. 册数后写明该书共有几册,备注内写明该书应购几部。
6. 该书之需要,购订之特别原因,即须从速购办否,
   书到后须通知原介绍人否,合请注明于备注栏。

反　面

登记 ACC. NO. 购订 REQ. NO. 定期 ORDERED 到期 REC'D 实价 COST 页数 PAGES 赠者 DONER 存者 DEP. 备注 REMARKS 左边请勿填写 PLEASE DONT WRITE AT THE LEFT	著者 AUTHOR (SURNAME FIRST) 书名 TITLE 版次　册数　装订　定价 EDITION VOLS　BDG　PRICE 版期　发行所 DATE　PUBLISHER 备注 REMARKS RECOMMENDED BY 介绍

图书购订卡

著者

书名

部数　价格　何班用书

册数　用别　需用日期

出版处

△ = 课本　主任签字

附注：用别 × = 普通参考书

○ = 指定参考书

(1)西文周刊或日刊登记卡

正　面

Name　　　　　　　　Begins

	1	2	3	4	5	6	7	8	9	10	11	12	13	14	15	16	17	18	19	20	21	22	23	24	25	26	27	28	29	30	31
Jan.																															
Feb.																															
Mar.																															
Apr.																															
May																															
June																															
July																															
Aug.																															
Sept.																															
Oct.																															
Nov.																															
Dec.																															

杂志登记卡

反　面

DATE ORDERED OR RENEWED	EXPIRES	SOURCE	NET PRICE

(2)西文月刊登记卡

VOLS. PER YEAR.												
Year	Jan.	Feb.	Mar.	Apr.	May	June	July	Aug.	Sept.	Oct.	Nov.	Dec.

Reg. Price __________ Net Price __________ Ed. ________________________________

Source ______________________________ Tp __________ lnd ______________________________

(3)中文周刊或日刊登记卡

卷 期起至 卷 期止																															
	1	2	3	4	5	6	7	8	9	10	11	12	13	14	15	16	17	18	19	20	21	22	23	24	25	26	27	28	29	30	31
一月																															
二月																															
三月																															
四月																															
五月																															
六月																															
七月																															
八月																															
九月																															
十月																															
十一月																															
十二月																															

价值每册__________元 每年__________元 发行处________________________________

编 者______________________________ 备 注________________________________

(4)中文月刊登记卡

卷　　期起至　　卷　　期止

年份	一月	二月	三月	四月	五月	六月	七月	八月	九月	十月	十一月	十二月

价值每册________　每年________　发行处________

编 纂 者________　备　注________

国立暨南大学图书馆
借　书　证

姓名________________　号数__________

住址:第____宿舍第_____号

级别:____学部_____科_____系_____年级

书　码	借　期	还　期

西文目录卡

中文目录卡

内　书　卡

国立暨南大学洪年图书馆每周阅览人数统计表(一)

年 月 日至 月 日

星期 室别 时间	一		二		三		四		五		六		日		本周合计	每日平均
	A	B	A	B	A	B	A	B	A	B	A	B	A	B		
本日合计 每时平均																
附注 A＝阅览室 B＝杂志室																

国立暨南大学洪年图书馆每周阅览人数统计表(二)

年　月　日至　月　日

时间＼星期		一	二	三	四	五	六	日	本周合计	每日平均
上午	阅览室									
	杂志室									
	共　计									
下午	阅览室									
	杂志室									
	共　计									
晚间	阅览室									
	杂志室									
	共　计									
总　计										

国立暨南大学洪年图书馆各类图书每周借阅统计表

年　月　日至　月　日

类别＼星期	一	二	三	四	五	六	日	本周合计	每日平均	百分比
普通类										
哲理科学										
教育科学										
社会科学										
艺　术										
自然科学										
应用科学										
语　言										
文　学										
史　地										
总　计										

国立暨南大学洪年图书馆每周图书借阅次数统计表

年　　月　　日至　　月　　日

星期／性质／时间／科别	一									二									三								
	借出				取阅				合计	借出				取阅				合计	借出				取阅				合计
	上午	下午	晚	共计	上午	下午	晚	共计		上午	下午	晚	共计	上午	下午	晚	共计		上午	下午	晚	共计	上午	下午	晚	共计	
中国文学系																											
英国文学系																											
数学系																											
教育学院																											
政治系																											
法律系																											
商学院																											
高中部																											
初中部																											
教职员																											
历史社会系																											
生物学系																											
总计																											

星期／性质／时间／科别	四									五									六								
	借出				取阅				合计	借出				取阅				合计	借出				取阅				合计
	上午	下午	晚	共计	上午	下午	晚	共计		上午	下午	晚	共计	上午	下午	晚	共计		上午	下午	晚	共计	上午	下午	晚	共计	
中国文学系																											
英国文学系																											
数学系																											
教育学院																											
政治系																											
法律系																											
商学院																											
高中部																											
初中部																											
教职员																											
历史社会系																											
生物学系																											
总计																											

星期 性质 时间 科别	日									本周合计			每日平均			百分比
	借出				取阅				合计	借出	取阅	合计	借出	取阅	合计	
	上午	下午	晚	共计	上午	下午	晚	共计								
中国文学系																
英国文学系																
数学系																
教育学院																
政治系																
法律系																
商学院																
高中部																
初中部																
教职员																
历史社会系																
生物学系																
总计																

预定图书通知卡

正　　面

敬启者前
台端预定之
现已到馆,请于二日内来馆借取,过期
即当另借他人。专此即请
文安
　　国立暨南大学图书馆启
(预定日期_________通告发出日期_________)

反　　面

洪年图书馆
　国立暨南大学

君收

　第　　宿舍第　　号

催还借书卡

正　　面

敬启者,本馆定章借出图书,均以
二周为期。兹查
尊处所借
业已到期,敬请即日
检还为盼。此颂
文祺

暨南大学图书馆启　　月　　日

反　　面

洪年图书馆
国立暨南大学

君收

第　　宿舍第　　号

国立暨南大学洪年图书馆
现藏图书价值分类比较表
民国十八年

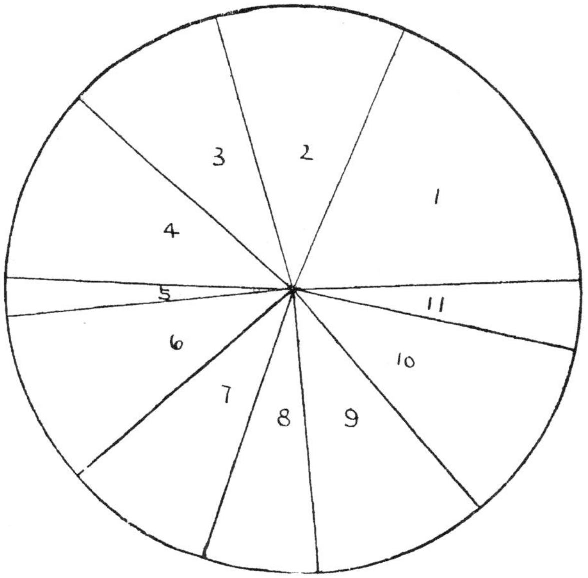

说明：

1　普通类　　2　哲理科学类　　3　教育科学类

4　社会科学类　　5　艺术类　　6　自然科学类

7　应用科学类　　8　语言类　　9　文学类

10　史地类　　11　小说类

国立暨南大学洪年图书馆
现藏图书册数分类比较表
民国十八年

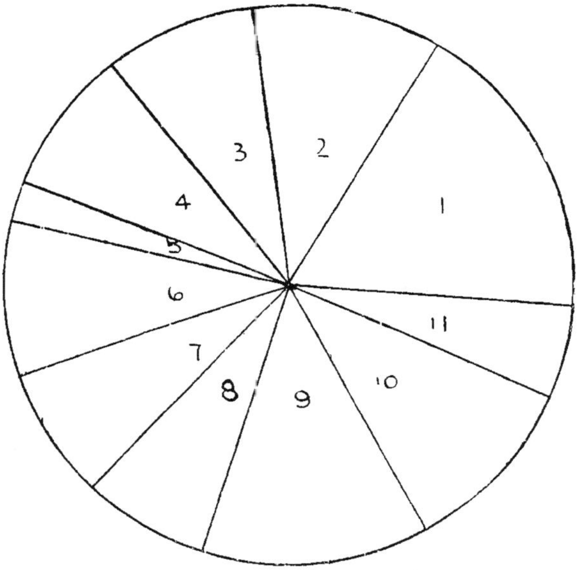

说明：

1　普通类	2　哲理科学类	3　教育科学类
4　社会科学类	5　艺术类	6　自然科学类
7　应用科学类	8　语言类	9　文学类
10　史地类	11　小说类	

国立暨南大学洪年图书馆
各类图书借阅次数比较表
民国十八年

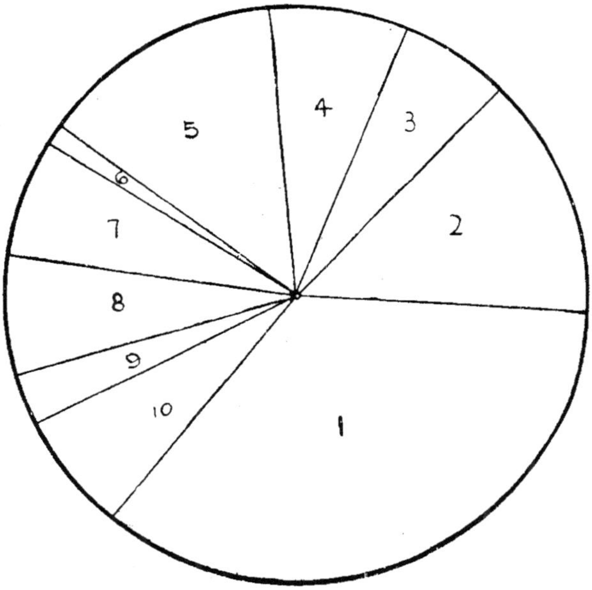

说明:

1 文学　2 普通类　3 哲理科学
4 教育科学　5 社会科学　6 艺术
7 自然科学　8 应用科学　9 语言
10 史地

职员一览		
姓　名	履　历	职　务
张　凤	法国巴黎大学文学博士，本校文学院教授	馆　长
许克诚	曾任南洋荷属巴城大喜马拉雅岑都及英属槟榔华侨中学校长，本校中学部主任及专科大学时代训育兼总务主任	助理兼编目主任
孙岫人	本校文学士	总务股主任
宋荫奎		总务佐理
周梅安	上海龙门师范科毕业，曾任嘉善县署教育科主任、嘉善中学及本校附中教员	编目佐理
龙自强	本校商学士	编目佐理
林大沾	光华大学商学士	编目佐理
鲍益清	东南大学图书科毕业，国民大学图书馆主任	编目佐理
宋仲平		编目佐理
汪善录	本校商学士	登记佐理
曹　裕	本校商学士	登记股主任
尹霭川	本校商学士	典藏股主任
潘文周	曾任宜兴中学宜兴县教育局缮写员	典藏股员
陈允熙	曾任上海华南公学教务主任兼级任教员	典藏股员
符滋李	本校商学士	典藏佐理

（《十八年度国立暨南大学洪年图书馆概况》，
国立暨南大学洪年图书馆总务股，1930）

洪年图书馆的十小问题

陈　辅

一、书籍问题

本校图书馆购书价值,当以英文方面占多数。这是很不适宜的。我不是说英文书不该买,或许反要多买呢。不过当此校款不大充裕时,划出一部分购买英文书经费,来添置中文书,获益更广。海上各大小书局,关于各种书籍,日新月异,迭出不穷,较有价值的,都应收捞入馆。本校同学,能直接阅又大又厚又重的英文书,十不得一,或者一部分书同学也有未曾染指过的,初年级中学同学,看这些英文书,好像是神秘的;就是中文方面的哲学、教育学、艺术等科学,也不明白说明什么故事,断不能引起他们去阅览,所以他们多数怕保全借书证,都不去领。若能多购些迎合他们程度,和一般同学程度的中文书,来灌输重要知识,比十倍的"劝戒通告单",百倍的"形式功过表",都要好得多呢。这样易行无害、收效广大的办法,希望学校审慎后实行。

二、杂志问题

图书馆杂志,定购过少,且安置又不得法,阅者很不满意,同学们每行到杂志室内,要先耗很久时间来作搬运杂志工夫。侥幸检出一两册,运气不好的,翻来覆去,一不当意,无精打采下,又一溜烟跑去了。改良的方法有五点:

(一)调查国内发行的重要杂志,属于专门研究的,各定购一份,普通阅览的,各定购两三份。杂志的量数和册数增加,阅者自易普及和满意。(二)各地临时出版的刊物和中途停版的杂志,不要放置太久,拿来凑数(馆中此种废残刊物很占多数),应随时发出,放在别处。(三)国内定购杂志迟到或缺寄的,应致函追索。各同学自备的学生杂志,到了八九期,馆中始终只到第三期,莫明其妙。(四)杂志架应从速改良,才免得同学日日效陶侃运甓。最好特造一两个"简便杂志架",其法用几块板联成一面大板,假定杂志有大中小三类,即在板上划出比各种杂志稍大的长方形,大在上,中居中,小在下,就各长方形上,作扁方筒,阔即就原形的阔,高为原高的三分之二(这要使杂志的头部露出),厚的空处约长二寸。造成后,附在壁上,各筒都放着一种杂志,筒外用漆写明杂志的名,使同学一看就可明了,不必搬运。阅毕自可插入原筒。这种杂志架,构造简单,占位置很小,同时又可多安放杂书,可算一举数得。(五)杂旧室的桌,可改小些,能够多排几张,台子应用半圆直背式且有螺旋的,以便旋转上下,省得高低同学,在在费力。以上五点,都是很妥当的改良法,断断是不难进行的。

三、报纸问题

暨大同学是由世界上五大洲各地集成的。在真如除了一两三个月得到原来居留地亲朋戚友的几封信报告普通事情外,其他消息完全隔绝。就是华侨商店又给土人焚毁,居留政府又颁下苛刻条例,当地华侨名人又有压送出境……一概不知。这应即时探询校内各地学生,对于各居留地所发行的报纸种类,择其要者函请各赠送一两份(或定购)。华侨疏财仗义,加有暨大名义,十足成功。这样,世界华侨概况,无一不明明了了。又国内各大埠,如广州、厦门、汉口、北平、南京等处报纸,至少也要各购一份藉以参悉国内情形。且这些地方,和校内同学,都有结不解的大关系呢。馆内本埠报纸,应有尽有,但仍嫌其不及。每到九点、十一二点时,人众纷纷,集聚一室,重重叠叠,踵接肩联,来阅新来报类,实在很费事。所以本埠较重要的报纸,都要加定一份。将放报台分为高中低三种,作三行排列,三行中间,余一通路,较便行走,英文报放在高台,中文报放在中台,双份的放在低台(中台只要把旧的锯成,低台应新造)。给多数的高中低男女同学,都享阅报权利。不然,矮的同学,吊身上去,仍看不到全部,或有下巴只能靠着台旁,连吊也不上呢。就是六七宿舍也设阅报室,但图书馆是阅报的中心,人人都爱参与之改良也不容缓的。

四、借书报问题

馆中所备的中西书籍,当然是要学生借的。不过借去和还来,不定适当的制限,易生弊病。本馆借书期限,定两星期,到期仍可照旧续借,不过要到馆盖印方行。这样无条件的延长,太过于"专利",毫无普及思想。所以有的参考书,始终借不到的居大多数。那末图书馆是替一部分同学藏书是了,有何好处? 我想此制应当改良,即把中西书籍分为二类,中又分专门、普通二部。西书借期,限三星期,得连借一次;中书专门的限两星期,也得连借一次;普通的限一星期,不得连借。遇有特别应用时,有各本科主任或教员签定续借期间,亦可照办。如此,借书自可普及,无一部分再能垄断了。又馆内外埠或国外报纸,少的隔四五天,多的一两个月才到一回,数量丰富,自非短时间坐在阅报室内可看得了彻痛快的,应当许人借去。借期,国内的报纸限两天,国外限四天。(这是就第三问题实行后而言。)这样,各地所有事故才得一五一十,看到明白。我未研究过图书馆学,这种提出,仍不自信是完满的,但借书方法要改良,总是无可讳言的了。

五、开放问题

学校星期日休息,图书馆也休息,这是很多数人不赞同的。实在星期日反要加大开起来。这有三种好处:(一)本校有一部分同学,勤紧到了不得,简直由星期一到星期六,都是埋头书内。图书馆内什么杂志论正确,什么杂志理想新鲜,他从不过问。到了星期日,自己也愿意开放自己,出去逛逛。图书馆若仍开放,也可以使他们看看些杂志,日久月深,渐渐入路,就不至再作死读的工夫,有害无益,不知有汉。

不然,我想他们至多开放了一两钟头,又如迷如醉地来穿凿课文了。(二)星期日校内一千多同学,除了运动场安插一部分外,很多数只得到上海去看电影,听京调,走公园,跑马路……若图书馆开放,至少也能吸收回一大半哩。(三)星期日余下的校内同学除了正当行动的大部分外,其余有的睡到日高天际,有的叫闹到不亦乐乎,有的就到菜馆嬉食烂饮……纯是无意思的生活。图书馆倘肯容纳他们,就不至完全这样了。所以我的意思就是:星期六下午的和星期日,图书馆仍继续工作,好处较多。其余五日的下午一点到九点,最好也不要停闭。因为校中同学实在多,晚膳的时间和位置也不同,多开一点就是多好一点哩。

六、环境问题

图书馆各室,比任何房子要更雅致,更清静,更洁净的,才合于理。我想馆内各室,挂些极精美的图,放些极娇艳的盆花,增人美感,多人乐趣。而花又可调剂空气的含量,好似万不可缺的。窗外是运动场和人行道,嘈杂不休,很易引阅者分心外向。最好运动场改设别处,把它改建小花园。植树栽花,造亭凿池,风景清幽,用以陪衬严肃的图书馆,可称双美。若一时不易下手,也要改做定期运动场才好。各室窗门用透明玻璃,人家得远观近玩,也不适当,都要用优美的不透明的印花玻璃。壁上清污俱备,黄白不匀,应用带蓝或带黄的石灰水洗刷,窗门和门上所附着的铜具,不要生锈,要擦得亮光可鉴。灯泡下的白玻璃罩内百百千千的死虫的,要随时括出,免碍光线进路。地板桌椅等都要常洗。把一个洪年图书馆弄到白玉无瑕似的,人坐其中,放眼四射,何等舒服,何等畅意,怎舍得不读读或看看书些!

七、图书目录问题

馆中备有多少的中外书籍,非经长时间查看,很难答复。同学到了借书时,要站在书橱边,翻阅很久。且不能预定要找何书,这是很不经济的。若能把全数的中外书籍印成小册子,注明借阅的书码,师生各分一册。大家要借什么参考书,或有或缺,一览便知,就免得远行乱检的费事。这小册子每半年或一年增订一次,新的书类可随时补入,不至遗漏。

八、阅者问题

到馆阅书报的同学,爱惜公物,遵守馆则,维持肃静……谁都找不出瑕疵的地方。且专门研究,注目阅览,尤为可贵。尤望此风日长,使大家各自利益。或能传染到春申江畔的大小公私图书馆,那影响就非同小可了。勉之勉之,此种成绩,惟我暨大同学大有期望也。

九、管理员问题

馆中管理员,多由同学兼任,实行工读主义,学校、同学两方面,公私周到,都不可多得。且管理员对于各同学,和和蔼蔼,自易使借者和阅者高兴,影响不鲜。只惜人数太少,易致尽瘁过度,多添一二人,分门管理,责专事工,更见精彩。

十、钟楼问题

这问题似与图书馆无干,但钟楼要高立在馆的顶上,拉来这里讲,也很切近。本校的钟点不甚准确,谁都看不到那架钟是定为标准的,即敲钟有时也或前或后无定着。现在初中和女子同学,又远离到那么阔,早午上课,又忙忙乱乱到如此光景。即职教员方面,也看本校时间很靠不住。若在图书馆的屋顶上(别处都不相宜,且非中心点)建一大钟楼,四方都具有钟面,使东方的女宿舍、第一第二宿舍、科学馆、大教室,西方的初中宿舍、教职员办公处,南方的车站、校门,北方的第五宿舍,都得仰望明白。大家同听这位居高临下的正确"钟先生"发令而后工作,痛快也何如!今成群结队的同学,整日里往来如鲫,空用精神,空费时间,计算其价值,请了十位"钟先生"无日无夜,立在图书馆上,滴答滴答,叮当叮当,指导一切,有余之至了。唉啊!"钟先生"不出,如学生何?又本校图书馆虽不壮大,设计却很雅致,实具有美术思想。

今若再添戴了一个高帽子似的钟楼,多么尊严,多么像样。此种经费,由学校、职教员和同学三方面协同筹划,安见得短时间内不能实现呢?事在人为,齐齐用一副精神努力吧!

附言

我草完此篇,想发表后,不得人同情,或又惹出误会,那真又是多事了。不过我的语气对或不对,且慢讲,立意总是好的。近日我替我由荷属带来的几个男女小同学,顾了衣荒钱荒忙了不休。我自己因家庭穷困关系,还不能预定如何继续为学,都很促我灰心失意。以后或许会自然收敛,无心再言三语四咾。不过我最后要望今后洪年图书馆的工作精神臻于尽美尽善,和郑洪年校长的理想精神、郑洪年校长的建设精神,同成为中华国立暨南大学的千古不朽的三大事业。

十七,十,廿一,写于实小第三宿舍。

(《暨南周刊》第4卷第7期,1929)

国立暨南大学洪年图书馆新书目录

(民国十七年度上学期布告第五次
民国十七年十一月念一日)

(一)中文

书码	著者	书名	册数	发行处
000　总记				
042－964	太虚法师	太虚法师文钞初集	3	上海中华

042.4－387	唐　钺	唐钺文存	1	上海商务
010－151	李继煌	古文源流	2	上海商务
019.11－791	顾　实	汉书艺文志讲疏	1	上海商务
082－21－7	汪静之	李杜研究	1	上海商务
099－T12－2	郑振铎	太戈尔传	1	上海商务

100　哲理科学

104－151	李石岑	李石岑论文集	1	上海商务
110－113	刘文典译	生命之不可思议	1	上海商务
110－P71T－2	柏拉图	柏拉图之理想国	2	上海商务
111－574	过耀根译	近代思想	2	上海商务
149.2－J28－2	乾姆斯	实用主义	1	上海商务
150.4－428	张耀翔	心理学	1	北京文化学社
152.3－434	陆志韦	社会心理学新论	1	上海商务
194.01－933－2	小野清秀原	佛教哲学	1	上海商务

200　教育科学

200－T51－2	桑代克	桑代克教育学	1	上海商务
203.2－522	舒新城	中国教育指南	1	上海商务
204－312	俞子夷	一个乡村小学教员的日记	1	上海商务

300　社会科学

301－412	郭任远	社会科学概论	1	上海商务
327.04－W75－2	钱智修	威尔逊和议演说	1	上海商务
331－938	河西太一郎	农民问题研究	1	上海民智
331.7－837	商务书馆	上海商务印书馆总公司待遇同人章程	1	上海商务
342.27－622	潘序伦拟	修正公司条例草案	1	上海银行周报社
380.4－178	何海鸣	中国工兵政策	1	上海民权
393－941－2	高畠素之	社会问题详解	3	上海商务

400　艺术

401－T65－2	托尔斯太	艺术论	1	上海商务

500　自然科学

510－R96－2	傅种孙译	罗素算理哲学	1	上海商务
530.1－248	周昌寿	相对律之由来及其概念	1	上海商务
540－M16－2	傅式说译	化学概论	1	上海商务
572.82－21	王桐龄	中国民族史	1	北京文化学社
572.82－428	张其昀	中国民族志	1	上海商务

700　语言学

725.4－370	夏丏尊	文章作法	1	上海开明
725.4－375	佷　工	记叙文作法讲义	1	上海民智

800　文学

820.9－271	胡　适	白话文学史	1	上海新月
821－21	王守仁	王文成公全书	6	上海泰东
822－415	康洪章	河上集	1	上海亚东
822.5－271	胡适注	词　选	1	上海商务
822.7－135	汪静之	寂寞的国	1	上海开明
823.7－248	周作人	谈虎集	1	上海开明
823.7－415	康洪章	草儿在前集	1	上海亚东
823.7－248－2	周作人	自己的园地	1	上海北新
823.7－665	鲁　迅	热　风	1	上海北新
827.07－665	鲁　迅	小说旧闻钞	1	上海北新
828－98	朱鼎元	儿童文学概论	1	上海中华
829.1－834	中华书局	古今怪异集成	4	上海中华
834－S53u－2	袁弼译	不快意的戏剧	1	上海商务
894－114L－2	杨熙初译	海上夫人	1	上海商务
898.2－406	章铁民	波斯故事	1	上海北新

900　史地

913－5－151	李泰棻	西洋近百年史	2	上海商务
920.9－237	易白沙	帝王春秋	1	上海中华
927－727	萧一山	清代通史	1	上海商务
910－3－428	张其昀	人生地理教科书	3	上海商务
920－19－301	陶凤子	苏州快览	1	上海世界
920－24－101	刘再苏	武汉快览	1	上海世界
920－28－1	谢　彬	新疆游记	1	上海中华
920－38－3	卓宏谋	蒙古鉴	1	北京卓氏刊
927.87－170	吕思勉	日俄战争	1	上海商务
928－375	孙嘉会	中华民国史	1	北京文化学社
999.95－281	柳克述	土耳其革命史	1	上海商务
		厶　小说		
厶－1357－3	汪静之	耶稣的吩咐	1	上海开明
厶－1357－6	汪静之	翠英及其夫的故事	1	上海泰东
厶－1512	莫泊桑	莫泊桑短篇小说集	1	上海商务
厶－3701	田山花袋	绵　被	1	上海商务
厶－3933	徐炳昶译	你往何处去	1	上海商务
厶－4122	郭沫若译	少年维特之烦恼	1	上海泰东
厶－4122－3	Storm	茵梦湖	1	上海泰东
厶－4122－4	霍普特曼	异　端	1	上海商务
厶－5624	叶绍钧	城　中	1	上海开明
厶－6412	梅礼美	嘉尔曼	1	上海商务
厶－6652	鲁　迅	呐　喊	1	上海北新

Hung Nien Library

Chinan University

List of New Books Just Arrived

Bulletin No. 9 Nov. 1,1928

Call No.	Author and Title
	100 PHILOSOPHICAL SCIENCES
155 – C71	Collins, Mary & Drever, James: *Experimental Psychology*. 1927.
	200 EDUCATIONAL SCIENCES
235. 51 – T49	Thorndike, E. L. & others: *Psychology of Algebra*. 1926.
235. 51 – T49a	Thorndike, E. L. : *Psychology of Arithmetic*. 1926.
	300 SOCIAL SCIENCES
320. 9 – B77	Bourgeois, Emile: Manuel Historique de Politique étrangère. 1925. 4v.
320. 914 – S45	Seignobos, Ch. : Histoire Politique de L'Europe Contemporaine. 1924. 2v.
321 – D98	Duthoit, Eugène: Comment Aménager La Cité Française? 1928.
321 – H41	Hayes, C. J. H. : *Essays on Nationalism*. 1926.
325. 99 – G99	Guyot, Georges: L'Italie Devant. Le Problème Colonial. 1927.
327 – H71	Hoijer, Olof: Le Pacte de La Societe des Notions. 1926.
327 – N73 – 4	Nitti, F. : La Paix. 1925.

327. 06 - O91	Ottlik, Georges: Annuaire de La Société des Nations 1920 - 1927.
327. 08 - A16	Academie de Droit International: Recueil des Cours. 1923. 1v. ,1924. 4v. ,1925. 5v. ,1926. 5v. ,1927. 1v.
327. 19 - D28	Debidour, A. : Histoire Diplomatique de L'Europe. 4v.
328. 2 - C98	Curti, Th. : Le Referendum. 1905.
330 - G45	Gils, Coarlus: Chmus d'economie Politious. 1926. 2v.
330 - H22	Hamilton, W. H. : *Current Economic Problems*. 1919.
330. 99 - S41	Schwarz, R. P. : L'Autriche de 1919 - 1924. 1926.
331 - B84	Bricard, Georges: L'Organisation Scientifique du Travail. 1927.
340. 1 - R73	Reguin, Ernest: Science Juridique Pure. 1923. 3v.
341 - F25	Fauchille, Paul: Traite de Droit International Public. 1922.
341. 2 - D77	Drechsel, Max: Le Traite de Versailles et le. Mecanisme des Convention: Internationales du Travail. 1926.
342 - D86	Duguit, Leon: Traite, de Droit Constitutionnel. 1927.
342 - E76	Esmein, A. : Elements de Droit Constitutionnel; Erancais et Compare. 1927. 2v.
347. 6 - R73	Reguin, Ernest: Traite de Droit Civil Compare; Les Successions. 1908.
347. 6 - R73m	Reguin, Ernest: Traite de Droit Civil Compare; Le Mariage. 1904.
371 - L14	Lacout, Georges: Le Retour à l'étalon - or. 1926.
371 - R92	Rueff, Jacques: Théorie des Phénomènes Monétaires. 1927.
390 - W26	Ward, L. F. : *Applied Sociology*. 1906.
392 - C46	Chapin, F. S. : *An Introduction to the Study of Social Evolution the Prehistoric Period*. 1925.

500 NATURAL SCIENCES

504 – K99	Kyoto Imperial University – College of Science: *Memoirs*. 1928.
510 – M42	Mellor, J. W. : *Higher Mathematics*. 1926.
510. 1 – S53	Shaw, J. B. : *Lectures on the Philosophy of Mathematics*. 1918.
510. 9 – S95	Sullivan, J. W. N. : *History of Mathematics in Europe*. 1925.
512. 01 – Y73	Young, J. W. : *Lectures on Fundamental Concepts of Algebra and Geometry*. 1927.
512 – C87 – 3	Couturat, Louis: *Algebra of Logic*. 1914.
512. 81 – D29 – 3	Dadekind, Richard: *Essays on the Theory of Numbers*. 1924.
513 – P29	Peterson, W. E. & Taylor, E. O. : *Elementary Geometry: Theoritical and Practical*. 1921.
513. 5 – R96	Russell, J. W. : *An Elementary Treatise on Pure Geometry*. 1905.
513. 8 – C77	Coolidge, J. L. : *Elements of Non – euclidean Geometry*. 1909.
514. 5 – R54	Rider, P. R. : *Plane Trigonometry*. 1923.
516 – C19	Campbell, J. E. : *A Course of Differential Geometry*. 1926.
516 – C77	Coolidge, J. L. : *Geometry of the Complex Domain*. 1924.
516 – L89	Love, C. E. : *Analytic Geometry*. 1928.
516 – Z82	Zlwet, Alexander & Hopkins, L. A. : *Elements of Analytic Geometry*. 1920.
516. 54 – H65	Hilton, Harold: *Plane Algebraic Curves*. 1920.
517. 21 – F71	Ford, W. B. : *Studies on Divergent Series and Summability*. 1916.
517. 27 – H23	Hancock, Harris: *Theory of Maxima and Minima*. 1917.
517. 38 – C19	Campbell, D. F. : *Short Course on Differential Equations*.

1926.

517. 38 – J71d Johnson, W. W.: *Differential Equations*. 1906.

517. 4 – B99 Byerly, W. E.: *Introduction to the Calculus of Variations*. 1928.

520 – M71 Molesworth, M. E. C.: *Military Uses of Astronomy*. 1924.

542 – K33 Kendall, James: *Laboratory Outline of Smith's College Chemistry*. 1925.

570. 7 – S89 Strangeways, T. S. P.: *Technique of Tissue Culture "In Vitro"*. 1924.

572 – K93 Kroeber, A. L.: *Anthropology*.

572 – W81 Wissler, Clark: *Man and Culture*. 1923.

573 – T48 Thomson, J. A.: *What Is Man?* 1925.

575 – C88 Crampton, H. E.: *Doctrine of Evolution: Its Basis and Its Scope*. 1924.

581. 2 – S84 Stevens, F. L. & Hall, J. G.: *Diseases of Economic Plants*. 1926.

590. 6 – Z87 Zoological Society of London: *Proceedings*. 1928.

600 APPLIED SCIENCES

610. 6 – R68 Rockefeller Foundation: *Annual Report*. 1927.

628. 1 – C79 Corbusier, Le.: *Urbanisme*.

635. 9 – G77 Graveson, William: *British Wild Flowers: Their Haunts and Associations*. 1919.

678 – G14 Galang, F. G.: *Rubber Industry in the Middle East*. 1929.

700 PHILOLOGY

723 – 1 – C73 Commercial Press: *Classified Collection of Idiomatic English Constructions and Phrases*. 1924.

900 HISTORY AND GEOGRAPHY

910. 1 – B78 Bowden, Witt & Nichols, Roy F.: *Syllabus for the History of Civilization*. 1927.

910. 1 – B82	Breasted, J. H. : *Conquest of Civilization*. 1926.
910. 1 – R660	Robinson, J. H. : *Ordeal of Civilization*. 1926.
911 – B82	Breasted, J. H. : *Ancient Times: a History of the Early World*. 1926.
930 – 13 – G35	George, M. D. : *London, Life in the* XVIII*th Century*. 1926.
970. 1 – P72 – 4	Plekhanov, Georges: Introduction a Phistoire Socials de la Russia. 1926.

Chinan University
List of New Books Just Arrived

Bulletin No. 10 Nov. 7, 1928

Call No.	Author and Title
	SCHOOL CATALOGUES
C – A51	Amherst College. 1927 – 28.
C – A63	Antioch College. 1928 – 29.
C – B25	Barnard College. 1928 – 29.
C – B32	Bates College. 1927 – 28.
C – B45	Beloit College. 1927 – 28.
C – B55	Bethany College. 1928 – 29.
C – B69	Bombay University. 1928 – 29.
C – B77	Boston University. 1928 – 29.
C – B78	Bowdoin College. 1927 – 28.
C – B88	Brown University. 1927 – 28.
C – B91	Bryn Mawr College. 1928.

C – C33	Case School of Applied Science. 1927 – 28.
C – C59	Clark University. 1927 – 28.
C – C69	Colgate University. 1928.
C – N54c	College of the City of New York. 1928 – 29.
C – C70	Colorado School of Mines. 1927 – 28.
C – C70s	Colorado School of Mines;Summer Season. 1928.
C – C72	Columbia University. 1927 – 28.
C – C73	Comparative Law School of China. 1928 – 29.
C – D22	Dartmouth College. 1927 – 28.
C – G86	Grinnell College. 1928 – 29.
C – H21	Hamilton College. 1927 – 28.
C – H33	Harvard University. 1927 – 28.
C – H38	Haverford College. 1927 – 28.
C – I38	Indiana University. 1928.
C – J65	Johns Hopkins University. 1927 – 28;28 – 29.
C – J65a	Johns Hopkins University; College of Arts and Sciences. 1928 – 29.
C – K16	Kansas City University. 1927 – 28.
C – K98	Kwang Hua University. 1927 – 28.
C – L52	Lehigh University. 1927 – 28.
C – L91	Lowell Textile School. 1928.
C – M61	Miami University. 1927 – 28.
C – M62	Middlebury College;Womens College. 1927 – 28.
C – M62m	Michigan College of Mining and Technology. 1927 – 28.
C – M64	Military Academy, U. S. 1927.
C – M92	Mount Holyoke College. 1927 – 28.
C – N19	Nanyang University. 1925 – 26.
C – N32	Naval Academy, U. S. 1927 – 28.
C – N54	New York University. 1926 – 27.

C – N87b	Northeastern University; School of Business Administration. 1928 – 29.
C – N87e	Northeastern University; School of Engineering. 1928 – 29.
C – N88	Northwestern University. 1926 – 27.
C – O12	Oberlin College. 1928.
C – O36	Ohio Wesleyan University. 1928.
C – O37	Ohio State University. 1928 – 29.
C – P42	Pennsylvania State College. 1928 – 29.
C – P95	Princeton University. 1927 – 28.
C – P98	Purdue University. 1927 – 28.
C – R12	Redcliffe College. 1928 – 29.
C – R42	Rensselaer Polytechnic Institute. 1928.
C – R68	Rockford College. 1928 – 29.
C – R96	Russell Sage College. 1927 – 28.
C – S59	Simmons College. 1927 – 28. (2v)
C – T83	Trinity College. 1927 – 28.
C – P23	University de Paris. 1927 – 28.
C – C15	University of California. 1927 – 28.
C – C171	University of Cambridge (facilities for study and research). 1928.
C – C53	University of Chicago. 1926 – 27.
C – C71	University of Colorado. 1927 – 28.
C – D48a	University of Detroit; College of Arts and Sciences. 1928 – 29.
C – D48c	University of Detroit; College of Commerce and Finance. 1928 – 29.
C – D48e	University of Detroit; College of Engineering. 1928 – 29.
C – D48L	University of Detroit; Law School. 1928 – 29.

C – H39	University of Hawaii. 1928 – 29.
C – I29	University of Illinois. 1927 – 28.
C – M18	University of Madras. 1927 – 28.
C – M29	University of Maryland. 1928 – 29.
C – M62e	University of Michigan; College of Engineering and Architecture. 1928 – 29.
C – M62ed	University of Michigan; School of Education. 1928 – 29.
C – M62g	University of Michigan; General Information. 1928 – 29.
C – M62L	University of Michigan; College of Literature, Science and the Arts. 1928 – 29.
C – N18	University of Nanking. 1920 – 21.
C – N91	University of Notre Dame. 1927 – 28.
C – P41	University of Pennsylvania. 1927 – 28.
C – P55	University of the Philippines. 1926 – 27.
C – T39	University of Tennessee.
C – U89	University of Utah. 1928 – 29.
C – W81	University of Wisconsin. 1926 – 27.
C – V23	Vanderbilt of University. 1927 – 28.
C – V33	Vassar College. 1927 – 28.
C – W31	Washington and Jefferson College. 1926.
C – W35	Waynesburg College. 1928 – 29.
C – W72	Williams College. 1927 – 28.
C – Y17u	Yale University; Undergraduate School. 1928.

(《暨南周刊》第 4 卷第 7 期,1929)

洪年图书馆启事

（十一月二十七日）

本馆借书规则，借期以二星期为限。兹查借书证中逾期不还者甚多，常此迁延，殊多不便。现定于下星期一（十二月三日）起依照借书规则第八条，实行逾期不还每本每日纳大洋二分，向借书处缴纳。凡应纳金而未纳者，停止借阅权利，至纳金后为止，望借书逾期诸生，迅于本星期内将书交还，免被惩罚，是为至要。

此启

（《暨南周刊》第4卷第8期，1929）

洪年图书馆启事

兹查得本馆杂志室内所陈列各杂志，时有学生任意取出馆外，或私将书页扯下，此类学生已经本馆察觉者数人。现姑念其初次违反馆章，暂不论咎，仅已将该生等姓名呈报校长。此后，倘有此项事件，一经查明，定予严格惩罚，不稍宽恕。用特布闻，希诸同学共守之。

此启

（《暨南周刊》第5卷第1期，1929）

国立暨南大学洪年图书馆新书目录

（民国十七年度上学期布告第二次
民国十七年十月廿七日）

(一)中文

书码	著者	书名	册数	发行处
000 总记				
000.9－402	梁绍文	南洋旅行漫记	1	上海中华
099－785	吕思勉	苏秦张仪	1	上海中华
100 哲理科学				
104－402	梁漱溟	东西文化及其哲学	1	上海商务
110－E86－2	步 兹	倭伊铿哲学	1	上海商务
150－W96－2	吴颂皋译	心理学导言	1	上海商务
150.9－722	韩士元译	心理学史	1	上海民智
156.2－938－2	松本亦太郎	教育心理学	1	上海商务
170－940	浮田和民	新道德论	1	上海商务
300 社会科学				
326.24－146	束世澂	中法外交史	1	上海商务
327.26－441	陈博文	中日外交史	1	上海商务
329.281.1－835	孙 文	建国方略	1	上海民智
393.1－441	陈长蘅	中国人口论	1	上海商务
395.4－L83－2	刘麟生译	犯罪学	1	上海商务
396.6－237	易家钺	西洋家族制度研究	1	上海商务

396.6－237－1	易家钺	西洋氏族制度研究	1	上海商务

400　艺术

420.9－622	潘天受	中国绘画史	1	上海商务

500　自然科学

501－491	黄昌谷	科学概论	1	上海民智
513.01－H64－2	嚇尔勃特	几何原理	1	上海商务
530.1－E35－2	夏元瑮译	相对论浅释	1	上海商务
530.1－F35－2	文元模译	相对原理及其推论	1	上海商务
530.1－O77－2	张君劢译	爱因斯坦氏相对论及其批评	1	上海商务
541.2－936	竹内洁	原子构造概论	2	上海商务
564.1－W95－6	日本文明协会	北　极	1	日本文明协会
570－21	王其澍	近世生物学	1	上海商务
570－22	王守成	公民生物学	2	上海商务
570－441	陈　桢	普通生物学	2	上海商务
575.8－L22－2	马君武译	达尔文物种原始	4	上海中华
590－731	薛德焴	近世动物学		上海商务

600　应用科学

638.1－477	冯焕文	实验养蜂学	1	上海新学会社
660－530	盛在珦	商业实践	1	上海商务
660－674	刘大绅	商事要项	2	上海商务
667－530	盛在珦	商品学	2	上海商务
672－T24－2	穆湘玥译	学理的管理法	2	上海中华

700　语言学

725.1－352	马建忠	马氏文通	2	上海商务
725.8－21	王　易	修辞学	2	上海商务

800　文学

801－944－2	厨川白村	文艺思潮论	3	上海商务

804－375	佷 工	新文艺评论	1	上海商务
814.90－407	许家庆	西洋演剧史	4	上海商务
817.04－375	孙毓修	欧美小说丛谈	2	上海商务
822.6－393	徐 珂	历代闺秀词选集评	1	上海商务
822.7－412	郭沫若	卷耳集	2	上海泰东
822.84－449	陶贞怀	天雨花	1	上海商务
822.84－535	程瞻庐	孝女蔡蕙弹词	1	上海商务
822.84－976.2	橘中逸叟	来生福	1	上海商务
822.84－3113	香叶阁主人	再生缘全传	1	上海商务
822.840.4－164	吴 梅	顾曲麈谈	2	上海商务
823.7－285－3	郁达夫	过去集	2	上海开明
824－393	徐葆炎	受戒及其他	1	上海光华
824.04－21	王梦生	梨园佳话	2	上海商务
824.094－21	王国维	宋元戏曲史	2	上海商务
827.01－285	郁达夫	小说论	3	上海光华
827.09－655	鲁 迅	中国小说史略	2	上海北新
829.2－21	昭 梿	啸亭杂录	1	上海商务
829.2－211		记浪琐录	4	上海商务
829.6－211.6	林 纾	畏庐琐记	1	上海商务
829－428	张起南	橐园春灯话	4	上海商务
829.6－731	薛凤昌	邃汉斋谜话	1	上海商务
829.8－316	姚公鹤	上海闲话	2	上海商务
847.1－710	鲍文蔚	法国名家小说杰作集	2	上海北新
854－G59－3	歌 德	克拉维歌	1	上海商务
854－G59－3	Goelte, J. W.	史推拉	2	上海商务
874.1－661	郑振铎	俄国戏曲集	10	上海商务

900 历史地理

910－151	李泰棻	西洋大历史	1	北京武学书馆

910－248	周传儒	世界史	2	上海商务
920－21	任 邱	中国史	3	北京文化学社
920－170	吕思勉	新制高中本国史	4	上海商务
920－428	张其昀	本国地理	5	上海商务
920－791	顾颉刚	本国史	6	上海商务
920－8－21	王桐龄	江浙旅行记	2	北京文化学社
920－8－481	劳亦安	古今游记丛钞	12	上海中华
920－8－834	中华书局编	新游记汇刊	16	上海中华
920－8－934－2	中华书局编	新游记汇刊续编	12	上海中华
920－10－600	徐 曦	东三省纪略	2	上海商务
927－734	陆光宇	中国近世史	1	北京文化学社
927.9－940	刘半侬译	乾隆英使觐见记	1	上海中华
928－434	陆光宇	民国史要	1	北京文化学社

ㄙ 小说

ㄙ－215	王葆心	虞初支志	1	上海商务
ㄙ－581	石玉昆	七侠五义全传	9	上海商务
ㄙ－835	普希金	甲必丹之女	1	上海商务
ㄙ－1486	杜 纲	北史演义	7	上海商务
ㄙ－1512	李汝珍	镜花缘	7	上海商务
ㄙ－3637	耿济之	复 活	3	上海商务
ㄙ－3753	孙俍工	生命底伤痕	1	上海民智
ㄙ－3939	泰戈尔	沉 船	2	上海商务
ㄙ－4204	曹雪芹	红楼梦	22	上海亚东
ㄙ－4287	张 潮	虞初新志	1	上海商务
ㄙ－4911	黄士恒	前汉演义	16	上海商务
ㄙ－5562	托尔斯泰	假利券	1	上海商务
ㄙ－581－1	石玉昆	小五义传	3	上海文明
ㄙ－5921	褚人获	封神传	10	上海文明
ㄙ－5921－4	褚人获	隋唐演义	1	上海商务

ㄙ-6082	蒲松龄	聊斋志异	4	上海商务
ㄙ-6613	郑振铎译	灰色马	2	上海商务
ㄙ-6617	郑澍若	虞初续志	1	上海商务
ㄙ-6718	黎烈文	大唐三藏取经诗话	1	上海商务
ㄙ-7754	罗贯中	三国志	8	上海文明
ㄙ-8413	商务编译所	清代演义	8	上海商务
ㄙ-9432	未　详	说岳全传	12	上海商务
ㄙ-9433	未　详	说唐全传	6	上海文明
ㄙ-9688	抱瓮老人	今古奇观	1	上海商务
ㄙ-9691	未　详	施公案全传	12	上海文明

(民国十七年度上学期布告第七次　　民国十七年十二月十四日)

书　码	著　者	书　名	册数	发行处
		000　总记		
021.3-841	商务印书馆编	十三经	1	上海商务
091-727	萧智汉	历代氏姓谱	119	听涛山房
097.8-375	孙俍工	世界文学家列传	1	上海中华
099-T65-2	Sarolea, Charles	托尔斯泰传	2	上海泰东
		100　哲理科学		
111-940.2	桑木岩翼	现代思潮	2	上海商务
140-D77-2	讲学社编	杜里舒讲演录	10	上海商务
159.2-B49-2	H, Bergson	笑之研究	1	上海商务
159.5-B49-2	Bergson, H. L.	物质与记忆	1	上海商务
170.1-K21-2	柯祖基	人生哲学与唯物史观	1	上海商务
194.607-402	梁启超	大乘起信论考证	1	上海商务
		200　教育科学		

201.7－J92－2	王克仁译	全民教育制度的演变	1	上海民智
208.2－871	教育杂志社	教育丛书	100	上海商务
297.17－933	川合春充	心身强健术	1	日本兴文社

300 社会科学

320－406	章宗祥等	政法类典	3	上海作新社
320.1－730	萨孟武	现代政治思潮	1	上海商务
327－370	夏 渠	国际联盟	1	上海商务
329.28－508	华林一	中国国民党史	1	上海商务
331－352	马超俊	中国劳工问题	1	上海民智
331－661	郑 斌	世界各国新社会政策	1	上海商务
331.09－211	林定平等	各国劳工运动史	1	上海商务
332－661	郑 斌	世界各国新经济政策	1	上海商务
338.9－375	孙绍康	劳动法	1	上海商务
342.2－841	商务编译所	中华民国根本法及草案	1	上海商务
343.2－225	邵 义	刑律释义	1	上海中华
347.9－942,2	富井政章	民法原论	1	上海商务
349.29－225	邵 义	民律释义	1	上海中华
349－292－225	邵 义	民事诉讼律释义	1	上海中华
356－98	朱文黼	法国民主政治	1	上海民友社
370－228	孟 森	财政学	1	上海商务
371.7－352	马寅初	中国国外汇兑	2	上海商务
375.6－316	姚大中	地方财政学	1	上海崇文
377.92－659	蒋士立	国债辑要	2	上海商务
393.409－598	赵兰坪	社会主义史	1	上海商务
394－940－2	倍倍尔	妇女与社会	1	上海开明

400 艺术

401－170－6	吕 澂	晚近美学思潮	1	上海商务

409 - 491	黄忏华	美学略史	1	上海商务

500 自然科学

512 - 178	何 鲁	代数学	1	上海商务
516 - W48 - 2	郑家斌译	温特渥斯解析几何学	1	上海商务
580 - 575	邹秉文等	高等植物学	3	上海商务
581 - 169 - 2	李亮恭译	植物解剖学与生理学	2	上海商务

600 应用科学

609 - 211	林子英	实业革命史	1	上海商务
660 - 46 - 808	东京商业会议所	东京商工名簿	1	日本东京商业会议所
660.8 - R73 - 2	Rogers - Hau	工业化学实验法	1	上海商务
661.3 - 428	张永宣	会计学	1	上海中华
661.4 - 936	竹内正太郎	商业簿记图习	1	日本大正堂书店

800 文学

801 - 935 - 2	本间久雄	欧洲近代文艺思潮论	1	上海开明
820.2 - 477	冯梦龙	增广智囊补	1	上海商务
820.2 - 622	潘大道	诗 论	1	上海商务
874 - T65 - 2	邓演存译	黑暗之光	1	上海商务

900 历史地理

910 - 106	伍光建	西史纪要	2	上海商务
913.64 - 428	张乃燕	世界大战全史	1	上海商务
920 - 170 - 6	吕思勉	白话本国史	8	上海商务
927.5 - 61	左舜生	中国近百年史资料	2	上海中华
933 - 506	贺昌群	英国现代史	1	上海商务
943 - 242	金兆梓	法国现代史	1	上海商务
999.5 - 281	柳克述	新土耳其	1	上海商务

（《暨南周刊》第5卷第1期，1929）

Chinan University
List of New Books Just Arrived

Bulletin No. 12 Dec. 15, 1928

Call No.	Author and Title
	000 GENERAL WORKS
003. 7 – B93	Buitenzorg – Department of Agriculture, Industry and Commerce: *Exporter's Directory of the Netherlands East Indias*. 1918.
012. 4 – C17	Cambridge University Library: *Rules for the Catalogues of Printed Books, Maps & Music*. 1927.
017 – T12	Tai, Tse – Chien: *Professional Education for Librarianship*. 1925.
019. 601 – C22	Cannons, H. G. T.: *Bibliography of Library Economy*. 1910.
019. 7 – W57	Whitaker, J.: *Reference Catalogue of Current Literature*. 1928.
099 – E43	Strachey, Lytton: *Elizabeth and Essex*. 1928.
099 – F51	Fiori, V. D. do.: *Mussolini the Man of Destiny*. 1928.
099 – M62	Symonds, J. A.: *Life of Michelangelo Buonarroti*. 1928.
	100 PHILOSOPHICAL SCIENCES
110 – S37	Edman, Irwin: *Philosophy of Schopenhauer*. 1928.
	200 EDUCATIONAL SCIENCES
289. 8 – B65	Robertson, D. A.: *American Universities and Colleges*.

1928.

300 SOCIAL SCIENCES

320. 1 – B36 Beard, Charles A. : *Economic Basis of Politics*. 1928.

320. 1 – H87 Hsiao, K. C. : *Political Pluralism: a Study in Contemporary Political Theory*. 1927.

320. 1 – P86 Pott, W. S. A. : *Chinese Political Philosophy*. 1925.

320. 9 – M56 Merriam, C. E. : *History of American Political Theories*. 1928.

321 – H41 Hayes, C. J. H. : *Essays on Nationalism*. 1926.

321. 03 – M81 Moon, P. T. : *Imperialism and World Politics*. 1928.

321. 03 – P37 Peffer, Nathaniel: *White Man's Dilemma: Climax of the Age of Imperialism*. 1927.

324. 224 – H68 Hoag, C. G. & Hallett, G. H. : *Proportional Representation*. 1926.

327. 19 – M93 Mowat, R. B. : *History of European Diplomacy* 1815 – 1925. 2v. 1927.

327. 71 – P29 Pasvolsky, Leo: *Russia in the Far East*. 1922.

327. 88 – T46 Thomas, D. Y. : *One Hundred Years of the Monroe Doctrine*. 1927.

328. 1 – R64 Robert, H. M. : *Rules of Order Revised for Deliberative Assemblies*. 1915.

329. 1 – M64 Mill, J. S. : *Principles of Political Economy; with Some of Their Applications to Social Philosophy*. 191□.

330. 1 – S641 *Smith, Adam: Inquiry into the Nature and Causes of the Wealth of Nations*. 1917. 2v.

331 – C28 Carlton, F. T. : *History and Problems of Organized Labore*. 1920.

332. 1 – V61 Viallate, P. A. : *Economic Imperialism and International Relations During the Last Fifty Years*. 1923.

341 – B98	Bustamante, A. S. : *World Court*. 1926.
341. 7 – S55	Shih, S. L. : *Extraterritoriality: Its Rise and Its Decline*. 1925.
342 – C45	Chandler, J. A. C. : *Genesis and Birth of the Federal Constitution*. 1924.
350 – W58	White, L. D. : *Introduction to the Study of Public Administration*. 1926.
352 – H87	Hsieh, P. C. : *Government of China* (1644 – 1911). 1925.
352 – M88	Morse, H. B. : *Trade and Administration of China*. 1920.
358 – B26	Beard, C. A. : *American Government and Politics*. 1928.
358. 32 – R73	Rogers, Lindsay: *American Senate*. 1926.
376. 2 – H87	Huang, H. L. : *Land Ax in China*. 1918.
378 – P18	Pan, Sliu – Lun: *Corporation Finance*. 1928.
393. 1 – M26	Malthus T. R. : *First Essay on Population* 1798. 1926.

500 NATURAL SCIENCES

519. 4 – B29	Bartlett, D. P. : *General Principles of the Method of Least Squares, with Applications*. 1915.
572 – H95	Huntington, Ellsworth: *Character of Races*. 1927.
576. 1 – H73	Hollick, E. : *Origin of Life*. 1902.

600 APPLIED SCIENCES

662. 4 – L42	Lee, B. E. : *Office Management*. 1928.

700 PHILOLOGY

731. 5 – K91	Krapp, G. P. : *Pronunciation of Standard English in America*. 1919.

800 LITERATURE

801 – T85	Trotsky, Leon: *Literature and Revolution*. 1924.
832. 1 – B85	Briggs, W. A. : *Great Poems of the English Language*. 1928.
834. 1 – R89	Rubinstoin, H. F. ed. : *Great English Plays*. 1928.

838. 2 – S26 Savage, F. G. : *Shakespeare's Flora & Folk – lore.*

838. 3 – Y41 Yeats, W. B. : *Irish Fairy and Folk Tales.*

841 – B34 – 3 Smith, T. R. ed. : *Baudelaire: His Prose and Poetry.* 1919.

884 – O53 O'neill, Eugene: *Great God Brown; Fountain, Moon of the Caribbees; and Other Plays.* 1926.

884 – O58b O'neill, Eugene: *Beyond the Horizon; the Straw; Before Breakfast.* 1925.

884 – O58L O'neill, Eugene: *Lazarus Laughed*(1925 – 26). 1927.

884 – O58m O'neill, E. G. : *Moon of the Caribbees; and Six Other Plays of the Sea.* 1923.

884 – O58s O'neill, Eugene: *Strange Interlude.* 1928.

900 HISTORY AND GEOGRAPHY

910. 1 – D55 Dickinson, G. L. : *Essay on the Civilization of India, China & Japan.* 1926.

910. 1 – S74 Spengler, Oswald: *Decline of the West.* 1928. 2v.

910. 6 – P54 Philip: *Commercial Map of the World.*

910 – 8 – N57 Nhoj, D. T. : *Pickwickians Abroad.* 1918.

920. 1 – S64 Smith, A. H. : *Chinese Characteristics.* 1894.

920 – J72 Johnston, L. E. : *China.* 1909.

920 – 6 – P54 Philip: *Commercial Map of China.*

950 – G64 Gooch, G. P. : *Germany.* 1927.

953 – D18 Daniels, H. G. : *Rise of the German Republic.* 1927.

960 – M97 Murdoch, James: *History of Japan.* 1925. 3v.

FICTION

F – St32 Steele, W. B. : *Man Who Saw Through Heaven; and Other Stories.* 1927.

(《暨南周刊》第 5 卷第 1 期,1929)

洪年图书馆来函

敬启者:顷读第七期《暨南周刊》内有“洪年图书馆的十小问题”一则,内容殊多失实之处!在悉本馆实情者阅之,固能辨识,但传诸外界,影响校誉至大。查周刊为吾校要重之宣传机关,编辑者理应郑重从事,庶免失当,有负众望。乃贵会对此稿件不辨内容,竟为登载,匪独于本馆前途进行有碍,且于贵刊声誉似亦不无有玷!诸君在校有时,对本馆一切规程谅已洞悉,惟恐知之未详,兹特胪列数项,谨为诸君道之:

(一)本馆自崇智接任以来,鉴于原有书籍之缺少,不能满足全校学子求知之欲,曾于校长前力陈其增添之必需,旋经批覆,并承指定各系,每年购置费若干,以为标准,此为去春间事。其时校款尚称充裕,去年一年中所购进各系图书之经费,均系依据校长之分配,其手续则先由各该系主任签字介绍,本馆始乃按照所开来之购置单为之增置。而购置之时,则非但尽采自海上之各大小书局,即海外之各著名大书店,若伦敦之海纳门麦受士等,纽约之麦美伦可纳夫等,巴黎之非力刻士维多仁兄弟等,日本之丸善株式会社等,均函定电购,收集殆遍。至谓本馆所购之图书多为西籍,则于事实尤不相符矣。查本馆去年全年中所购置之图书,除法律、社会、教育、科学、哲理、史地、商业等专门书籍外,属于中文者占十之七八,而英文则仅得十之二三。事实确然,有账可稽。

(二)去春本馆曾数次布告,请各同事及同学介绍其所知之报纸,以便通函征求或购买。现计南洋及外埠之中巫日报常到者有二十六种,其地点为巴达维亚、泗水、新加坡、吉隆坡、暹罗、菲律宾、广州、天津、厦门、梧州等。凡经介绍者,无不去函征集也。

(三)借阅并无专利之弊,为促进同学尊重按期还书之习惯起见,本馆已实行罚款。至于借书期限,馆规虽准续借,惟只限一次,且如有他人预定者,仍不得续借(见本馆阅览规则第八条第三项)。又第八条第四项订明"如有特别需要时得随时通知收回",即就所借出图书言,如有为同学所急需参考者,本馆亦可随时收回,置于保留书架内以便阅者。此本馆常行之事也。

(四)本馆星期日本开放二次,其余五日下午一点到五点亦未停闭,该文所云,竟全与事实相反,诸公以为何如?

(五)请迁馆后运动场一事,本馆早已数次函商体育委员会,至于扩充及增进环境优美计划,本馆亦早已呈请校长,皆有日记及函稿可查。其未能实现者,则限于校费及他方关系也。

(六)刊印图书目录,本馆早有计划,惟前曾决定须待各科基本书籍稍具规模后,方行着手。通例用卡片未为不便,且所有新书无不按期登诸周刊,爱书同学,自然能留存,以便查考。

总观全稿,其大□事实者甚多,亦有不能实行者,如:杂志报纸需购数份、报纸能借出等。更有不成问题者,如:(八)项之称评阅者,(九)项之钟楼。作者亦自知其非为图书馆问题也。

以上数端,即希赐予察核更正,或请将此函照登,以符事实。嗣后凡有批评本校任何部分之稿件,尚望诸公于事前详为调查,再行刊载,庶无遗误,是所至盼!

此致

出版委员会执事

弟叶崇智拜上

(《暨南周刊》第5卷第3期,1929)

图书馆馆长叶崇智先生及《周刊》四卷七期投稿者陈辅同学君鉴

陈君的稿子披露后,接到图书馆方面根据事实来函更正,已如上载。陈君的稿子,由我编入,即由我一人任咎,与他委员无关。当时我因初次接手轮值编稿,看陈君此稿,是一种意见,非常欢迎。于是根据了投稿简章一之4的条文“本校关于建设方面之意见书”一节,遂为登载,未曾顾及其有若干违背之事实之处。这一层我个人对于叶馆长方面甚为抱歉。此事对于来稿方面,其为真实的意见,我们仍旧要审慎采择,其为不坚实的意见,务望自我而消!

张凤　谨启

(《暨南周刊》第5卷第3期,1929)

洪年图书馆日志

(一月七日至三月三日)

一月七日,来复一,晴

公布十七年十二月二十四日至三十日本馆借阅书人数次数及各

系分类统计表四张，并抄呈校长鉴核。

中华图书馆协会年会筹备处来函，该会订于本月二十八日在京举行，请派员出席并带会费二元。附来暂定开会程序及赴会须知各一纸。

八日，来复二，晴

函借书各教职员，兹以寒假在迩，所借书请于大考后即交还，如能于本月二十号以前归还，尤为感盼。计函一百六十三封。

九日，来复三，晴

函南京五院各部及各省省政府请寄公报。

十日，来复四，晴

刘士木先生赠《日本明治教育史》《日本法令汇纂》《日本现行刑事通鉴》《野蛮之欧洲》《训政与村市》等五种，当即函谢。

秘书处庶务室来函，嘱将本馆应付账目开示，以便汇集全校债务总额登诸周刊。当即列表开明送去。

函中华图书馆协会年会筹备处，本馆派代表金敏甫、刘纪泽二君准期赴会，并附去提案六则。

十一日，来复五，晴

北平燕京大学图书馆来函，并寄赠该校学报一册，拟与本校刊物交换。当即函复允与交换，并通知出版委员会将各种出版品按期寄赠该校。

美国哈佛大学寄来一九二八至二九年一览一册。

工商部工业司来函请开本馆所有关于南洋及菲律宾之中西文出版物书目。当即开单寄去，计中文二纸，西文一纸。

十三日，来复日，阴

休息。

一月十四日,来复一,阴

财政部总务司来函,该部财政公报允予按期寄赠。

河南新乡县中山图书馆函索本馆各项章程图表等。当即检寄全份。

函前教员乐嗣炳先生,民国十六年间曾借本馆书十种,请即检还以清手续。

十五日,来复二,晴

南京省政府秘书处函复,政府公报允予按期寄赠,并附来第六十四期公报一份。

农矿部寄来《农矿公报》五册(一期至五期),以后并允按期寄赠。军政部秘书办公室函复,该部公报正在安设机器,不久筹备就绪,将来出版后即逐期寄赠。

交通部交通公报处函复,该报第一、二期另邮寄来,嗣后按期寄赠。

十六日,来复三,阴

行政院寄来《行政院公报》十二册(一期至十二期),以后仍按期寄赠。

函谢行政院、农矿部、交通部、省政府、交通经济学会及中华文化复兴社寄赠公报杂志等。

刘士木先生赠簿记书六种,即函谢。

考试秘书处函复,公报尚未筹办,将来出版再行寄送。

十七日,来复四,雨

内政部总务处来函寄来公报二册,俟后出版再行按期奉赠。

南京市政府秘书处寄赠市政公报一册,当即函谢,并请按期惠赠。

十八日,来复五,阴

布告:兹以大考在即,定于本月二十五日起停止借书出馆。所有借出图书亦须于该日以前归还，不得延误。惟二十五日以后及寒假中，本馆仍开放，只可借阅于阅览室。其时间及办法另订之布告。凡领出校证者，必须将所借图书还清，并将借书证交还。倘有罚款者亦须缴纳清楚，本馆方可盖章。

本校四卷七期周刊内载"洪年图书馆的十小问题"一则，内容殊多失实。关乎本校及本馆之信誉綦大，特函出版委员会弁正一切，请予更正，并通函各部分及各主任，俾明真相。

十九日，星期六，晴

通知本馆同人，楼下办公时间兹暂改定自上午九时至下午四时止，惟须准时到馆办公。至下学期开学时，则仍照原定时间，务希查照云云。

布告：兹以大考在即，为便利诸生温课起见，星期六下午及晚间又星期日全日，本馆阅览室照常开放，惟不能借书云。

二十日，星期日，雨

休息。

二十一日，星期一，阴雨

函谢内政部总务处寄赠公报。

中央大学国学图书馆寄赠第一年刊一册，即函谢。

中国公学学生会寄赠《中公学生》一册，函谢。

叶馆长赠送《秋梦庵词钞》《花影吹笙词钞》《海云阁诗钞》及《瘿庵诗集》共四种。

刘士木先生赠《时报馆纪念册》《南洋中学三十年纪念册》等四种，即函谢。

函呈校长谢赠《铁路运价改革刍议》一册，并转告商学院可将该书选作教材参考之用。

梁遇春先生赠《北新半月刊》一册，即面谢。

卫生部总务司来函寄赠第一期《卫生公报》一册，嗣后出版允按期寄赠。

本馆概况及各项统计表业已编制完，就即送华昌印刷所刊印五百册，以便中华图书馆协会年会开会时分赠宣传。

二十二日，来复二，雨

函东京大正一切经刊行会，前寄来《大藏经》四卷，乃和装者。查本馆所定者系洋装特制本，请改寄。收到后即将和装者寄还。

函北平文化学社购高博彦编《中国近百年史纲要》上卷一册。

张天方先生来函拟请提拨前上海道县各档案归本校历史系及本馆整理，详述理由及办法，征求本馆意见。当即函复，极表赞同。潘明训先生赠《礼记正义》，计七十卷，内容颇佳。当即函谢。上海商业月报社赠八卷第十、十一期月报各一册。即函谢并请按期寄赠。

河南省政府秘书处函复，前索公报允即按期寄赠。

二十三日，来复三，阴

布告：兹据本校经费运动委员会代表来函，为经费运动事，于今日下午三时在礼堂开全体大会，要求本馆自三时起停止开放等由。兹以事关全校，当即准时闭馆，并望诸同学全体出席该会，讨论进行。惟晚间本馆仍照常开放。

函谢财政部、铁道部、工商部寄赠公报。

函呈校长，以各书局催索欠款甚急，请设法签发期票以资应付。

二十四日，来复四，雨

布告：寒假在迩，凡借本馆图书者务须于本月二十五号以前归还，不得延误。

中华图书馆协会年会筹备处寄来提案收据一纸、会员调查表二纸，当将该表填寄，并声明本馆早经入会，惟系用暨南学校图书馆名义，现更名为洪年图书馆，请改正。

二十五日，来复五，阴

河北省政府秘书处复函，前函索公报当即按期检赠。

商务批发处来函，前向外洋定书已到十五种，附来发票三纸，计洋一百五十七元一角，嘱派人提取，当即转托庶务室代办。

二十六日，来复六，阴

广东省政府委员会函复，寄来特刊及周报共三册，以后按期检赠。

商务批发处来函，前向外洋定书又到二十五种，附来发票四纸，计洋二百四十七元五角四分，嘱派人提取，当即转托庶务室代办。

本馆特派金敏甫、刘纪泽两先生今日赴宁参加中华图书馆协会年会，支领车费二十元，又会费及年会费七元。

二十七日，来复日，雨

休息。

二十八日，来复一，雨

上海天德大药厂科学股寄来《新药大全》一册，即函谢。

安徽省政府秘书处来函，附公报三册，以后出版按期检寄。

商务批发处来函，前向外洋特定书到四十六种，附来发票六纸，计洋三百五十元九角六分，嘱派人提取，当即转托庶务室代办。函河北、广东、福建、安徽省政府谢赠公报。

叶恭绰先生赠《吴郡奇迹塑壁残影》一册，即函谢。

高鹿鸣先生来函，前经校长面允，本馆代印文稿一种。当即函复，迩来校费支绌，一时不能付梓，容明春再行代印。并函呈校长请示代印该稿详情。

二十九日，来复二，雪

公布第十次中文新书目录。

师范科同学会来函要求凡未缴图书费者及假期中均可借书出馆。

当即函复,说明理由,碍难照准。

三十日,来复三,晴

布告:假期中学生如有特需参考,欲借书出馆者,须得各该科系主任证明,并由校纪室证明留校,方可通融。但所借书籍须于二月二十一日以前归还,不得延误。

三十一日,来复四,阴

良友图书印刷公司寄赠《良友杂志》一册,当即函谢,并请续赠。

二月一日至二十五日,寒假

二十六日,来复二,阴

中华书局总店来函,预约之《四部备要》第二集已出版,因将该预约券检出,交庶务室,请派人去领。再前预约之《清史列传》,亦函请一并发给。

寄还郑州高鹿鸣先生文稿一件。

函梁实秋先生,请还借书。

上海特别市教育局第三科来函并社会教育调查表一纸,嘱填送。惟以表之内容关乎全校组织等情,本馆未便填送。即转送秘书处填寄,并函知该局。

中央执行委员会宣传部来函征集关于革命史料图书,以便编制革命史。

二十七日,来复三,雨

江西编审处赠《江西暑期学术讲演集》一册,即函谢。

姚明辉先生赠自著《禹贡注解》一册,即函谢。

函商务账务处,去岁杪付款四千元,请总开副账以便报销。函交庶务室派人专送。

函中央大学国学图书馆及中华图书馆协会,请赠年报及会报。

南京第一公园图书博物体育管理处函索本馆各种规程表格,当即检寄全份。

二十八日,来复四,阴

布告凡领借书证者须先缴清图书费,惟会计处收费,须各费同时缴纳,不能单收一种。兹为便利诸生借书起见,仅缴图书费一项者,本馆可代为收费,发给收据,即可凭据领取借书证。借书缴费时间,上午九时至十一时半,下午一时至四时。

前向中华书局预约之《四部备要》第二集四百八十册,又《清史列传》上半部四十册,今日取到。

三月一日,来复五,阴

布告:本馆杂志时有遗失,前曾两次布告,请诸生遵守秩序,不得随意携带出馆。兹查最近出版之《一般》《新女性》《暨南周刊》三种又经遗失,想系同学中一时无意携去,用特布告,希即归还,并望以后严守公共规章,爱护公物为盼。

通函本馆同人,定下星期一(四日)下午五时在本馆大办公室开馆务会议。

二日,来复六,阴

自本学期起,楼上星期日下午开放,请金敏甫、鲍益清、凌翔、尹霭川、刘纪泽、宋仲平、龙自强、汪善录、戴维清、黄振汉诸先生轮流担任,特函通知。

三日,来复日,阴

休息。

(《暨南周刊》第5卷第4期,1929)

国立暨南大学洪年图书馆新书目录

(一)中文

(民国十七年度上学期布告第八次 民国十八年一月九日)

书码	著者	书名	册数	发行处
		厶 小说		
厶－331	尤玄甫	碧玉串	1	上海商务
厶－1283－1	沈步洲	白羽记初编	3	上海商务
厶－1282－3	沈步洲	白羽记三编	2	上海商务
厶－1642	吴江冷	紫藤花下	1	上海民智
厶－2113－220	林纾译	西奴林娜小传	1	上海商务
厶－2113－225	马支孟德著	西利亚郡主别传	2	上海商务
厶－2113－323	林纾译	旅行述异	2	上海商务
厶－2113－412	林纾译	黑太子南征录	2	上海商务
厶－2113－435	林纾译	慧星夺婿录	1	上海商务
厶－2113－510	林纾译	赂　史	2	上海商务
厶－2113－512	林纾译	溷中花	2	上海商务
厶－2113－520	林纾译	贼　史	2	上海商务
厶－2113－541	林纾译	爱国二童子传	2	上海商务
厶－2113－712	林纾译	玑司刺虎记	2	上海商务
厶－2113－728	林纾译	剑底鸳鸯	2	上海商务
厶－2113－773.2	林纾译	欧战春闺梦续编	2	上海商务

ㄙ－2113－832	林纾译	离恨天	1	上海商务
ㄙ－2113－846	林纾译	双雄较剑录	2	上海商务
ㄙ－2113－921	林纾译	英孝子火山报仇录	2	上海商务
ㄙ－2353	施耐庵	水　浒	14	上海亚东
ㄙ－3633	耿济之	柴霍甫短篇小说集	1	上海商务
ㄙ－4122－3	Storm	茵梦湖	1	上海泰东
ㄙ－7758	罗懋登	三宝太监下西洋通俗演义	1	上海商务

000　总记

018.3－441	陈　莘	读书法	1	上海中华

100　哲理科学

104－R96－2	罗　素	哲学问题	2	上海新青年社
104－R96－2－2	罗　素	哲学问题	2	上海商务
110－B49－2		柏格森	1	上海泰东
110－R96－2	罗　素	哲学中之科学方法	2	上海商务
111－940	南庶熙译	现代思潮	2	上海商务
112－477	冯　飞	塔果尔及其森林哲学	1	上海商务
130.1－B49－2	杨正宇译	形而上学序论	2	上海商务
152.3－E471－2	金本基译	社会心理学	2	上海商务
170－248	周曰济	伦理学大要	1	上海中华

200　教育科学

218－359	袁希涛	义务教育之商榷	5	上海商务
245.7－906	潘履亏	道尔顿制试行的经过	1	南京女师附小

300　社会科学

320.1－R906－2	罗　素	政治理想	1	上海商务
325.92－M16－2	宓亨利	华侨志	1	上海商务
327－248	周鲠生	近代欧洲外交史	1	上海商务

327－316	姚伯麟	战后太平洋问题	1	上海泰东
327－172－2	尔　文	将来之大战	1	上海商务
327－R96－2	罗　素	战后之正义	1	上海商务
329.282－874	广州平社	广州事变上海会议	1	广州平社
329.8211－784	孙中山	孙中山先生实业计划图	1	北京新体中华
335－M36－2	马　沙	分配论	1	上海商务
338.9－641	樊　弘	劳动立法原理	1	上海商务
390－450	常乃惠	社会学要旨	1	上海中华
391－C69－2	张东逊译	社会论	2	上海商务
392－R96－2	罗　素	社会结构学	1	上海商务
393.45－R96－2	罗　素	德国社会民主党	1	上海商务
397.4－164	吴亚男	泰西交际常识	1	上海民智
		400　艺术		
420.4－77	包世臣	艺舟双楫	1	上海有正
460.92－970	留　庵	中国雕板源流考	2	上海商务
		700　语言学		
725.2－407	许地山	语体文法大纲	1	上海中华
		800　文学		
804－2	丁　丁	革命文学论	1	上海泰东
812.07－606	闻野鹤	白话诗研究	1	上海梁溪
820.3－441	陈方镛	楹联新话	1	上海中华
822.7－271	胡　适	尝试集	1	上海亚东
822.84－535－2	程瞻庐	明月珠弹词	1	上海商务
822.84－586	程文棪	同心栀弹词	1	上海商务
823.7－248－7	周作人	泽泻集	1	上海北新
824－211－1	林　纾	天妃庙传奇	1	上海商务
824－211－2	林　纾	合浦珠传奇	1	上海商务
824.04－194	余上沅	戏剧论集	1	上海北新

829.1-966	江湖散人	消闲趣事	1	上海中国平民文学社
829.1-971	猛盦老人	然犀录	3	上海商务
829.2-705	钱梅溪	履园丛话	2	上海商务
829.4-122	宋元明	万无此理	1	无锡锡清社
834-D78-2	德林瓦脱	林　肯	1	上海商务
834-P33-2	H. M. Faul	恋爱之果	1	上海民智
894-C39-2	加贝克	长生诀	1	上海北新
		900　历史地理		
910-22	王钟麒	现代初中教科书世界地理	2	上海商务
960-15-359	袁克吾	台　湾	1	上海商务
963-642	植原悦二郎	日本民权发达史	1	上海商务

（民国十七年度上学期布告第九次　民国十八年一月二十二日）

书　码	著　者	书　名	册数	发行处
		000　总记		
040.11-428	张采田	史微内篇八卷附札记	4	张采田
042.4-864	中华学艺社编	国故论丛	1	上海商务
081-428	张辅良	国际智识合作运动史	1	上海商务
082-406	章硕卿	式训堂丛书	16	会稽章氏刊
082-406-2	章硕卿	式训堂丛书二集	16	会稽章氏刊
082-428	张钧衡	适园丛书	162	吴兴张氏刊
082-740-8	缪荃孙	云自在龛丛书	32	江阴缪氏刊
086-21	胡　越	王阳明	1	上海中华
086-21-2	余重耀	阳明先生传纂	1	上海商务
086-420	辽　鹤	曹琨张作霖轶事	1	上海振民通信社
		100　哲理科学		

150 - W34W	谢循初译	行为心理学大意	1	上海中华书报流通社
156. 2 - m68 - 2	D. L. Murray	实验主义	1	上海中华
170 - 748	聂云台	感应统纪	1	聂氏刊
175 - 268	姜　琦	中国国民道德概论	1	上海丙辰学社
		200　教育科学		
201 - D51 - 2	杜　威	教育哲学	1	上海泰东
209. 7 - 791	顾树森	苏俄新教育	2	上海中华
209. 14 - R75 - 2	F. M. Roman	欧洲新教育	3	上海商务
		300　社会科学		
327 - 135	汪兆铭	巴黎和议后之世界与中国	1	上海民智
327. 2 - 420	曹增美	新编国耻小史	1	上海商务
327. 2 - 527	曾友豪	中国外交史	2	上海商务
327. 21 - 871	北京国际问题研究会编	国民会议国际问题草案	1	北京国际问题研究会
327. 27 - 411	陈登元	中俄关系述略	1	上海商务
329. 281 - 749	戴季陶	孙文主义之哲学的基础	1	上海民智
329. 283 - 671	黎照寰	中山先生之革命政策	1	上海民智
329. 281. 1 - 804	孙　文	总理遗教摘要	1	上海市党指导会
331. 6 - 332	高尔松	工会概要	1	上海光华
370 - 867	作新社译	财政学	1	上海作新社
393. 47 - 573 - 2	陈国榘译	布尔什维主义底心理	1	上海商务
393. 9 - 52	毛一波	马克思经济学批评	1	上海出版合作社

400 艺术

407 - 312	俞寄凡译	艺术教育设施法	1	上海商务
420.4 - 441	玉狮老人	读画辑略	1	上海商务
440 - 374	刘海粟	画学真诠	1	上海商务
480.7 - 21	王光祈	东西乐制之研究	1	上海中华

500 自然科学

511.61 - 607	汪以麟	幻　方	1	上海商务
530.1 - 535 - 2	司密士	相对论与宇宙观	1	上海商务
575.1 - 441	陈兼善	遗传学浅说	1	上海中华

600 应用科学

626.2 - A95 - 2	A. H. Avery	发电机电动机构造法	1	上海商务

700 语言学

721.1 - 15	方　毅	国音沿革	1	上海商务
725.4 - 332	高语罕	国文作法	1	上海亚东

800 文学

815.7 - K43 - 2	克契门	辩论术之实习与学理	1	上海商务
822.84 - 535 - 8	程瞻庐	藕丝缘弹词	2	上海商务
829.8 - 162	阮葵生	茶余客话	1	上海商务

900 历史地理

920 - 1 - 491	黄　瑞	金石录,砖录,阙访	8	吴兴刘氏嘉业堂

ㄙ 小说

ㄙ - 22 - 2	丁宗一	续贤妮小传	2	上海商务
ㄙ - 22 - 3	丁宗一	再续贤妮小传	2	上海商务
ㄙ - 212 - 5	王卓民	当炉女	8	上海商务
ㄙ - 561	甘永龙译	炼才炉	1	上海商务
ㄙ - 771 - 4	包天笑	童子侦探队	2	上海商务
ㄙ - 1282 - 2	沈步洲	白羽记续编	2	上海商务

ㄙ－1286	沈端先译	地　狱	1	上海春野书店
ㄙ－1648－3	吴梼译	侠黑奴	1	上海商务
ㄙ－1648－4	吴梼译	寒牡丹	2	上海商务
ㄙ－1648－5	吴梼译	美人烟草	1	上海商务
ㄙ－1648－6	吴梼译	寒桃记	2	上海商务
ㄙ－1648－7	吴梼译	卖国奴	1	上海商务
ㄙ－1781	特渴不厄拔伫	双冠玺	1	上海商务
ㄙ－1782	汤姆格伦	再世为人	2	上海商务
ㄙ－2113－213	林纾译	孝女耐儿传	3	上海商务
ㄙ－2113－218	林纾译	孝友镜	2	上海商务
ㄙ－2113－223	林纾译	贝克侦探谈初编	1	上海商务
ㄙ－2113－223－2	林纾译	贝克侦探谈续编	1	上海商务
ㄙ－2113－250	林纾译	怪　蜚	2	上海商务
ㄙ－2113－263	林纾译	金台春梦录	2	上海商务
ㄙ－2113－273	林纾译	西楼鬼语	2	上海商务
ㄙ－2113－316	林纾译	桃大王因果录	2	上海商务
ㄙ－2113－321	林纾译	洪罕女郎传	2	上海商务
ㄙ－2113－322	林纾译	泰西古剧	3	上海商务
ㄙ－2113－332	林纾译	俄宫秘史	2	上海商务
ㄙ－2113－340	林纾译	鬼　悟	2	上海商务
ㄙ－2113－343	林纾译	炸鬼记	3	上海商务
ㄙ－2113－372	林纾译	哀吹录	1	上海商务
ㄙ－2113－414	林纾译	情天补恨录	2	上海商务
ㄙ－2113－436	林纾译	情海疑波	2	上海商务
ㄙ－2113－513	林纾译	烟火马	3	上海商务
ㄙ－2113－515	林纾译	诗人解颐语	2	上海商务
ㄙ－2113－527	林纾译	块肉余生述前编	2	上海商务
ㄙ－2113－527.2	林纾译	块肉余生述续编	2	上海商务

ム -2113 -632	林纾译	厉鬼犯跸记	2	上海商务
ム -2113 -743	林纾译	金梭神女再生缘	2	上海商务
ム -2113 -791	林纾译	橄榄仙	2	上海商务
ム -2113 -821	林纾译	双孝子噀血酬恩记	2	上海商务
ム -2113 -831	林纾译	痴郎幻影	3	上海商务
ム -2113 -839	林纾译	还珠艳史	2	上海商务
ム -213 -928	林纾译	铁匣头剧	2	上海商务
ム -2287 -4	博嘉华盛顿	黑伟人	2	上海商务
ム -2421 -8	金石译	旧金山	1	上海商务
ム -3003	范彦矧	孤露佳人	2	上海商务
ム -3937 -1	徐慧公	四字狱	1	上海商务
ム -4282	柯南李登	赝爵案	2	上海商务
ム -4411 -4	柯南达利	博徒别传	1	上海商务
ム -4414	德菱女士	清宫二年纪	1	上海商务
ム -4419	陈观奕	模范家庭	1	上海商务
ム -4917	黄静英	妒妇遗毒	1	上海商务
ム -5277	佛蔡斯	拿破仑忠臣传	2	上海商务
ム -6503	蒋炳然	苦海双星	2	上海商务
ム -6742	刘延陵	围炉琐谈	1	上海商务
ム -7331 -3	薛一谔译	亚媚女士别传	2	上海商务
ム -7751	罗文亮	风岛女杰	1	上海商务
ム -8413 -112	歇复克	白巾人	2	上海商务
ム -8413 -141	印有模	不深之威	2	上海商务
ム -8413 -178	商务编译所	巴黎繁华记	2	上海商务
ム -8413 -223	印有模	青衣记	2	上海商务
ム -8413 -234	Hugo, V.	孤星泪	2	上海商务
ム -8413 -370	印有模	时　谐	2	上海商务
ム -8413 -717	印有模	错中错	2	上海商务
ム -8413 -745	印有模	□泪□	2	上海商务

ㄙ -8413 -924	倍 来	铁血痕	2	上海商务
ㄙ -8413 -943	黑岩泪香	忏情记	2	上海商务
ㄙ -8413 -126	赫 穆	三字狱	1	上海商务
ㄙ -8413 -139	勃蓝姆司道格	七星宝石	1	上海商务
ㄙ -8413 -211	巴尔勒斯	阱中花	2	上海商务
ㄙ -8413 -222	博兰克巴勒	空谷佳人	1	上海商务
ㄙ -8413 -262	村井弦斋	血蓑衣	1	上海商务
ㄙ -8413 -322	华 司	秘密地窟	1	上海商务
ㄙ -8413 -333	柏拉蒙	红柳娃	1	上海商务
ㄙ -8413 -393	斯旦里威门	香囊记	1	上海商务
ㄙ -8413 -811	格利吾	帘外人	1	上海商务
ㄙ -9673	君朔译	续侠隐记	1	上海商务
ㄙ -9722	无我生	贼博士	1	上海商务

(民国十七年度上学期布告第十次　民国十八年一月二十九日)

书 码	著 者	书 名	册数	发行处
		ㄙ 小说		
ㄙ -2112 -112	林纾译	三千年艳尸记	2	上海商务
ㄙ -2113 -123	林纾译	十字军英雄记	2	上海商务
ㄙ -2113 -242	林纾译	冰雪因缘	6	上海商务
ㄙ -2113 -318	林纾译	埃及金塔剖尸记	2	上海商务
ㄙ -2113 -571	林纾译	滑稽外史	6	上海商务
ㄙ -2113 -741	林纾译	橡湖仙影	2	上海商务
ㄙ -2113 -783	林纾译	鲁滨孙飘流记	2	上海商务
ㄙ -2113 -783.2	林纾译	鲁滨孙飘流续记	2	上海商务
ㄙ -2113 -811	林纾译	雾中人	3	上海商务
ㄙ -2113 -873	林纾译	蟹莲郡主传	2	上海商务
ㄙ -2113 -282	林纾译	妄言妄听	2	上海商务
ㄙ -2113 -258	林纾译	社会声影录	1	上海商务

ㄙ－2113－524	林纾译	沧波淹谍记	1	上海商务
ㄙ－2113－733	林纾译	僵桃记	1	上海商务
ㄙ－2113－818	林纾译	藕孔避兵录	1	上海商务
ㄙ－2112－822	林纾译	罗刹因果录	1	上海商务
ㄙ－2113－826	林纾译	罗刹雌风	1	上海商务
ㄙ－4344	陆康华译	降妖记	1	上海商务
ㄙ－561－1	甘永龙译	卢宫秘史	2	上海商务
ㄙ－5617	杨德森译	梦游二十一世纪	1	上海商务
ㄙ－771－3	包天笑译	苦儿流浪记	3	上海商务
ㄙ－8413－115	商务编译所	小仙源	1	上海商务
ㄙ－8413－117	商务编译所	三人影	1	上海商务
ㄙ－8413－122	商务编译所	化身奇谈	1	上海商务
ㄙ－8413－123	商务编译所	外交秘事	1	上海商务
ㄙ－8413－151	商务书馆译	一万九千磅	1	上海商务
ㄙ－8413－213	商务书馆译	波乃茵传	1	上海商务
ㄙ－8413－221	商务编译所	多那文包探案	1	上海商务
ㄙ－8413－264	商务书馆译	金银岛	1	上海商务
ㄙ－8413－273	商务书馆译	回头看	1	上海商务
ㄙ－8413－293	商务书馆译	希腊神话	1	上海商务
ㄙ－8413－314	商务书馆译	案中案	1	上海商务
ㄙ－8413－316	商务书馆译	美人磁	1	上海商务
ㄙ－8413－353	商务书馆译	珊瑚美人	1	上海商务
ㄙ－8413－374	商务书馆译	海卫侦探案	1	上海商务
ㄙ－8413－389	商务书馆译	指环党	1	上海商务
ㄙ－8413－411	商务书馆译	华生包探案	1	上海商务
ㄙ－8413－452	商务书馆译	盗窟奇缘	1	上海商务
ㄙ－8413－572	商务书馆译	夺嫡奇冤	1	上海商务
ㄙ－8413－726	商务书馆译	春花梦	1	上海商务
ㄙ－8413－732	商务书馆译	橘英男	1	上海商务

ㄙ - 8413 - 742	商务书馆译	剧场奇案	1	上海商务
ㄙ - 8413 - 843	商务书馆译	双乔记	1	上海商务
ㄙ - 8413 - 851	商务书馆译	环游月宫	1	上海商务
ㄙ - 8413 - 873	商务书馆译	双鸳侣	1	上海商务
ㄙ - 8413 - 947	商务书馆译	蛮陬奋迹记	1	上海商务
ㄙ - 8413 - 901	商务书馆译	铁锚手	1	上海商务
ㄙ - 9673 - 1	君朔译	法宫秘史前编	2	上海商务
ㄙ - 9673 - 2	君朔译	法宫秘史后编	2	上海商务
ㄙ - 9748	耕者译	娜兰小传	2	上海商务

Chinan University
List of New Books Just Arrived

Bulletin No. 15 Jan. 15, 1929

Call No. Author and Title

000 GENERAL WORKS

090.6 - J35 *Japan Year Book*. 1906. 1911 - 14. 1924. 1926 - 28.

096.04 - M87 Morley, J. V.: *Biographical Studies*. 1923.

099 - B85 Trevelyan, G. M.: *Life of John Bright*. 1925.

099 - C65 Morley, John: *Life of Richard Cobden*. 1908. 2v.

099 - M98 Fiori, V. E.: *Mussolini: the Man of Destiny*. 1928.

099 - S64 Haldane, R. B.: *Life and Writings of Adam Smith*.

099 - S64h Hirst, F. W.: *Adam Smith*. 1904.

003.9 - D64 Dodwel, Henry: *A Sketch of the History of India: from 1858 to 1918*. 1925.

004.9 - 139 *Indian Year Book*. 1928.

100 PHILOSOPHICAL SCIENCES

146 - L27 Lange, F. A.: *History of Materialism*. 1925.

150 - R62 Rivers, W. H. R.: *Psychology and Politics; and Other Essays*. 1928.

150.4 - D92 Dunlap, Knight: *Old and New Viewpoints in Psychology*. 1925.

152 - R66 Robinson, E. S.: *Practical Psychology, Human Nature in Everyday Life*. 1927.

152.1 - G38 Gesell, Arnold: *Mental Growth of the Pre - school Child*. 1926.

152.1 - W91 Woolley, H. T.: *An Experimental Study of Children*. 1926.

152.3 - W19 Wallas, Graham: *Great Society: a Psychological Analysis*. 1923.

154.4 - H22 Hamilton, G. V.: *Introduction to Objective Psychopathology*. 1925.

155 - D92 Dunlap, Knight: *The Elements of Scientific Psychology*. 1924.

155 - D92m Dunlap, Knight: *Mysticism, Freudianism and Scientific Psychology*. 1920.

185 - H52 Henson, H. H.: *The Ethics of Empire*. 1927.

195 - W67 Wilde, Norman: *The Ethical Basis of the State*. 1924.

200 EDUCATIONAL SCIENCES

230 - B85 Briggs, T. H.: *Curriculum Problems*. 1927.

231 - H25 Harap, Henry: *Technique of Curriculum Making*. 1928.

238.8 - B14 Bagley, W. C & Kyte, G. C.: *The California Curriculum Study*. 1926.

240 - S63 Sloman, L. G.: *Some Primary Methods*. 1928.

249.9 - H75 Holtz, F. L.: *Principles and Methods of Teaching Geography*. 1927.

259.9 – M16	Macmurray, C. A.: *Special Method in Geography*. 1926.
299.6 – L92	Lowth, F. J.: *Everyday Problems of the Country teacher*. 1927.

300 SOCIAL SCIENCES

320 – C16	Catlin, G. E. G.: *Science and Method of Politics*. 1927.
320 – G39	Gettell, R. G.: *Introduction to Political Science*. 1922.
320.1 – B74	Bosanquet Bernard: *Philosophical Theory of the State*. 1925.
320.1 – C68	Coker, F. W.: *Readings in Political Philosophy*. 1926.
320.1 – H68	Hobhouse, L. T.: *The Metaphysical Theory of the State: A Criticism*. 1926.
320.1 – L34	Laski, H. J.: *A Grammar of Politics*. 1926.
320.1 – M85	Marriott, J. A. R.: *The Mechanism of the Modern State*. 1927.2.
320.9 – I77	Pollock, Frederick: *Introduction to the History of the Science of Politics*. 1925.
320.93 – R68	Rockow, Lowis: *Contemporary Political Thought in England*.
321 – G64	Gooch, G. P.: *Nationalism*. 1920.
321.03 – B33	Pavlovich, Mikhail, P.: *Foundations of Imperialist Policy*. 1922.
327 – F75	Foster, J. W.: *The Practice of Diplomacy*. 1906.
327 – G24	Garvin, J. L.: *Economic Foundations of Peace*. 1919.
327 – F13	Page, Kirby: *Dollars and World Peace*. 1927.
327 – T35	Toynbee, A. J.; Macartney, C. A. and others: *Survey of International Affairs*, 1925. 1927 – 28. 2v
327.3 – R81	Rosen, Baron: *Forty Years of Diplomacy*. 1922. 2v.
327.35 – C89	Gramb, J. A.: *Germany and England*. 1914.
327.8 – F75	Foster, J. W.: *Century of American Diplomacy*. 1905.
327.8 – M82	Moore, J. B.: *Principles of American Diplomacy*.

327.88 – G23 Garner, J. W.: *American Foreign Policies*. 1928.

327.88 – L35 Latané, J. H.: *A History of American Foreign Policy*. 1927.

327.88 – N35 Nearing, Scott & Freeman, Joseph: *Dollar Diplomacy: a Study American Imperialism*. 1927.

327.89 – F53 Fisher, H. H.: *America and the New Poland*. 1928.

328 – B87 Brooks, R. C.: *Political Parties and Electoral Problems*. 1928.

329 – R26 Ray, P. O.: *An Introduction to Political Parties and Practical Politics*. 1924.

329.3 – F99 Fyfe, Hamilton: *British Liberal Party*. 1928.

329.8 – W88 Woodburn, J. A.: *Political Parties and Party Problems in the United States*. 1924.

330 – S63 Smart, William: *Second Thoughts of an Economist*. 1924.

330.1 – M36 Marshall, Alfred: *Principles of Economics*. 1926.

330.1 – R51g Ricardo, David: *Principles of Political Economy and Taxation*. 1927.

330.3 – H63 Higgs, Henry ed.: *Palgrave's Dictionary of Political Economy*. 1923 – 26. 3v.

330.9 – G45 Gide, Charles & Rist, Charles: *History of Economic Doctrines*. 1927.

330.9 – G76 Gras, N. S. B.: *An Introduction to Economic History*. 1922.

330.9 – H23 Haney, L. H.: *History of Economic Thought*. 1924. 1927.

330.9 – I54 Ingram, J. K.: *A History of Political Economy*. 1923.

330.9 – S64 Smart, William: *Economic Annals of the Nineteenth Century*. 1910. 2v.

330.914 – B68 – 3 Boissonnade, P.: *Life and Work in Medieval Europe*(5*th* – 15*th centuries*). 1927.

330.914 – R39 Renard, G. & Weulersse, G.: *Life and Work in Modern Europe*(15*th to* 18*th centuries*). 1926.

330.93 – A16 Abram, A.: *Social England in the Fifteenth Century*. 1909.

330.93 – A82 Ashley, W. J.: *Introduction to English Economic History and Theory*, 1923.

330.93 – B85 Briggs, M.: *Economic History of England*. 1926.

330.93 – G53 Cheyney, E. P.: *Introduction to the Industrial and Social History of England*. 1927.

330.93 – K73 Knowles, L. G. A.: *The Industrial and Commercial Revolutions in Great Britain during the Nineteenth Century*. 1927.

330.93 – L75 Lipson, E.: *Introduction to the Economic History of England*. 1926.

330.93 – M69 Moffit, L. W.: *England on the Eve of the Industrial Revolution*. 1925.

330.93 – P94 Price, L. L.: *Short History of Political Economy in England*. 1927.

330.93 – T75 Toynbee, Arnold: *Lectures on the Industrial Revolution of the Eighteenth Century in England*. 1927.

330.94 – C58 Clapham, J. H.: *Economic Development of France and Germany* (1815 – 1914). 1928.

330.97 – M46 Mavor, James: *Economic History of Russia*, 1925. 2v.

330.99 – G56 Glotz, Gustave: *Ancient Greece at Work*. 1926.

331 – H68 Hobson, J. A.: *Work and Wealth: a Human Valuation*. 1926.

331.24 – G48 Gilman, N. P.: *Profit Sharing between Employer and Employee*. 1917.

331.6 – W86 Webb, Sidney and Webb, Beatrice: *History of Trade Unionism* 1920. 1926.

331.6 – W381 Webb, Sidney and Webb, Beatrice: *Industrial Democracy*. 1926.

332.2 – 2 – H68 Hobson, J. A.: *Evolution of Modern Capitalism*. 1928.

332.6 – C96 Culberson, W. S.: *Commercial Policy in War Time and After*.

	1924.
333 – B62	Bizzell, W. B. : *Green Rising*. 1926.
335 – T93	Turgot: *Reflection on the Formation and the Distribution of Riches*. 1922.
335.3 – B68	Böhm – Bawerk, Eugen V. : *Positive Theory of Capital*. 1923.
336.3 – B97	Burton, T. E. : *Financial Crises and Periods of Industrial and Commercial Depression*. 1926.
337 – C22	Cannan, Edwin: *History of the Theories of Production and Distribution in English Political Economy*. 1924.
341 – W75	Wilson, G. G. : *International Law*. 1922.
342.3 – B14	Bagehot, Walter: *English Constitution*. 1925.
348.3 – T21	Taswell – Langmead, T. R. : *English Constitutional History*. 1919.
348.8 – B91	Bryce, James: *American Common Wealth*. 1926.
350.4 – M96	Munro, W. B. : *The Invisible Government*. 1928.
353 – L91	Lowell, A. L. : *The Government of England*. 1924. 2v.
354 – S15	Sait, E. M. : *Government and Politics of France*. 1920.
359.19 – B32	Reed, T. H. : *Government and Politics of Belgium*. 1924.
359.68 – B87	Brooks, R. C. : *Government and Politics of Switzerland*. 1920.
371 – C34	Cassel, Gustav: *Money and Foreign Exchange after*1914.
371.6 – T24	Taylor, W. G. L. : *Gredit System*. 1922.
374.5 – H88	Huebner, S. S. : *Life Insurance*. 1924.
379.5 – M92	Moulton, H. G. : *Germany's Capacity to Pay*. 1923.
390 – H24	Hankins, F. H. : *An Introduction to the Study of Society*. 1923.
390 – S71	Sorokin, Pitirim: *Contemporary Sociological Theories*. 1923.
393.409 – K59	Kirkup, Thomas: *History of Socialism*. 1920.

400 FINE ARTS

401 – B74	Bosanquet, Bernard: *Three Lectures on Aesthetic*. 1923.
401 – C93	Groce, Benedetto: *Aesthetic as Science of Expression Gen-*

	eral Linguistic. 1923.
404 - S98	Symons, Arthur: *Studies in Seven Arts*. 1925.

500 NATURAL SCIENCES

530 - B62	Black, N. H. & Davis, H. N.: *Practical Physics*. 1918.
531 - M38	Martin, L. A.: *Text - Book of Mechanics*. 1906. 5v.
533.7 - K63	Kleeman, R. D.: *Kinetic Theory of Gases and Liquids*. 1920.
554.5 - H95	Huntington, Ellsworth & Visher, S. S.: *Climatic Changes: Their Nature and Causes*. 1922.
573 - B79	Boyle, M. E.: *Man before History: a Short Account of Prehistoric Times*. 1924.
573 - M84 - 8	Morgan, J. D.: *Prehistoric Man; a General Outline of Prehistory*. 1925.

600 APPLIED SCIENCES

609 - M17	Mcvey, F. L.: *Modern Industrialism*. 1928.
609.3 - 97	Cunningham, W.: *The Growth of English Industry and Commerce*. 1927.
609.3 - 58	Innes, A. D.: *England's Industrial Development*. 1925.
609.3 - P45	Perris, G. H.: *Industrial History of Modern England*. 1920.
609.3 - T55	Tickner, F. W.: *Social & Industrial History of England*.
609.3 - U85	Usher, A. P.: *An Introduction to the Industrial History of England*. 1916.
630 - B15	Bailey, L. H: *Farm and Garden Rule - book*. 1923.
630 - B74	Bosworth, G. F.: *Agriculture and the Land*. 1917.
630 - S19	Sampson, H. O.: *Effective Farming*. 1920.
631.1 - W23	Warren, G. F.: *Farm Management*. 1923.
631.1 - W281	Warren, G. F.: *Laboratory Exercises in Farm Management*. 1923.
631.4 - L90	Lyon, T. L.: *Soils and Fertilizers*. 1926.
631.542 - B15	Bailey, L. H.: *Pruning - manual*. 1927.

631.586 – W64 Widtsoe, J. A.: *Dry – farming*. 1921.

631.7 – K52 King, F. H.: *Irrigation and Drainage*. 1922.

631.7 – W64 Widtsoe, J. A.: *Principles of Irrigation Practice*. 1926.

633 – F23 Farr, C. C.: *Laboratory Manual in Field Crops*. 1918.

632.1 – C28 Carleton, M. A.: *The Small Grains*. 1924.

633.2 – H67 Hitchcock, A. S.: *Text – book of Grasses*. 1922.

634 – B15 Bailey, L. H.: *Principles of Fruit – growing*. 1926.

634.7 – C26 Card, F. W.: *Bush – fruits*. 1925.

634.9 – S67 Boerker, R. H. D.: *Our National Forests*. 1926.

634.927 – H85 Howard, A. L.: *A Manual of the Timbers of the World; Their Characteristics and Uses*. 1920.

634.926 – J12 Jackson, H.: *Short Manual of Forest Management*. 1921.

635.03 – B15 Bailey, L. H.: *Standard Cyclopedia of Hosticulture*. 1927. 3v.

636 – G28 Gay, G. W.: *The Principles and Practice of Judging Live – stock*. 1922.

636 – H31 Harper, M. W.: *Manual of Farm Animals*. 1923.

636 – L77 Live – Stock, Breeders: *The Breeds of Live – stock*. 1920.

636.08 – A73 Armsby, H. P.: *Nutrition of Farm Animals*. 1928.

636.2 – M87 Morris, T. N.: *Microscopic Analysis of Cattle – foods*. 1917.

637 – L15 Ladd, C. E.: *Dairy Farming Projects*. 1923.

650 – G89 Grupp, G. W.: *Economics of Motor Transportation*. 1923.

658 – J66 Johnson, E. R. & Huebner, G. G.: *Principles of Ocean Transportation*. 1919.

660.1 – V39 Veblen, Thorstein: *The Theory of Business Enterprise*. 1927.

660.9 – D27 Day, Clive: *A History of Commerce*. 1917. 1922. 1925.

660.9 – W38 Webster, W. C.: *General History of Commerce*. 1918.

661.32 – D65 Dohr, J. L.: *Cost Accounting Theory and Practice*. 1924.

662 – E64 Bliss, J. H.: *Financial and Operating Ratios in Manage –*

	ment. 1923.
662 – H27	Hardy, C. O. and Cox, G. V. : *Forecasting Business Conditions*. 1927.
662 – H35	Hastings, H. B. : *Costs and Profits*. 1923.
662.5 – M16	McNamara, E. J. : *Secretarial Training*. 1927.
662.5 – S71	Sorelle, R. P. & Gregg, J. R. : *Secretarial Studies*. 1922.
664 – H83	Hotchkiss, G. B. : *Advertising Copy*. 1924.
667 – M85	Morgan, C. S. : *Regulation and the Management of Public Utilities*. 1923.
667.3 – B45	Bengtson, N. A. & Griffith, Donee: *Wheat Industry for Use in Schools*. 1915.
667.3 – M15	Macklin, Theodore: *Efficient Marketing for Agriculture*. 1924.
667.5 – S86	Stocking, G. W. : *Oil Industry and the Competitive System*. 1925.
668.6 – R77	Roorbach, G. B. : *Import Purchasing Principles and Problems*. 1927.
677 – B92	Buck, H. D. : *Flat Mechine Knitting and Fabrics*. 1921.

800 LITERATURE

812.04 – B81	Bradley, A. C. : *Oxford Lectures on Poetry*. 1926.
812.04 – C86	Courthope, W. J. : *Life in Poetry Law in Taste*. 1901.
830.4 – H54	Herford, C. H. : *Essays and Studies by Members of the English Association*. 1913.
832.01 – C87	Cowl, R. P. : *Theory of Poetry in England*. 1914.
832.04 – O56	Omond, T. S. : *Study of Metre*. 1920.
832.09 – C86	Courthope, W. J. : *History of English Poetry*. 1922.26.6v.
832.09 – S55	Saintsbury, George: *History of English Prosody*. 1923.3v.
832.1 – C53	Child, F. J. ed. : *English and Scottish Popular Ballads*.
833.04 – C59	Clark, A. C. : *Prose Rhythm in English*. 1913.

833.09 – S55 Saintsbury, George: *History of English Prose Rhythm.* 1922.

900 HISTORY AND GEOGRAPHY

901 – T26 Teggart, F. J.: *Theory of History.* 1925.

901 – W74 Wilmore, Albert: *Gronndwork of Modern Geography.* 1927.

907 – J91 Jusserand, J. J. and others: *Writing of History.* 1926.

909 – S55 Shotwell, J. T.: *An Introduction to the History of History.* 1923.

910 – W38 Webster, Hutton: *Readings in Medieval and Modern History.* 1917.

910 – J71 Johnston, W. & A. K.: *Handy Royal Atlas of Modern Geography.* 1927.

910.1 – H24 Hankins, F. H.: *Racial Basis of Civilization.* 1926.

920.2 – T49 Thorndiks, Lynn: *A Short History of Civilisation.* 1927.

923.641 – F28 Fay, S. B.: O*rigins of the World War.* 1928. 2v.

913.641 – R45 Renouvin, Pierre: *Immediate Origins of the War.* 1923.

913.642 – S52 Seymour, Charles: *Diplomatic Background of the War.* 1923.

913.648 – L34 Lasswell, H. D.: *Propaganda Technique in the World War.* 1927.

910.3 – B88 Brown, B. N. R.: *Principles of Economic Geography.* 1926.

910.3 – H95 Huntington, Ellsworth & Cushing, S. W.: *Principles of Human Geography.* 1924.

910.3 – J79 Jones, W. D. & Whittlesey, D. S.: *Introduction to Economic Geography.* 1927.

910.3 – 364 Smith, D. H.: *Economic Geography of Europe.* 1925.

910.5 – D26 Davis, W. M.: *Physcial Geography.* 1898.

910.5 – L19 Lake, Philip: *Physical Grography.* 1925.

910.5 – H32 Redway, J. W.: *Natural Advanced Geography.* 1921.

910.5 – T19 Tarr, R. S. & Engeln, O. D. V.: *Laboratory Manual for Physical and Commercial Geography.* 1927.

910.5 – T19n	Tarr, R. S.: *New Physical Geography*. 1927.
910.6 – H95	Huntington, Ellsworth & Cushing, S. W.: *Modern Business Geography*.
910.6 – S65	Smith, J. R.: *Industrial and Commercial Geography*. 1922.
910.8 – N56	Nowton, A. P. ed.: *Travel and Travellers of the Middle Ages*. 1926.
930.3 – J77	Jones, L. R.: *North England: an Economic Geography*. 1926.
950 – B93	Bulow, P. B. V.: *Imperial Germany*. 1914.
950 – H49	Henderson, E. F.: *Short History of Germany* 1910. 1927.
976 – K18	Karlgren, Anton: *Bolshevist Russia*. 1927.
976 – L42	Lawton, Lancelot: *Russina Revolution*(1917—1926). 1927.
976 – L48	Lee, Ivy: *Present – day Russia*. 1928.
976 – R83	Ross, E. A.: *Russian Bolshevik Revolution*. 1921.
991.1 – P49	Petris, Flinders and others: *History of Egypt*. 1924 – 27. 6v.
995.1 – S18	Salvemini, Gaetano: *Fascist Dictatorship in Italy*. 1928.
997.5 – S53	Sheean, Vincent: *The New Persia*. 1917.
999.2 – M48	Mears, E. G.: *Modern Turkey*. 1924.

Chinan University
List of New Books Just Arrived

Bulletin No. 14 Jan. 25, 1929

Call No. Author and Title

100 PHILOSOPHICAL SCIENCES

156.6 – T25 Tead, Ordway: *Instincts in Industry; a Study of Working –*

	class Psychology. 1918.
156.6 – V39	Veblen, Thorstein: *The Instinct of Workmanship and the State of the Industrial Arts*. 1922.
193.1 – T69	Plato: *The Myths of Plato*. 1905.

200 EDUCATIONAL SCIENCES

228.6 – B88	Brown University: *Annual Report of the President*. 1928.

300 SOCIAL SCIENCES

320.914 – S45	Seignobos, Ch.: Histoire Politique de L'Europe Contemporaine. 1924. 2v.
320.94 – A92	Aulard, A.: Histoire Politique de la Révolution Française. 1926.
330.1 – T23	Tawney, R. H.: *Acquisitive Society*. 1927.
331.6 – U62	Unwin, George: *Industrial Organization in the Sixteenth and Seventeenth Centuries*. 1904.
342 – D86	Duguit, Léon: Traite de Droit Constitutionnel. 1927.
345 – C84	Costigan, G. P.: *Cases and Other Authorities on Legal Ethics*. 1927.
375 – B78	Bowley, A. L.: *The Change in the Distribution of the National Income* 1880 – 1903. 1920.

400 FINE ARTS

409.2 – M96	Münsterberg, Osker: Chinesische Kunstgeschichte. 1924. 2v.

600 APPLIED SCIENCES

609.3 – S18	Salzman, S. F.: *English Industries of the Middle Ages*. 1923.
660.4 – K29	Kelly's Directories: *Kelly's Directory of Merchants, Manufacturers and Shippers of the World*. 1928.
660.74 – G22	Gardner, E. H.: *Effective Business Letters*. 1918.

700 PHILOLOGY

712 – M21 Mason, William: *A History of the Art of Writing*. 1928.

900 HISTORY AND GEOGRAPHY

910 – R36 Renouf, V. A.: *Outline of General History*. 1917.

910 – F83 Franklin, Thomas: *The Atlas Geographies*.

910.3 – B62 Blache, P. V. D. L.: *Principles of Human Geography*. 1926.

910.5 – T19 Tarr, L. P. R. S. & Engeln, O. D. V.: *A Guide for Laboratory Geography Teaching*. 1913.

913.6413 – B78 Bowley, A. L.: *Prices and Wages in the United Kingdom, 1914 – 1920*. 1921.

913.6413 – C85 Clark. J. M.: *Roadings in the Economics of War*.

913.6413 – C68 Cole, G. D. H.: *Labour in the Coalmining Industry*. 1923.

913.6413 – C68t Cole, G. D. H.: *Trade Unionism and Munitions*. 1923.

913.6413 – H49 Henderson, H. D.: *Cotton Control Board*. 1922.

913.6413 – H66 Hirst, F. W. & Allen, J. E.: *British War Budgets*. 1926.

913.6413 – K28 Keith, A. B.: *War Government of the British Dominions*. 1921.

913.6413 – M62 Middleton, T. H.: *Food Production in War*. 1923.

913.6413 – S17 Salter, J. A.: *Allied Shipping Control*. 1921.

913.6413 – T86 Truchy, Henri: Finances de Guerre De La France.

913.6413 – W85 Wolfe, Humbert: *Labour Supply and Regulation*. 1923.

FICTION

F – F744r France, Anatole: *Red Lily*.

F – 746 Douglas, Norman: *South Wind*.

391.7 – H41 Hayes, E. C.: *Sociology and Ethics*. 1921.

397.93 – A16 Abram, A.: *English Life and Manners in the Later Middle Ages*. 1913.

397.5 – E33 Ehrenberg, Richard: *Capital and Finance in the Age of the Renaissance*.

513.8 – M22 Mair, D. B.: *Fourfold Geometry*.

516 – G44 Gibbs, J. W.: *Vector Analysis*. 1925.

631.1－V46	Venn, J. A.: *Foundations of Agricultural Economics*. 1923.
631.16－G97	Currier, E. L. and others: *Farm Accounting*. 1924.

（《暨南周刊》第5卷第4期，1929）

国立暨南大学洪年图书馆新书目录

（民国十七年度下学期布告第一次
民国十八年三月十一日）

（一）中文

书码	著者	书名	册数	发行处
		000 总记		
097－194	余牧人	党国名人传	1	上海天一书院
099－22	谢介眉	王希天小史	1	上海商务
		100 哲理科学		
151－2	刘伯明译	哲学史	1	上海泰东
		300 社会科学		
311－P16－2	赵文锐译	统计学原理	1	上海商务
329.1－740－1	戴季陶	中国独立运动的基点	1	上海民智
329.282－804	中国国民党	中国国民党第一次全国代表大会宣言	1	上海民智

400 艺术

401 - 441	陈望道	美学概论	1	上海民智

500 自然科学

575 - 428	张东荪	创化论	2	上海商务
576 - H57 - 2	张修爵译	生物学的人生观	1	上海商务

800 文学

820.5428	张若谷	女作家号	1	上海真美善书店
827.5 - 650 - 8	蒋瑞藻	小说考证拾遗	2	上海商务
834 - P65 - 2	程希孟译	谭格瑞的续弦夫人	1	上海商务
834 - 30 - h	邵　挺	天仇记	2	上海商务
838 - 2W67 - 2	穆木天译	王尔德童话	1	上海泰东
874 - 058p - 2	郑振铎译	贫非罪	1	上海商务
874 - 085s - 2	柯一岑译	罪与愁	1	上海商务
894 - I14d - 2	陈　嘏	傀儡家庭	1	上海商务

ㄙ 小说

ㄙ1357 - 3	汪德祎译	城中鬼蜮记	1	上海商务
ㄙ1476	束凤鸣译	树穴金	1	上海商务
ㄙ1513	李拜兰译	红粉歼仇记	1	上海商务
ㄙ22 - 1	丁宗一译	贤妮小传	2	上海商务
ㄙ22 - 9	丁宗一译	魔冠浪影	1	上海商务
ㄙ213	华特生译	历劫恩仇	2	上海商务
ㄙ2113 - 110	林纾译	天囚忏悔录	1	上海商务
ㄙ2113 - 133	林纾译	大食故宫余载	1	上海商务
ㄙ2113 - 134	林纾译	大侠红蘩蕗传	1	上海商务
ㄙ2113 - 143	林纾译	玉雪留痕	1	上海商务
ㄙ2113 - 173	林纾译	玉楼花劫前编	2	上海商务
ㄙ2113 - 172.2	林纾译	玉楼花劫后编	2	上海商务
ㄙ2113 - 174	林纾译	以德报怨	1	上海商务

ㄙ2113－212	林纾译	奇女格露枝小传	1	上海商务
ㄙ2113－214	林纾译	埃及异闻录	1	上海商务
ㄙ2113－222	林纾译	沙利沙女王小纪	2	上海商务
ㄙ2113－247	林纾译	拊掌录	1	上海商务
ㄙ2113－262	林纾译	玫瑰花	2	上海商务
ㄙ2113－262.2	林纾译	玫瑰花续编	1	上海商务
ㄙ2113－292.2	林纾译	孤露佳人续编	2	上海商务
ㄙ2113－313	林纾译	海外轩渠录	1	上海商务
ㄙ2113－330	林纾译	马　妒	1	上海商务
ㄙ2113－333	林纾译	洞冥记	1	上海商务
ㄙ2113－334	林纾译	美洲童子万里寻亲记	1	上海商务
ㄙ2113－339	林纾译	脂粉议员	1	上海商务
ㄙ2113－365	林纾译	恨绮愁罗记	2	上海商务
ㄙ2113－373	林纾译	神枢鬼藏录	1	上海商务
ㄙ2113－411	林纾译	蛇女士传	1	上海商务
ㄙ2113－433	林纾译	斐洲烟水愁城录	2	上海商务
ㄙ2113－434	林纾译	鱼海泪波	1	上海商务
ㄙ2113－482	林纾译	残蝉曳声录	1	上海商务
ㄙ2113－511	林纾译	新天方夜谭	1	上海商务
ㄙ2113－532	林纾译	歇洛克奇案开场	1	上海商务
ㄙ2113－540	林纾译	义　黑	1	上海商务
ㄙ2113－577	林纾译	电影楼台	1	上海商务
ㄙ2113－633	林纾译	髯刺客传	1	上海商务
ㄙ2113－829	林纾译	钟乳骷髅	1	上海商务
ㄙ2113－849	林纾译	双雄义死录	1	上海商务
ㄙ2113－913	林纾译	矐目英雄	2	上海商务
ㄙ2113－927	林纾译	芦花余孽	1	上海商务
ㄙ2113－936	林纾译	蛮荒志异	1	上海商务

厶 2113 – 963	林纾译	鹯巢记上编	2	上海商务
厶 2113 – 963. 2	林纾译	鹯巢记续编	2	上海商务
厶 2113 – 987	林纾译	鹦鹉缘	2	上海商务
厶 2113 – 987. 2	林纾译	鹦鹉缘续编	2	上海商务
厶 2113 – 987. 3	林纾译	鹦鹉缘三编	2	上海商务
厶 2116 – 287	莎士比	吟边燕语	1	上海商务
厶 2484	周逴译	匈奴奇士录	1	上海商务
厶 2712	胡克译	玉楼惨语	1	上海商务
厶 3002	范　况	秘密军港	1	上海商务
厶 3002 – 4	范　况	蛇首党	1	上海商务
厶 3371	唐人杰	模范町村	1	上海商务
厶 3931	徐　大	壁上血书	1	上海商务
厶 4021	梁禾清	大荒归客记	2	上海商务
厶 4162	郭演公	名优遇盗记	1	上海商务
厶 4343	陆秋心	墨沼疑云	2	上海商务
厶 4411 – 6	陈大灯	遮那德自伐后八事	2	上海商务
厶 4411 – 7	陈大灯	遮那德自伐八事	2	上海商务
厶 4413	盖婆赛	白头少年	1	上海商务
厶 4493	陶祝年	爱儿小传	1	上海商务
厶 5272	彼得巴利	希腊兴亡记	1	上海商务
厶 5984	勒格克司	重臣倾国记	2	上海商务
厶 674	刘义庆	世说新语	4	上海商务
厶 6613	郑振铎	中国短篇小说	1	上海商务
厶 6741 – 3	加仑汤姆	侠女破奸记	1	上海商务
厶 731	史久成	战场情话	2	上海商务
厶 7311	司提文森	笑里刀	1	上海商务
厶 7311 – 1	布斯俾	青藜影	1	上海商务
厶 7311 – 2	哈葛德	血泊鸳鸯	1	上海商务
厶 8412 – 111	商务编译所	一仇三怨	1	上海商务

ㄙ8413－137	商务编译所	一束缘	1	上海商务
ㄙ8413－212	商务编译所	朽木舟	1	上海商务
ㄙ8413－231	商务编译所	西班牙宫闱琐语	1	上海商务
ㄙ8413－323	商务编译所	海外拾遗	1	上海商务
ㄙ8413－324	商务编译所	桑伯勒包探案	1	上海商务
ㄙ8413－337	白来登	苦海余生录	1	上海商务
ㄙ8413－388	嘉波留	毒药樽	1	上海商务
ㄙ8413－422	乐林司郎治	黄金血	1	上海商务
ㄙ8413－444	波士俾	复国轶闻	1	上海商务
ㄙ8413－534	商务编译所	新飞艇	1	上海商务
ㄙ8413－638	商务编译所	漫郎摄实戈	1	上海商务
ㄙ8413－832	商务编译所	双指甲	1	上海商务
——	少栗风叶	鬼士官	1	上海商务
——	托尔斯泰	托尔斯泰小说集	1	上海泰东
ㄙ9142	天　行	雪市孤踪	1	上海商务
ㄙ9673－3	大仲马	侠隐记	4	上海商务
ㄙ9681	黎烈文	京本通俗小说	1	上海商务
ㄙ9683	枕　流	续笑里刀	2	上海商务
ㄙ9711	托尔斯泰	雪花围	1	上海商务
ㄙ9728	寒　蕾	古国幽情记	3	上海商务
ㄙ9781	双石轩	冰蘖余生记	2	上海商务
ㄙ9781－6	余增史	铜圜雪恨录	2	上海商务
ㄙ982－9	托尔斯泰	骠骑父子	1	上海商务

Chinan University
List of New Books Just Arrived

Bulletin No. 15 Mar. 13, 1929

Call No.	Author and Title
	000 GENERAL WORKS
096.04 – B91	Bryce, James: *Studies in Contemporary Biography*. 1927.
097.2 – B96	Burnham, W. H.: *Great Teachers and Mental Health*. 1926.
	100 PHILOSOPHICAL SCIENCES
109 – H69	Hoffding, Harald: *Brief History of Modern Philosophy* □□□.
150 – L96	Lund, F. H.: *Psychology, the Science of Mental Activity*.
150 – M13	Mac Dougall, Robert: *General Problems of Psychology*.
150 – M96	Munsterberg, Hugo: *Psychology: General and Applied*. 2□.
150 – W46	Wells, F. L.: *Mental Adjustments*. 1923.
151 – D92	Dunlap, Knight: *An Outline of Psychobiology*. 1917.
151 – L15	Ladd, G. T.: *Elements of Physiological Psychology*. 1911.
151.1 – H75	Herrick, C. J.: *An Introduction to Neurology*. 1928.
152.1 – B18	Balwdin, B. T. & Stecher, L. I.: *The Psychology of Pre-school Child*. 1927.
152.1 – P36	Pechstein, L. A. & Jenkins, Frances: *Psychology of the Kindergarten-primary Child*. 1927.
153 – W34	Watson, J. B.: *Behavior: an Introduction to Comparative Psychology*. 1924.

154 – M43 Mateer, Florence: *The Unstable Child.* 1927.

155 – C79 Collins, Mary & Drever, James: *A First Laboratory Guide in Psychology.* 1926.

200 EDUCATIONAL SCIENCES

201 – B14 Bagley, W. C.: *Determinism in Education.* 1928.

201 – GC46 Chapman, J. C. & Counts, G. S.: *Principles of Education.* 1924.

201 – C62 Clem, O. M.: *A Work Book Spllabus in Principles of Education.* 1928.

201 – C97 Curoe, P. B. V.: *Principles of Education.* 1926.

201 – H48 Henderson, C. H.: *Education and the Larger Life.* 1902.

201 – S34 Schmalhausen, S. D.: *Humanizing Education.* 1927.

201 – T98 Tyler, J. M.: *Growth and Education.* 1907.

201.1 – C45 Chancellor, W. E.: *Theory of Motives Ideals and Values in Education.* 1907.

210 – C96s Cubberley, E. P.: *State School Administration.* 1927.

214.8 – B26 Barr, A. S. & Burton, W. H.: *The Supervision of Instruction a General Volume.* 1926.

224 – R28 Reavis, W. C.: *Pupil Adjustment in Junior and Senior High Schools.* 1926.

230 – B66 Bobbitt, Franklin: *Curriculum Investigations.* 1926.

2□□ – J92 Judd, C. H.: *Psychology of Secondary Education.* 1927.

2□□ – A21 Adams, John: *Errors in School.*

240.1 – T66 Tonks, H. L.: *Psychological Foundations of Teaching.* 1927.

245.6 – A33 Alberty, H. B.: *A Study of the Project Method in Education.* 1927.

270 – D73 Douglass, A. A.: *Secondary Education.* 1927.

271 – C77 Cook, W. A.: *High School Administration.* 1926.

279.8 – K82 Koos, L. V.: *American Secondary School.* 1927.

291.7 – N49	Neumann, Henry: *Education for Moral Growth*. 1928.
292 – T49	Thorndike, E. L. & others: *Adult Learning*. 1928.

300 SOCIAL SCIENCES

330.93 – A82	Ashley, W. J.: *An Introduction to English Economic History and Theory*. 1923.
330.93 – K73	Knowles, L. C. A.: *The Industrial and Commercial Revolutions in Great Britain during the Nineteenth Century*. 1927.
337 – G82	Gregory, T. E. G.: *Tariffs: A Study in Method*. 1921.
350 – W78	White, L. D.: *Introduction to the Study of Public Administration*. 1926.

400 FINE ARTS

400 – G65	Goodyear, W. H.: *Renaissance and Modern Art*. 1922.
401 – B74h	Bosanquet, Bernard: *History of Aesthetic*. 1922.
409.943 – G22	Gardner, Percy: *Principles of Greek Art*. 1926.
412 – W28	Warren, H. L.: *Foundations of Classic Architecture*. 1919.
418 – H88	Hubbard, H. V. & Kimball, Theodora: *An Introduction to the Study of Landscape Design*. 1927.
470.9 – F78	Fowler, H. N.: *History of Sculpture*. 1923.
480 – D43	Derr, Louis: *Photography: for Students of Physics and Chemistry*. 1922.
480.3 – G88	Grove, George: *Dictionary of Music and Musicians*. 1927.
492 – T49	Thorndike, A. H.: *Shakespeare's Theater*. 1928.

500 NATURAL SCIENCES

510 – W59	Whitehead, A. N.: *An Introduction to Mathematics*. 192□.
516 – R93 – 3	Runge, C.: *Vector Analysis*.
516 – S17	Salmon, George: *Treatise on the Analytic Geometry of the Dimensions*. 1928.
517.4 – B99	Byerly, W. E.: *Introduction to the Calculus of Variations*. 1928.

530 - H11　Hass, Arthur: *The New Physics*. 1924.

530 - M46　Maxwell, J. C.: *Matter and Motion*. 1925.

530 - P89　Poynting, J. H. & Thomson, J. J.: *A Text-book of Physics*. 1924 - 27.

530 - R31　Reed, J. O.: *College Physics*. 1924.

530 - W34　Watson, William: *Text-book of Physics*. 1927.

530 - W34e　Watson, William: *Elementary Practical Physics*. 1926.

530 - W34p　Watson, William: *Text-book of Practical Physics*. 1922.

531 - S63　Slocum, S. E.: *Theory and Practice of Mechanics*. 1913.

531.2 - L88　Loney, S. L.: *Elements of Statics and Dynamics*. 1927.

531.2 - L83s　Loney, S. L.: *Solutions of the Examples in the Elements of Statics and Dynamics*. 1927.

531.3 - G78　Gray, Andrew. & Gray, J. D.: *Treatise on Dynamics*. 1920.

531.3 - L64　Love, A. E. H.: *Theoretical Mechanics*. 1921.

531.4 - L83　Loney, S. L.: *An Elementary Treatise on the Dynamics of a Particle and of Rigid Bodies*. 1927.

532.59 - F59　Fleming, J. A.: *Waves and Ripples in Water, Air, and Aether*. 1923.

534 - S93　Strutt, J. W. & Rayleigh, Baron: *Theory of Sound*. 1926.

535 - T47　Thompson, S. P.: *Light Visible and Invisible*. 1921.

535 - W88　Wood, R. W.: *Physical Optics*. 1924.

535.6 - L64　Luckiesh, M.: *Color and Its Applications*. 1927.

537 - F12　Faraday, Michael: *Experimental Researches in Electricity*. 1922.

537 - H57　Hertz, Heinricl: *Electric Waves*. 1900.

537 - S79　Starling, S. G.: *Electricity and Magnetism for Advanced Students*. 1927.

600　APPLIED SCIENCES

620.04 - F87　French, T. E.: *Manual of Engineering Drawing for*

Students and Draftsmen. 1924.

620.8 – B83 Breed, C. B. & Hosmer, G. L. : *Principles and Practice of Surveying*. 1925.

620.8 – W84 Wentworth, G. A. : *Surveying and Tables*. 1903.

640 – F49 Findlay, Alexander: *Chemistry in the Service of Man*. 1925.

700 PHILOLOGY

735.8 – B84 Brewster, W. T. : *Representative Essays on the Theory of Style*. 1928.

739.3 – H18 Hall, J. R. C. : *Concise Anglo-Saxon Dictionary*. 1916.

800 LITERATURE

810.4 – N72 Nitchie, Elizabeth: *The Criticism of Literature*. 1928.

812.04 – A38 Alexander, H. B. : *Poetry and the Individual*. 1906.

812.04 – R27 Raymoud, G. L. : *Poetry as a Representative Art*. 1910.

814.07 – E73 Ervine John, G. : *How to Write a Play*. 1928.

830.4 – B84 Brewster, William, T. : *Specimens of Modern English Literary Criticism*. 1925.

830.9 – B87 Brooke, S. A. : *English Literature from the Beginning to the Norman Conquest*. 1916.

830.9 – G23 Garnett, Richard: *English Literature: an Illustrated Record*. 1926. 4v.

831.15 – E46 Elliott, G. R. & Forester, Norman: *English Poetry of the Nineteenth Century*. 1927.

832.09 – S15 Saintsbury, George: *History of English Prosody*. 1923.

832.1 – R66 Robinson, Lennox: *Golden Treasury of Irish Verse*. 1925.

832.2 – S52 Shackford, M. H. : *First Book of Poeties*. 1926.

834.09 – N47 Nettleton, G. H. : *English Drama of the Restoration and Eighteenth Century* (1642—1780). 1928.

834.1 – G29 Gayley, C. M. : *Representative English Comedies*. 1926.

900 HISTORY

911 – B97	Bury, J. R. & others: *Cambridge Ancient History*. 1924. 7v.
912 – G99	Gwatkin, H. M. & others: *Cambridge Medieval History*. 1924. 5v. with maps 5v.
913 – W26	Ward, A. W. & others: *Cambridge Modern History*. 1907.

(《暨南周刊》第5卷第5期,1929)

国立暨南大学洪年图书馆新书目录

(民国十七年度下学期布告第二次 民国十八年三月念二日)

(一)中文

书码	著者	书名	册数	发行处
		000 总记		
040.12 – 393	徐应秋	玉芝堂谈荟	36	镇海吴氏
070 – 248	周孝庵	最新实验新闻学	1	时事新报馆
082 – 972	曹本荣等	湖北丛书	100	三余草堂
082.1 – 2	丁晏	颐志斋丛书	16	六艺堂
082.1 – 98.2	朱熹	朱子全书	66	成都书局
		100 哲理科学		
159.4 – 598	赵演	本能论	1	上海商务
171.942 – 2	朝永三十郎	近世“我”之自觉史	1	上海商务
		200 教育科学		
201.15 – 522	舒新城	心理原理实用	1	上海商务

教育学

300 社会科学

301.412	郭任远	社会科学概论	1	上海商务
323.1 - 705	钱义璋	沙基痛史	1	
327.21 - 135	汪兆铭	巴黎和议后之世界与中国	1	上海亚东
329.281 - 225	邵元冲	建国之路	4	建国周刊社
329.284 - 502	费哲民等	党政专号	1	南京京报社
329.288 - 449	陶凤子	蒋介石演义	2	广州国民书店
351 - G65 - 2	谢晓石	美法英德比较行政法	1	南昌普益书局
352.2 - 502	费绍宏	会计规程	3	特别市财政局
355.7937 - 2	朱和中	胶州行政	1	上海民智
375.6 - 803	上海财政局	业务汇报	1	上海各大书局
390 - 98	朱亦松	社会学原理	2	上海商务
390 - B67	瞿世英译	社会学概论	1	上海商务
390 - D96 - 2	Emil,Durkhim	社会学方法论	1	
392.09 - 654	蔡和森	社会进化史	1	上海民智
323.7 - P61 - 2	朱敏译	鲍罗庭之罪恶	1	广州平社
393.409 - B36	N,Bear	社会主义	2	上海民智

500 自然科学

512 - W48 - 2	G,A'Wentworth	温氏高中代数学	2	上海商务
513 - 248	周宣德	现代初中教科书几何	1	
514 - 674	刘正经	三角术	1	
514.5 - 461	黄元吉	平三角大要	1	
550 - 428	张资平	地质学者达尔文	1	
580 - 148 - 2	杜就田	植物学	1	

600 应用科学

621 – 674	刘振华	内燃机关	1	上海新学会社
630 – 300	范　扬	农家百事问答	1	
630 – 650	蒋祖墉	农学实验法讲义	1	
630. 92 – 164	吴蛰扈	中国农业史	1	
631 – 491	黄　毅	垦荒全书	1	
634. 928 – 151	李英贤	森林管理学	1	
636. 2 – 375	孙　钺	实用养牛全书	1	
636. 3 – 375	孙　钺	实用养羊全书	1	
636. 4 – 271	胡朝阳	实用养豕全书	1	
636. 5 – 375	孙本忠	最新实验孵卵法	1	
639. 5 – 661	郑怜生	实用养鸡要诀	1	
638. 1 – 661	郑　蠡	实用养蜂全书	1	
660 – 21	王言纶	最新商业学	2	中国图书公司

700　语言学

767 – 934	内堀维文	日语读本	4	上海商务

800　文学

821. 1 – 727 – 4	萧　统	文选纂注	12	明天启
822 – 148 – 1	杜　甫	王状元集百家注编年杜陵诗史	12	贵池刘氏玉海堂
822. 6 – 428	张惠言	七十家赋钞	5	江苏书局
874 – A55 – 2	沈琳译	比利时的悲哀	1	上海商务
894 – I14p – 2	Hsen, Hwrik	社会柱石	2	

900　历史地理

910 – 242	金兆梓	初级世界史	1	上海中华
920 – 170 – 6	吕思勉	白话本国史	4	上海商务
920 – 698	赵玉森	新著本国史	1	
920 – 791	顾颉刚等	本国史	3	
920 – 19 – 164	吴式芬	捃古录	20	海丰吴氏
920 – 19 – 586	端　方	陶斋吉金续录	2	

927.5 -332	高博彦	中国近百年史纲要	2	北平文化学社
928.1 -869	革命纪念会	广州三月二十九革命史	2	上海民智
960 -441	陈恭禄	日本全史	1	上海中华
		ㄙ 小说		
ㄙ -22	丁宗一	怪手印	2	上海商务
ㄙ -212	王卓民	蛮花情果	2	
ㄙ -212 -3		恩 怨	1	
ㄙ -219	勃留登	劫花小影	2	
ㄙ -771	包天笑	科学家庭	2	
ㄙ -982	惠霖劳克	毒菌学者	2	
ㄙ -1357	汪德祎	秘密室	1	
ㄙ -1357 -4		假跛人	1	
ㄙ -1648	押川春浪	侠女郎	1	
ㄙ -1648 -2	勃拉锡克	车中毒针	1	
ㄙ -2113 -224	林 纾	亨利第六遗事	1	
ㄙ -2113 -233		戎马书生	1	
ㄙ -2113 -239		金风铁雨录	3	
ㄙ -2113 -479		焦头烂额	2	
ㄙ -2113 -480		情 翳	1	
ㄙ -2113 -490		梅 孽	1	
ㄙ -2287	孟宪承	明眼人	1	
ㄙ -2421 -3	押川春浪	秘密电光艇	1	
ㄙ -2484 -3	Haggard	红星佚史	1	
ㄙ -2609	Dumas	地亚小传	2	
ㄙ -2717	伊凡羌宁	乡里善人	2	
ㄙ -3932	卓 呆	地狱礁	2	
ㄙ -3937	徐慧公	蜘蛛毒	1	

ㄙ-4262	张叔严	俄罗斯宫闱秘记	2
ㄙ-4287	张毅汉	绿 光	2
ㄙ-4912	密 罗	冢中人	1
ㄙ-4918	黄翼云	后不如归	1
ㄙ-5929	黑岩周六	天际落花	1
ㄙ-6741	可林克洛悌	慧 劫	2
ㄙ-6741-2	刘幼新	奇婚记	1
ㄙ-7129	韦 烈	合欢草	2
ㄙ-7564	瞿宣颖	隅 屋	2
ㄙ-8413-133	许复古	二俑案	1
ㄙ-8413-183	华尔登	尸椟记	1
ㄙ-8413-241	商务编译所	世界一周	1
ㄙ-8413-334		真隅然	1
ㄙ-8413-490		画 灵	1
ㄙ-8413-913		宝石城	1
ㄙ-9644	葛丽裴史	飞将军	2
ㄙ-9651	生 可	血 痕	1
ㄙ-9681	Vrren	八十日	1
ㄙ-9738	美林孟	稗苑琳琅	1

Chinan University
List of New Books Just Arrived

Bulletin No. 16 Mar. 22, 1929

Call No. Author and Title

100 Philosophical Sciences

103 – B18	Baldwin, J. M. ed. : *Dictionary of Philosophy and Psychology*. 1928.
110 – S23	Santayana, George : *Life of Reason*.
110.9 – M57	Merz, J. T. : *A History of European Thought in Nineteenth Century*. 1912 – 23. 4v.
113 – M95	Muirhead, J. H. : *Contemporary British Philosophy : Personal Statements*. (2nd series)
149.3 – S58	Silberer, Herbert : *Problems of Mysticism and Its Symbolism*. 1917.
150 – B29	Bartlett, F. C. : *Psychology and Primitive Culture*. 1923.
150 – W45	Weld, H. P. : *Psychology as Science : Its Problems and Points of View*. 1928.
150.1 – W91	Woodworth, R. S. : *Dynamic Psychology*. 1925.
150.3 – D51	Dewey, John : *Human Nature and Conduct : An Introduction to Social Psychology*.
152.3 – M13	McDougall, William : *Introduction to Social Psychology*. 1928.
154 – J93	Jung, C. G. : *Psychology of Unconscious*. 1922.
154.2 – J95	Jung, C. G. : *Contributions to Analytical Psychology*. 1928.
154.2 – L42	Lay, Wilfrid : *Man's Unconscious Conflict ; A Popular Exposition of Psychoanalysis*. 1924.
156.6 – V39	Veblen, Thorstein : *Instinct of Workmanship and the State of Industrial Arts*. 1922.
170 – H66	Hobhouse, L. T. : *Morals in Evolution : Study in Comparative Ethics*. 1925.
170 – S83	Stephen Leslie : *Science of Ethics*. 1907.
170 – 9 – M99	Mydrs, P. V. N. : *History as Past Ethics : Introduction to History of Morals*. 1913.
170.9 – W53	Westermarck, Edward : *The Origin and Development of*

	Moral Ideas. 1924 – 26. 2v.
190 – M32	Marett, R. R.: *The Threshold of Religion*. 1914.
190.4 – T65	Tolstory, L. N.: *Kingdom of God Is within You, What Is Art? What Is Religion?* 1899.
191.11 – B46	Benn, A. W.: *History of English Rationalism in Nineteenth Century*. 1906. 2v.
191.11 – L46	Lecky, W. E. H.: *History of Rise and Influence of Spirit of Rationalism in Europe*. 1910.
191.27 – S55	Shotwell, J. T. & Loomis, L. R.: *See of Peter*. 1927.

200 Educational Sciences

201.3 – O82	O'Shea, M. V.: *Social Development and Education*. 1909.
204 – P65	Pink, M. A.: *Procrustes: Future of English Education*. 1927.

300 Social Sciences

311 – G24	Garrett, H. E.: *Statistics in Psychology and Education*. 1926.
320.98 – M56	Merriam, C. E.: *History of American Political Theories*. 1928.
327.86 – B99	Bywater, H. C.: *Sea-power in Pacific: A Study of American Japanese Naval Problem*. 1921.
332.1 – V61	Viallate, Achille: *Economic Imperialism and International Relations during the Last Fifty Years*. 1923.
332.2 – H68	Hobson, J. A.: *Evolution of Modern Capitalism*. 1928.
342.3 – A21	Adams, G. B.: *Constitutional History of England*. 1926.
371 – S73	Spalding, W. F.: *Eastern Exchange Currency and Finance*. 1924.
390 – B67	Bogardus, E. S.: *Introduction to Sociology*. 1928.
390 – W27	Ward, L. F.: *Pure Sociology*. 1925.
390.1 – L91	Lowie, R. H.: *Primitive Society*. 1921.
390. T – 75	Tozzer, A. M.: *Social Origins and Social Continuities*. 1928.
393.409 – K59	Kirkup, Thomas: *History of Socialism*. 1920.

400 Fine Arts

401 – R27 Raymond, G. L.: *Genesis of Art-form; An Essay in Comparative Aesthetics*. 1893.

401 – R27r Raymond, G. L.: *Rhythm and Harmony in Poetry and Music; Together with Music as Representative Art*. 1920.

480.9 – G78 Gray, Cecil: *History of Music*. 1928.

492 – C87 Crafton, Allen & Royer, Jessica: *Self Expression Through Spoken Word*. 1928.

492 – 173 Isaacs, E. J. R. ed.: *Theatre; Essays on Arts of Theatre*. 1927.

500 Natural Sciences

509 – T57 Tilden, W. A.: *Chemical Discovery and Invention in Twentieth Century*. 1926.

512.8 – F49 Fine, H. B.: *College Algebra*. 1904.

513.3 – W48s Wentworth, George & Smith, D. E.: *Solid Geometry*. 1913.

530 – F36 Ferry, E. S.: *General Physics and Its Application to Industry and Everyday Life*. 1925.

530 – H49 Henderson, W. D.: *Problems in Physics for Technical Schools, Colleges, and Universities*. 1916.

530 – K49 Kimball, A. L.: *College Text-book of Physics*. 1923.

530 – M65p Millikan, R. A. & Gale, H. G.: *Practical Physics*. 1922.

530 – W93 Worsnop, B. L. & Flint, H. T.: *Advanced Practical Physics for Students*. 1927.

530.1 – L85 Lorontz, H. A. & others: *Principle of Relativity*. 1923.

531.2 – L21 Lamb, Horace: *Statics, Including Hydrostatics and The Elements of Theory of Elasticity*. 1928.

535.7 – J43 Jeans, J. H.: *Mathematical Theory of Electricity and Magnetism*. 1927.

540 – M38 Martin, Geoffrey: *Triumphs and Wonders of Modern Chemistry*.

542 – B46 Benedict, F. G.: *Chemical Lecture Experiments*. 1925.

570 – M11 Macalister, R. A. S. : *A Text-book of European Archaeology*. 1921.

572 – G61 Goldenweiser, A. A. : *Early Civilization; Introduction to Anthropology*.

572.09 – H12 Haddon, A. C. & Quiggin, A. H. ed. : *History of Anthropology*.

573 – M41 Mason, O. T. : *Woman's Share in Primitive Culture*. 1927.

573.2 – K28 Keith, Arthur: *Antiquity of Man*. 1929. 2v.

573.3 – J76 Jones, F. W. : *Arboreal Man*. 1926.

573.3 – L98 Lyell, Charles: *The Geological Evidence of Antiquity of Man*. 1927.

573.3 – V26 Van Loon, H. W. : *The Liberation of Mankind*. 1926.

575 – O81 Osborn. H. F. : *From Greeks to Darwin: Outline of the Development of Evolution Idea*. 1927.

575.5 – D22 Darwin, Charles: *Descent of Man, and Selection in Relation to Sex*. 1927.

600 Applied Sciences

624.25 – W44 Weiss, H. F. : *Preservation of Structural Timber*. 1916.

650 – G89 Grupp, G. W. : *Economics of Motor Transportation*. 1923.

658 – J66 Johnson, E. R. & Huebner, G. G. : *Principles of Ocean Transportation*. 1919.

660.77 – S71 SoRelle, R. P. & Cutler, I. M. : *Rational Typewriting*. 1916.

664 – H83 Hotchkiss, G. B. : *Advertising Copy*. 1924.

700 Philology

737 – D41 Danton, A. P. : *Background Series of English Readers*. 1928.

800 Literature

804 – B11 Babbitt, Irving: *The New Laokoon*. 1926.

812.01 – B9S Butcher, S. H. : *Aristotle's Theory of Poetry and Fine Art: with a Critical Text and Translation of the Poetics*.

1927.

812.0 – N41 Neilson, W. A.: *Essentials of Poetry*. 1912.

812.0 – P92 Prescott, F. C.: *Poetic Mind*. 1926.

812.0 – S81 Stedman, E. C.: *Nature and Elements of Poetry*. 1920.

812.0 – W68 Wilkinson, Marguerite: *New Voices: an Introduction to Contemporary Poetry*. 1928.

812.04 – S23 Santayana, George: *Interpretations of Poetry and Religion*. 1927.

812.2 – L91 Lowes, J. L.: *Convention and Revolt in Poetry*. 1928.

812.2 – U61 Untermeyer, Louis: *The Forms of Poetry*. 1926.

830 – P53 Phelps, W. L.: *Beginners of English Romantic Movement*. 1893.

832.01 – A35 Alden, R. M.: *An Introduction to Poetry*. 1927.

832.01 – A53c Alden, R. M.: *English Verse*. 1926.

832.07 – A57 Andrews, C. E.: *The Writing and Reading of Verse*. 1927.

832.09 – G28 Gayley, C. M.: *English Poetry: Its Principles and Progress*. 1917.

832.1 – B52 Bernbaum, Ernest: *English Poets of Eighteenth Century*. 1918.

832.1 – L79 Lockwood, L. E.: *Sonnets; Selected from English and American Authors*. 1919.

832.1 – M88 Morse, L. K.: *Melodies of English Verse*. 1916.

832.1 – S59 Sidney, Philip: *Defense of Poetry*. 1909.

832.1 – W46 Wells, Carolyn: *A Parody Anthology*. 1927.

832.85 – S43 Schelling, F. E.: *A Book of Elizabethan Lyrics*. 1895.

832.85 – L83 Lomax, J. A.: *Cowboy Songs and Other Frontier Ballads*. 1927.

832.85 – S32 Schelling, F. E.: *A Book of Seventeenth Century Lyrics*. 1899.

832.85 – S82 Stempel, G. H. ed.: *A Book of Ballads Old and New*. 1927.

832.8504 – D78 Drinkwater, John: *The Lyric*.

832.8504 – E73 Erskine, John: *The Elizabethan Lyric*. 1903.

832.8507 – S32 Schelling, F. E.: *English Lyric*. 1913.

882.1 – U61 Undermeyer, Louis: *American Poetry Since* 1900. 1927.

900 History and Geography

907 – G35 George, H. B.: *Historical Evidence*. 1909.

907 – L28 Langlois, C. V. & Seignobos, C.: *Introduction to the Study of History*.

909 – S55 Shotwell, J. T.: *An Introduction to the History of History*. 1923.

910 – 091 Otto, Bishop of Freising: *Two Cities: Chronicle of Universal History to* 1146 A. D. 1928.

911 – B85 Breasted, J. H.: *Ancient Times: A History of the Early World*. 1916.

912 – E55 Emerton, Ephraim: *Introduction to the Study of Middle Ages*(375 – 814). 1916.

912.01 – T14 Taylor, H. O.: *The Classical Heritage of the Middle Ages*. 1925.

912.01 – T24 Taylor, H. O.: *The Mediaeval Mind*. 1927.

913.5 – C44 Chamberlain, H. S.: *Foundations of the Nineteenth Century*. 1914.

913.64 – H41 Hayes, C. J. H.: *A Brief History of the Great War*. 1928.

917 – P34 Payne, E. J.: *History of the New World Called America*. 1892.

920.3 – H95 Huntington, Ellsworth & Cushing, S. W.: *Principles of Human Geography*. 1924.

930 – G53 Cheyney, E. P.: *A Short History of England*. 1927.

930.3 – L91 Low, Sidney: *The Dictionary of English History*. 1928.

990.1 – G58 – 3 Glotz, Gustave: *Aegean Civilization*. 1925.

(《暨南周刊》第5卷第6期,1929)

校长布告

(第十六号)

为布告事,查本校洪年图书馆学生图书费,每学期现只收大洋三元,一切进行殊感困难,自十八年度起,一律增收大洋五元。该款收到后,用图书馆名义存放学校银行,充作购书费用,随时可以取款,以免办事迟滞之弊。此种办法,中央、光华、中公、复旦、武汉各大学均经实行,本校事同一律,自应重新厘订以策进行。除函知图书馆学校银行遵照办理外,合行布告,仰各同学一体知照。

此布

校长　郑洪年

(《暨南校刊》1929 年第 1 期)

国立暨南大学洪年图书馆年度概况

金敏甫

馆务之扩充　本校历届校长虽皆知图书馆之重要,惟以经费不充未能发展。前年校务会感于书籍缺乏,教育难得良果,欲谋所以扩充,知经费不能望于公家,遂谋捐募以成其事,举姜琦、潘序伦、雷宾南、许克诚诸君筹划。预定建筑费一万五千元,先由校董及教职员认捐,当时校董郑洪年先生(即今校长)首认五千元,教职员自捐及向外募来亦如之。郑先生并敦促即时进行,如有不足,由其担负。筹备诸君感于郑先生之热诚,及其为华侨教育谋进步之心愿数十年不怠,遂议以洪年名新建图书馆,以为纪念。工兴于民国十五年十二月中,因兵事停顿,直至今校长接事时始完工。

全馆占地六分余,作凸字形,分上下两层,有三室。左右翼为阅览室,突后一室为书库。下层共五室,一馆长室,一阅报室,一编目室,一书库,一馆员室。阅览室同时阅览,可容一百二十八人,阅报室可容八十人。

图书馆之建筑费一万三千八百零七两,设备费五千元,除支用上述捐款外,余为爪哇及菲律宾华侨捐款。

行政　本馆在早原为教务处行政之一部,校长聘许君克诚主其事。自十七年度下学年,范围扩大直隶校长,聘教授叶崇智主其事,并聘助理一人佐之,设登录、编目、典藏三股,编目分中西文部,各股设主任一人。

书籍之选购　选购书籍之标准:(一)备现在各系各科所开学程之普通参考,(二)分期选购名著,(三)注意选购世界新出著作,以与时代接触。购书手续则由各系各科主任开单交图书馆查看,如无藏书,即行购买。购书费十七年以前未预定数目,十七年度下学期由校长指定一万八千元分配于各系。本年度已支出购书费一万六千余元,尚有已向外国定购而未到者约六千元。

现藏书籍　中文本约十五万卷,钉为一万六千余册。西文书八千余册。日文书五百册。

编目概况

本馆往日馆员人数稀少,完备目录未及编制;至十七年三月,改组扩充后,始设中西文编目股,增加馆员人数,遂着手于字典式目录之编制。迄今为时仅四月,西文新旧书籍均已编目,此后新到书籍,即可按照手续,随到随编。中文方面,因少可根据之方法,须随时研究而书籍亦较西文多数倍,故完成编目工作尚须时日。兹将本馆编目概况,分为分类与编目二项,述之如次:

(一)分类 本馆着手分类之初,对于分类方法,应用何种制度,曾作郑重之考虑。按图书之分类,在中国近代通用者有四部法,西洋则杜威十类法,流行颇广。但四部法,于近代科学,无相当门类;而杜威之法,则于中国经籍,不能位置。是以过去之视为佳法者,西洋之以为妥善者,均不适于今日之中国,而中国图书馆界,遂有兼用二法者。但此种平行制度,管理上颇不经济;且同类书籍,因文字之不同,而不能聚之于一处,更失分类之本旨。故最近中国图书馆界之潮流颇有混合中西古今于一法之趋势。本馆亦有鉴于斯,因将中西书籍之分类,决定采用统一方法。现比较适当者为杜定友之世界图书分类法,遂采用之。此法创制未久,当然不能视为完善。本馆之采用,不过以之为根据,其有不足及欠妥之处,则参考中国之四库法及外国之杜威法与国会法,而加以扩充或修改之,以期完善。该法编制,系将各种学科分为九大类,而将不能入于此九类者,另列普通类,合而成为十类,其下以十递分,亦如杜威式。其大纲如次:

000 总记
General Works

100 哲理科学
Philosophical Sciences

200 教育科学
Educational Sciences

300 社会科学
Social Sciences

400 艺术
Fine Arts

500 自然科学

Natural Sciences

600 应用科学

Applied Sciences

700 语言

Philology

800 文学

Literature

900 史地

History & Geography

(二)编目 本馆中西文编目,自本年三月起,即着手编制字典式之卡片目录。所谓字典式目录者,即混合著者目录、书名目录、类名目录等之卡片,依字顺序排列,如字典然,故名之。此种目录,完全用客观眼光,适合阅者之需求而作。如阅者欲知图书馆中有无某著者所著之书,则有著者目录卡:即将一书之著者列为第一项而编成之目录,阅者只须著者之姓名而检查之,当可知其有无。如阅者欲知图书馆中有无某书名之书,则有书名目录卡:即以书名列为第一项而编成之目录,阅者只须依书之名称检查,即可知其有无。若阅者欲得关于某种类之书,则有类名目录卡,即以种类名称(Subject Heading)列为第一项而编成之目录,阅者只须依类名而检查之,即可得关于某种类之书籍也,例如关于物理学之书,中文可依"物理学"检查,西文依 Physics 检查之。又若阅者不知目录中所用之类名为何字,而在另一同义字中检查,则有"见"卡("See" Card)以引导之,例如目录中所用之类名为 Economics,而阅者依 Political Economy 检查,则可得一卡:"Political Economy, See Economics",即表明当依 Eeonomics 以检查者。又为检查某类者使其得较多之参考书起见,则有"参见"卡("See also"Card)以介绍之。例如检查 Economic 类名时,则除该类之书,每书有一卡外,并有"Economics, see also Banks and Banking; Finance; ……"之卡片,盖因 Banks and Banking、Finance 等,与 Economics 互有关系,故亦可参考该类之书籍也。此外若一书之包含数种性质者，类名卡则编制数张；故各类名中检查者，均可得见此书。而一书之可作此类，又可作为彼类者，类名卡则各编一张。总之此种目录，阅者只须凭其所欲，依字检查，即可查得，此则本馆目录之大概情形也。其编制方法，中文以杜定友之目录学为根据，而加以修改，西文则以 Hitchler 之编目法为根据，而参考 Fellow 及 A. L. A. 之编目规则，略加更改。至于类名标题，西文采用 A. L. A. Subject Headings。惟该书编成已久，新名词尚多未曾加入，故本馆尚须依 L. C. 之类名而增改之，中文之类名标题，暂由自拟。

至于卡片之排列，西文依 a、b、c、d 之字顺排列（与字典及百科全书之排列同），而中文卡片则试用张凤先生之形数法。

本馆为指导阅者使用目录起见，印有中西文之说明书，分发于阅者，现除编制字典式卡片目录外，并编印书本目录，以广流传，刻正计划印行，惟因中文字典式目录，一时尚未能编成，故必须中西文分印也。凡一周间所编文籍，则编新文目录，在本校周刊公布，以便阅者。

阅览统计（十七年上半年）

（一）阅览及借阅统计

每日平均借阅人数	一二五人	最少	三三人
		最多	二二八人
每日平均阅览人数	一七五人	最少	一四二八
		最多	二三九人
每日平均来馆阅览及借阅人数			三〇〇人

（二）各系借阅书籍比较表

中国文学系	百分之五
外国文学系	百分之五
数　学　系	百分之三

教育系	百分之六
政治系	百分之八
法律系	百分之三
商学院	百分之十七
大学预科	百分之八
高中部	百分之廿六
初中部	百分之九
教职员	百分之十

(三)各类图书借出比较表

普通类	百分之七
哲理科学	百分之八
教育科学	百分之七
社会科学	百分之十七
艺术	百分之四
自然科学	百分之七
应用科学	百分之九
语言	百分之四
文学	百分之廿八
史地	百分之九

(四)阅览时间人数统计

每日阅览时间,上午八时至下午五时,晚间七时至十时,共开馆十二时。经一学期之后,计以上午九时至十时,晚间七时至九时,阅书人数为最多。上午八时至九时及晚间九时至十时人数为最少。同时来馆阅书最多人数为六十八人,最少十四人。

(五)享借书权利之人数

学生领去借书证四百八十二号,教职员借书者一百五十八人。

洪年图书馆规定条例

第一条 本馆依照本条例之规定办理本馆一切事务。

第二条 本馆由校长聘任馆长一人统理全馆事务,督率馆员执行职务。助理二人,协助馆长办理一切事项。文牍一人,专司办理公文、函件、编辑、报告等事。

第三条 本馆暂设以下各股:

一 登录股,专司登记中西图籍、检查卷册、核对发票等事。

二 编目股,专司中西图籍编目等事。

三 典藏股,专司书库图书传递、收入、借出、保管等事。

第四条 各股设主任一人,股员若干人。主任承馆长助理之命,督率股员办理本股一切事务。

第五条 各股办理事务,遇有本股人员不敷支配时,得由馆长酌添人员,或指派他股人员帮同办理。

第六条 各股人员因事或因病请假者,须经馆长核准,将经手未办事务陈明主任,委托其他人员代办。

第七条 本馆遇有重要问题,得由馆长召集助理及股主任,开馆务会议议决之。

第八条 凡图书设计委员会议决各案,遇有不能实行者,得由本馆请求复议。

第九条 本馆各股办事细则另行规定。

第十条 本条例自公布之日实行,如有未尽事宜,得由馆务会议议决,随时修改。

(《图书馆学季刊》第3卷第3期,1929)

洪年图书馆启事

本馆西书分类目录业已油印装订成册,需要者须缴纸张装订费五角(小洋六角),请到本馆办公室与金敏甫先生接洽可也。

(《暨南校刊》1929年第15期)

洪年图书馆星期报告

(十月十九日)

一、书报收入(自学期开始截至十月十八日止)

到中文书籍二百〇四册。

到西文书籍一百三十三册。

到西文杂志四十一种,计八十四册。

到中文杂志九十四种,三百十四册。

备注:订购西书已经到沪,在商务书馆者,计教育院约一千五百元,理学院约一千五百元,政治系约五百元,法律系约三百元,现需备款往领订万有文库,须现款三百六十元急应,续订西文杂志九十余种,约价一千元。

二、借阅统计（十月七日至十三日一星期，适值放假期内）

每日平均借出馆外一百二十人。

每日平均来馆阅览一百四十二人。

备注：每日阅报人数不列入统计内，星期日阅览人数达二百四十人。

三、款项出纳（自学期开始迄今，还前学期各书馆账项）

付别发洋行一千六百□□九分四厘，完全还清。

付天津法文图馆三百六十四元，完全还清。

付商务印书馆十月廿三日期支票，洋一千二百元。

收到财务室图书费项下洋一千元，已支用六百余元。

付本学期教科应用书籍，洋九百九十元三角二分，细账另附。

四、馆务进行

西文目录已于本星期油印完成，正在装订中。

添编中西杂志内容细目，由新派孙岫人佐理员担任。

试行筹办洪年图书馆图表部计划已经草就，拟商同新派谢公展佐理员担任。

五、馆员请假

宋荫奎二日，汪善录一日。

（《暨南校刊》1929年第16期）

洪年图书馆阅览人数统计表①

(十八年十月七日至十月十三日)

时间	星期	一	二	三	四	五	六	日	本周合计	每日平均
上午	阅览室	23	36	36	25	28	40	61	249	36
	杂志室	26	38	36	5	23	32	46	206	29
	共　计	49	74	72	30	51	72	107	455	65
下午	阅览室	33	41	31	13	2	9	32	161	23
	杂志室	48	50	46	10	1	10	27	192	27
	共　计	81	91	77	23	3	19	59	353	50
晚间	阅览室	26	42					43	111	15
	杂志室	24	27					31	82	12
	共　计	50	69					74	193	27
总　　计		180	234	149	53	54	91	240	1001	142

① 编者注:表中数字多有自相矛盾处,录入时保留原貌,不盲目加工改变。以下统计表数据有同类情况存在,不另出注。

时间	星期 一		二		三		四		五		六		日		本周合计	每日平均
	A	B	A	B	A	B	A	B	A	B	A	B	A	B		
8－9			14	15	12	11	5	1	10	5	8	7	14	9	111	16
9－10	15	13	12	14	9	10	7	2	7	7	13	7	20	7	153	21
10－11	5	8	7	7	11	12	7	2	8	6	10	9	18	15	125	18
11－12	3	5	3	2	4	3	6	0	3	5	9	9	9	5	66	10
1－2	11	10	9	11	8	11	5	2	1	1	1	3	8	8	89	13
2－3	9	13	16	18	9	14	6	4	1	0	4	4	11	9	118	17
3－4	8	12	13	12	8	12	2	4	0	0	4	3	13	10	101	14
4－5	5	13	3	9	6	9									45	6
7－8	14	17	18	16									24	23	112	16
8－9	8	5	13	6									17	8	57	8
9－10	4	2	11	5									2	0	24	3
本日合计	82	98	119	115	67	82	38	15	30	24	49	42	136	104	1001	142
每时平均	7	9	11	10	6	7	4	2	3	2		4	13	10	13	13

（《暨南校刊》1929 年第 16 期）

洪年图书馆各类图书借阅统计表

（十八年十月七日至十八年十月十三日）

类别	星期一	二	三	四	五	六	日	本周合计	每日平均	百分比
普通类	18	38						56	28	21
哲理科学	9	7						16	8	7
教育科学	11	6						17	8	7
社会科学	21	19						40	20	17
艺术		2						2	1	1
自然科学	7	5						12	6	5
应用科学	6	3						9	5	4
语言		1						1	1	1
文学	43	40						83	42	35
史地	4	3	因放假期无从查考	同上	同上	同上	同上	7	3	2
总计	119	124						243	122	100

（《暨南校刊》1929年第16期）

洪年图书馆书籍报告

(本学期自开学迄今登记,十八年十月十八日作)

科别	书类	册数	实价金额
赠送书籍	中文	85	
初中部	中文	9	$421
高中部	中文	4	242
高中部	西文	40	9205
师范科	中文	1	102
农科	中文	3	153
中国文学系	中文	59	4016
历史学系	中文	3	108
历史学系	西文	23	45760
商学院	西文	15	10132
本馆	中文	26	1111
本馆	西文	5	2477
数理学系	西文	23	16797
数理学系	中文	1	54
教育学系	西文	10	1300
教育学系	中文	13	564
外国文学系	西文	11	2921
政治经济系	西文	6	3636
共计		334	$98999

附注{西文书共计一百三十三册
中文书共计二百〇一册

(《暨南校刊》1929年第19期)

洪年图书馆星期报告

（十月廿六日至十一月二日）

一、书报收入(十一月一日止)

收中文书七册。

西文书四册。

中文杂志七十三册。

西文杂志二十三册。

备注:中西文杂志多数已经到期,急待备款续订。

二、借阅统计(十月廿一日至廿七日)

本周借阅合计一千一百四十八人,阅日报杂志不在内。

每日平均借阅一百六十五人。

本周阅览合计二千三百八十七人。

每日平均阅览三百四十一人。

三、款项出纳

支学校银行一百一十七元九角。

付华昌装书念二元四角。

付青年装书卅七元九角,西书目录卅元。

付商务现款购书五元二角三分。

预付政治系购书十五元。

预付英文系购书十五元。

四、馆务进行

分寄西书目录于京内外各机关。

收到卡片一万五千张。

装成中文书籍函套念只。

付装订中文书籍一百五十册。

编成中西文卡目四百张。

商订商务书馆归款提书办法。

五、馆员请假

张凤十月一、二,两日。

(《暨南校刊》1929 年第 19 期)

洪年图书馆十月份登记书籍报告

(十八年十一月五日作)

科　别	书　类	册　数	实价金额
赠送书籍	西文	18	
赠送书籍	中文	7	
初中部	中文	1	$140
高中部	中文	2	58
商学院	西文	9	5902
教育学院	中文	5	383
教育学院	西文	8	3445
外国文学系	日文	2	660
共　计		52	$10588

附注
- 西文书共计三十五册
- 日文书共计二　　册
- 中文书共计十五　册

图书馆登记股作

（《暨南校刊》1929 年第 19 期）

洪年图书馆星期报告

（十一月九日至十五日）

一、书报收入

中文书籍	三十册	西文书籍	七册
中文杂志	九十五册，续定十六种	西文杂志	十九册

二、借阅统计（本月四日至十日）

来馆阅览共计	一九八三人	每日平均	三一七人
借出馆外共计	六五九人	每日平均	九四人

三、款项出纳

支学校银行　　五十元

付现购书籍杂志　三十三元八角八分

四、馆务概况

收到装成杂志　　四十份计全年一份者

收到装成书籍　　三十五函原二百二十册

付出装订杂志　　一百八十册

付出装订书籍　　一百册

编成中西文卡目　四百五十张

五、馆员请假

凌启宇　　一天　　　　宋荫瀛　　一天

(《暨南校刊》1929 年第 21 期)

洪年图书馆阅览人数统计表

(十八年十一月四日至十一月十日)

星期 时间	一		二		三		四		五		六		日		本周合计	每日平均
	A	B	A	B	A	B	A	B	A	B	A	B	A	B		
8－9			13	13	17	13	10	9	15	16	12	14	12	12	156	22
9－10	11	14	14	15	18	12	14	13	12	12	11	10	12	14	182	26
10－11	6	7	17	12	14	9	11	16	19	21	12	10	12	14	180	26
11－12	3	5	15	2	5	2	8	5	12	14	8	7	11	8	105	15
1－2	10	11	6	9	9	11	11	17	6	7			10	7	114	16
2－3	13	15	14	15	17	16	18	21	16	15			11	10	181	26
3－4	14	11	17	18	15	19	16	18	17	18			12	18	193	28
4－5	2	4	9	8	10	8	13	9	10	9			4	16	102	14
7－8	46	39	25	37	26	24	38	47	37	33			28	18	398	57
8－9	24	23	19	28	25	21	32	39	23	25			29	24	312	46

（续表）

星期 时间	一		二		三		四		五		六		日		本周合计	每日平均
	A	B	A	B	A	B	A	B	A	B	A	B	A	B		
9－10	10	12	5	2	5	6	3	4	4	7			5	7	70	10
本日合计	139	141	154	159	161	141	174	198	171	177	43	41	146	148	1993	
每时平均	13	13	14	14	15	13	16	18	16	16	11	11	13	13	29	

（《暨南校刊》1929 年第 22 期）

洪年图书馆阅览人数统计表

（十八年十一月四日至十一月十日）

时间		星期 一	二	三	四	五	六	日	本周合计	每日平均
上午	阅览室	20	49	54	44	58	43	47	315	45
	杂志室	26	42	36	45	60	43	46	298	43
	共　计	46	91	90	89	118	86	93	613	88
下午	阅览室	39	46	51	58	49		37	280	47
	杂志室	41	50	54	65	49		51	310	52
	共　计	80	96	105	123	98		88	590	99
晚间	阅览室	80	49	56	73	64		62	384	64
	杂志室	74	67	51	90	65		49	396	66
	共　计	154	116	107	163	129		111	780	130
总　计		280	303	302	375	345	86	292	1983	317

类别	星期							本周合计	每日平均	百分比
	一	二	三	四	五	六	日			
普通类	47	37	53	41	49	14	18	259	37	23.1
哲理科学	12	11	8	12	7	2	4	56	8	5.0
教育科学	16	28	22	27	21	7	3	124	18	11.3
社会科学	24	27	19	22	29	10	12	143	20	12.5
艺术		3	2	1			1	7	1	6
自然科学	7	5	4	6	11	3	3	39	6	3.8
应用科学	5	8	5	7	8	2	2	37	5	3.1
语言	4	7	3	2	5		4	25	3	1.9
文学	62	73	58	67	74	23	29	386	55	34.3
史地	11	7	5	5	13	2	5	48	7	4.4
总计	188	206	179	190	217	63	81	1124	160	100.0

(《暨南校刊》1929年第22期)

洪年图书馆图书借阅次数统计表

（十八年十一月四日至十一月十日）

星期	一			二			三			四			五			六			日			本周合计	每日平均	百分比
性质	借出	取阅	合计	借出	取阅	合计	借出	取阅	合计	借出	取阅	合计	借出	取阅	合计	借出	取阅	合计	借出	取阅	合计	合计	合计	
科别	共计	共计		共计	共计		共计	共计		共计	共计		共计	共计		共计	共计		共计	共计				
中国文学系	4	2	6	6	13	19	3	4	7	4	3	7	6	17	23	4	1	5	3	3	6	73	10	6.3
英国文学系	3	2	5	2	5	7	2	3	5	1	2	3	4	3	7	1		1	1		1	29	4	2.5
数学系	5	3	8	4	3	7	3	2	5	3	4	7	3	2	5				2		2	34	5	12.5
教育系	8	13	21	9	18	27	7	19	26	10	15	25	13	14	27	2	5	7	4	6	10	143	22	11.9
政治系	14	5	19	17	8	25	15	7	22	21	3	24	21	8	29	3	4	7	5	3	8	134	19	1.9
法律系	2	2	4	3	3	6	2	1	3	2	1	3	2	1	3		2	2				21	3	15.0
商学院	17	8	25	16	13	29	18	9	27	13	19	32	16	18	34	5	3	8	8	4	12	167	24	21.9
大学预科																								
高中部	29	17	46	27	14	41	25	12	37	23	18	41	28	15	43	8	7	15	11	9	20	243	35	16.2
初中部	23	9	32	26	6	32	24	9	33	14	13	27	19	11	30	6	5	11	9	7	16	181	26	5.0
教职员	11	1	12	7		7	9		9	8	6	14	8	3	11	5		5				58	8	1.2
生物学系	1	2	3	2	1	3		1	1		2	2	1		1					2	2	12	2	2.5
历史社会学系	4	3	7	3		3	2	2	4	2	3	5	2	2	4	1	1	2	3	1	4	29	4	
总计	121	67	188	122	84	206	110	69	179	101	89	190	123	94	217	35	28	63	46	35	81	1124	160	100.0

（《暨南校刊》1929年第22期）

洪年图书馆星期报告

（十一月十六日至廿二日）

一、书报收入

中文书籍	二册	西文书籍	七册
中文杂志	七十七册	西文杂志	十八册

二、借阅统计（十一月十一日至十七日）

来馆阅览共计	二一四四人	每日平均	三六五人
借出馆外共计	六五八人	每日平均	九一人

三、款项出纳

本周未支学校银行存款，尚存三十元有零

付现购应用书籍　二十六元三角九分

四、馆务概况

收到装成书籍	四十函计一百八十册
收到装成杂志	十函
付出装订书籍	五十余册
付出装订杂志	四百廿五册
编成入库书卡	二百五十张
编成杂志细目索引卡	五百张

五、馆员请假

凌启宇　　事假两天半　　宋荫瀛　　病假四天半

曹　裕　　事假一天

（《暨南校刊》1929 年第 24 期）

洪年图书馆阅览人数统计表

（十八年十一月十一日至十一月十七日）

时间	星期														本周合计	每日平均
	一		二		三		四		五		六		日			
	A	B	A	B	A	B	A	B	A	B	A	B	A	B		
8—9	11	13	6	10	14	16	14	13	10	7	10	8	18	10	160	23
9—10	12	18	14	15	15	13	11	10	14	18	12	13	15	19	199	28
10—11	13	19	23	16	14	9	11	12	11	14	19	15	13	23	212	30
11—12	9	6	4	4	9	8	3	3	2	7	2	3	8	6	74	11
1—2	8	13	22	18	15	13	16	18	20	15			15	23	196	33
2—3	19	21	24	18	19	28	25	30	23	29			20	25	281	47
3—4	16	17	20	21	20	31	28	21	26	18			12	18	248	41
4—5	9	4	8	9	13	11	13	3	17	19			9	15	130	22
7—8			32	35	42	45	43	42	36	39			12	16	342	68
8—9			25	21	32	39	39	37	23	56			4	11	287	57
9—10			5	2		3	2	4	4	7			2	6	35	7
本日合计	97	111	183	169	193	216	205	193	186	229	43	39	128	172	2164	309
每时平均	9	10	17	15	18	20	19	18	17	21	11	10	12	16	32	33

A　阅览室　　B　杂志室

（《暨南校刊》1929 年第 25—27 期）

洪年图书馆阅览人数统计表

（十八年十一月十一日至十一月十七日）

时间		星期一	二	三	四	五	六	日	本周合计	每日平均
上午	阅览室	45	47	52	39	37	43	44	307	44
	杂志室	56	45	46	38	46	39	58	328	47
	共计	101	92	98	77	83	82	102	635	91
下午	阅览室	52	74	67	82	86		56	417	70
	杂志室	55	66	83	72	91		81	448	75
	共计	107	140	150	154	177		137	865	145
晚间	阅览室		62	74	84	63		18	301	60
	杂志室		58	87	83	82		33	343	69
	共计		120	161	167	145		51	644	129
总计		208	352	409	398	405	82	290	2144	365

（《暨南校刊》1929 年第 25—27 期）

洪年图书馆各类图书借阅统计表

（十八年十一月十一日至十八年十一月十七日）

类别	星期							本周合计	每日平均	百分比
	一	二	三	四	五	六	日			
普通类	34	16	51	44	36	18	21	220	31	21.0
哲理科学	11	7	14	18	13	7	3	73	10	6.7
教育科学	18	12	23	27	22	12	8	122	18	12.2
社会科学	9	10	25	24	17	9	14	108	15	10.2
艺术	2		4	2	1			9	1	0.7
自然科学	2	4	12	8	5	5	5	41	6	4.0
应用科学	4	3	8	11	7	3	5	41	6	4.0
语言	2		5	3	2			12	2	1.2
文学	48	39	69	66	73	31	36	362	52	36.0
史地	7	5	11	7	4	2	3	39	6	4.0
总计	137	96	222	210	180	87	95	1027	147	100.0

（《暨南校刊》1929 年第 25—27 期）

洪年图书馆图书借阅次数统计表

（十八年十一月十一日至十一月十七日）

星期	一			二			三			四			五			六			日			本周合计	每日平均	百分比
性质	借出	取阅	合计	借出	取阅	合计	借出	取阅	合计	借出	取阅	合计	借出	取阅	合计	借出	取阅	合计	借出	取阅	合计	合计	合计	
科别	共计	共计		共计	共计		共计	共计		共计	共计		共计	共计		共计	共计		共计	共计				
中国文学系	5	3	8	3	12	15	7	4	11	8	14	22	7	3	10	4	3	7	5	2	7	80	11	74
英国文学系	2	2	4				3	2	5	4	3	7	3	2	5				2		2	23	3	20
数学系	3	2	5	1		1	5	1	6	4		4	2	3	5	2		2		2	2	25	4	27
教育系	7	11	18	6	6	12	14	9	23	8	14	22	7	9	16	5	6	11	7	6	13	115	16	108
政治系	9	7	16	5	4	9	21	13	34	11	5	16	15	7	22	4	4	8	6	11	17	122	18	124
法律系	1	2	3				3	2	5	2	2	4	1		1							13	2	13
商学院	13	10	23	7	4	11	24	11	35	17	14	31	12	14	26	6	7	13	9	7	16	155	22	148
大学预科																								
高中部	21	9	30	16	12	28	31	17	48	33	17	50	40	11	51	17	7	24	11	7	18	249	36	249
初中部	13	6	19	11	7	18	21	11	32	22	11	33	28	5	33	8	4	12	10	4	14	161	23	155
教职员	6		6				9	2	11	7	4	11	5		5	7		7		1	1	41	6	40
历史社会学系	2	2	4	2		2	5	3	8	3	3	6	5		5	2	1	3	3		3	31	4	27
生物学系	1		1				3	1	4	2	2	4	1		1				2		2	12	2	13
总计	83	54	137	51	45	96	146	76	222	121	89	210	126	54	180	55	32	87	55	40	95	1027	147	1000

（《暨南校刊》1929年第25—27期）

暨大洪年图书馆增订开放时间

暨大图书馆为校长郑洪年氏所创设。开办以来,历有年所,每载添置新书,为费颇巨。不但在国内搜罗各项书籍,且电汇欧美各国购办别种应用参考书本,故近来收藏颇富,为沪上各校图书馆之最大者。

该馆向例,每逢假期及各休息日皆停止阅览并出借。近来同学方面佥谓开放时间太少,如假日欲研究各项课目及参考群书,深感不便。后经提出学生全体大会决议,要求学校当局嗣后凡遇假期亦一律开放。现已蒙校长采纳,准予所请,故今日图书馆布告牌上已高悬通告周知矣。

至于图书馆下层,为阅报室,内除沪上中西各报外,其他如九江、广东、南京、香港、杭州、新加坡及南洋各埠之日报等,亦均按日递到陈列,以供众览,统计不下共有四五十种之多。该校同学某君曾遍览各报,费时一日尚未阅完,足见该馆新闻纸之多矣。

(《申报》1929 年 6 月 7 日)

暨南大学图书馆之学生图书费

暨南大学洪年图书馆学生图书费,每学期现只收洋三圆,一切进行,殊感不足。自本年度起,一律增收大洋五圆。该款收到后,即用图书馆名义,存入暨南大学学校银行,充作该馆购书费,随时可以由图书馆取用。闻中央大学、光华大学、中国公学、复旦大学、武汉大学等,均系照此办法云。

(《中华图书馆协会会报》第5卷第1—2期,1929)

国立暨南大学近讯

国立暨南大学洪年图书馆典藏虽富,座位虽多,然以学府中师生二千余人阅书之兴趣浓烈,益以馆长叶公超氏擘画有方,助理许克诚、馆员金敏甫等□襄得力,入馆者极形踊□。每日馆门未开鹄立以候者甚多。又该校为欲造成花园环境,极倡植树造林,入冬以来艺梅尤多,前日郑校长生辰,教职员献梅为寿,郑氏转捐送校中巨梅数十株。日来适值天雨,由农场主任林彦指导栽植,树木树人,隐寓至意。

(《申报》1929年9月7日)

洪年图书馆规程

第一条 本馆依照本条例之规定办理本馆一切事宜。

第二条 本馆由校长聘任馆长一人统理全馆事务,督率馆员,执行职务。副馆长一人,协助馆长办理一切事项。

第三条 本馆暂设以下各股:

一、登录股,专司登记中西书籍、检查卷册、核对发票等事。

二、编目股,专司中西图籍编目等事。

三、典藏股,专司书库图书传递收入、借出保管等事。

四、总务股,专司图书购订统计及文书、会计、庶务等事。

第四条 各股设主任一人,股员若干人。主任承馆长、副馆长之命,督率股员办理本股一切事务。

第五条 各股办理事务遇有本股人员不敷支配时,得由馆长酌添人员或指派他股人员帮同办理。

第六条 各股人员因事或因病请假者须经馆长核准,将经办事务陈明主任,委托其他人员代办。

第七条 本馆凡遇有重要问题,得由馆长临时召集馆务会议议决之。

第八条 凡图书设计委员会议决各案遇有不能实行者,得由本馆请求复议。

第九条 本馆各股办事细则另定之。

第十条 本条例自公布之日实行,如有未尽事宜,得由馆务会议议决随时修改。

(《国立暨南大学一览》,1930)

洪年图书馆各股办事细则

甲 登录股

本股专司登记书籍杂志事宜。

一、关于书籍之登录事项。

（一）图书收到后，各书检查一过，如有倒装、损破等情，即送回调换。

（二）所到图书检查卷册核对发票有无错误。

（三）所到图书检查无误后，在发票上加盖本股图章，即将该票交总务股付账。

（四）图书检收无误后，加盖本馆图章，中文者用色印，西文者用钢印。

（五）在登记卡上将新到书籍分别登记其书名、著者、到期、价格、发行所、出版期及登记号码等（登记号码以一册为一号）。

（六）将登记号码、到期、价格三项由登记卡转入里书标，该标应贴于图书封面里页上，再送编目股编目。

二、关于杂志之登录事项。

（一）编制杂志报纸目录以便检查。

（二）各种外来杂志按期登记于杂志登记卡。

（三）各项杂志登记后加盖馆章，再登入移交簿，送典藏股陈览。

（四）缺少之杂志报纸随即通知总务股函索补寄。

（五）各项杂志报纸满期时即通知总务股续订。

（六）杂志每年汇齐后，每种分若干册装订，装订后即由本股当图书登记。

三、各项图书登记后，依其性质分别登记于各系购书总登簿，以便检查各系购书款项。

乙　编目股

关于中文者

（一）本组专司中文图书之分类及编目事宜。

（二）图书之分类均依照杜定友氏所编之世界图书分类法，并酌加修改与扩充。

（三）各种图书均依其内容审定门类给予类码，类码之外，应有之著者号码则照杜定友氏之著者号码编制表编定之。

(四)图书目录卡片共分六种,胪列于后:

(1)书架目录卡　　一张

(2)著者目录卡　　一张

(3)书名目录卡　　一张

(4)类名目录卡　　若干张

(5)参考目录卡　　若干张

(6)书卡　　每册一张

(五)每编一书应先查书架目录有无相同之书或相同之书码,以免冲突雷同。

(六)卡片编就后即交主任校对,校对后再交馆长核阅。

(七)书架目录卡依书码排列存编目股,以便参考。

(八)著者、书名等目录卡依张凤先生所编之形数检字法排列之,成为字典目录,陈列目录处,供阅者检查。

(九)编目手续完毕后即登送书簿,交典藏股检收。

(十)每星期应将本周所编新书目录公布,并送交本校校刊发表。

(十一)遇必要时应编书本目录刊印。

(十二)遇书籍遗失或撤销时,应将该书所有各种目录卡抽去,以免有卡无书。

关于西文者

(一)本组专司西文书籍之分类及编目事宜。

(二)图书分类依照杜定友著世界图书分类法为根据,并参考杜威十类法酌加修改与扩充。

(三)各种图书均依其内容审定门类,给予类码。

(四)类码之外应有著者号码,采用 Cutters 二位数著者号码表。

(五)图书编目规则依照 Hitchler 之编目法为根据,而以 A. L. A. 及 Fellow 之编目规则为参考。

(六)类名标题采用 A. L. A. Subject Headings。

(七)图书目录卡片均用打字制成,每书应有下列各卡:

(1)书架目录卡　　一张
(2)著者目录卡　　一张或二张
(3)书名目录卡　　一张
(4)类名目录卡　　若干张
(5)参考目录卡　　若干张
(6)书卡　　　　　每册一张

(八)每编一书应先查书架目录有无相同或相似之书,以免书码冲突。

(九)目录卡编就后先经主任校对,再交馆长核阅。

(十)书架目录卡依书码排列,存编目股,以便编目时之查考。

(十一)著者、书名等目录卡依字顺混合排列,成为字典式目录,陈列目录处,以供阅者检查。

(十二)编目手续完毕后,即将书籍检交典藏股收藏。

(十三)每星期应将本周所编书籍编新书目录公布,并在校刊发表。

(十四)遇必要时应编书本目录刊印。

(十五)书籍如有遗失或撤销时,应将该书所编各卡完全抽去。

丙　典藏股

一、本股专司书库图书之保管流通事宜。

二、办公时间,星期一至星期五上午八时至十二时,下午一时至五时,晚间七时至十时。星期六上午八时至十二时。星期日下午一时至五时,晚七时至十时。

三、股员须按照所派定办公时间到馆办事。

四、每组股员办公结束时,将书库及阅览室之钥匙交与下一组之股员收执,下次开馆即归下一组股员负责。

五、出纳手续

(一)领借书证时,查看登记手续是否完备及是否重领。

(二)书籍借出时,借书人之借书证存留本馆,按照号码顺序排列。

(三)书名卡先照列于上行之分类号码按次排列后,再照列于下行之著者号码按次排列其著者号码。有西文字母者,先按字母顺序,次按同字母,次之数目字顺序排于前项数目字码之后。

(四)借取书籍在馆阅览者,用取书条交还时盖"已还"二字,与未还者分置,以便随时查考。

(五)用取书条所借书籍闭馆时须全数收回。

(六)保存取书条为统计资料。

(七)每次闭馆前十五分钟停止借书,即在此时将该次开馆时所还之书收藏原架原位。

六、留意阅者出馆时是否有手续未备而携带馆内图书出外者。

七、每组股员对于该组开馆时间、图书之保管及阅览室之秩序负完全责任。

八、各教授指定在馆内保留以备参考之书籍须妥为管理。

九、每一学期之末清查书籍一次。

丁　总务股

本股专司文书、会计、庶务、购订及统计事项。

一、关于文书事项

(一)掌理一切往来公文函件撰稿、缮发、编辑、报告等事。

(二)缮写每日各报要目,张贴布告栏并登记日记等事。

(三)关于图书杂志之函订及征求谢赠事项。

(四)本馆星期报告、新书介绍及借阅统计表等按期抄送出版室登载校刊。

(五)保管本馆图记及一切公文案卷。

(六)保管各院各部填购之图书购订单卡,以备查考。

二、关于会计事项

(一)凡财务室拨付款项由馆长领到后,交本股点收存学校银行,提取时须凭馆长签字盖章,存折则由本股保管。

(二)凡有应付款项,先核对发票是否与所购之品名件数相符。

（三）发票核对后而须即付者，填写学校银行支款单一纸，送呈馆长签字盖章，领款付给。

（四）各项发票及收据须妥为汇存，按月编造清册，呈馆长鉴核后再送财务室报销。

（五）各项出纳采用新式簿记。

三、关于庶务事项

（一）一切新书点收事宜概由本股办理之。

（二）凡本馆各种购置事宜经馆长核准后，交本股办理。

（三）一切设备清洁卫生事宜悉归本股办理。

四、关于购订事项

（一）分发图书购订单卡与各院院长及各系各部主任，填注应购书名。

（二）购订单卡填就交来，随时送编目股审查馆内曾否已有此书，再呈馆长鉴核后分别购订。

（三）购订手续分函购、电购、现购三种，悉依书籍需用之缓急为标准。

（四）图书购到时，随将发票送交掌理会计者记账，书籍则交登录股登记。

（五）现购图书时得预支款项，惟书到后即须报账。

五、关于统计事项

编制关于本馆各种统计比较表如下：

（一）各类图书借阅次数比较表。

（二）现藏图书价值分类比较表。

（三）现藏图书册数分类比较表。

（四）每月图书借阅次数统计表。

（五）各系借书次数比较表。

（六）每时阅览图书杂志平均人数统计表。

（七）阅览图书杂志人数统计表。

（八）各系每人平均借书次数比较表。

（九）其他。

本细则如有未尽善处,得经服务会议议决随时修改之。

(《国立暨南大学一览》,1930)

洪年图书馆星期报告

十一月卅日至十二月六日

一、书报收入

中文书籍 一册 中文杂志 五十二本(新订银行周报全年一份)

西文书籍 二册 西文杂志 廿七本

二、借阅统计(十一月廿五日至十二月一日)

来馆阅览共计 三一九一人

每日平均 五〇六人

借出馆外共计 六五六人

每日平均 九四人

三、款项出纳

本周未支学校银行存款,仍存卅元有零。

付现购中西文书籍洋十六元。

四、馆务概况

编成中西文卡目 一百卅张

装订书籍暂停

五、馆员请假

凌启宇 续假一星期

宋荫瀛 病假一天

十二月七日至十三日

一、书报收入

中文书籍 二十册 中文杂志 九十五册

西文书籍 一册 西文杂志 十七册

二、借阅统计(十二月二日至八日)

来馆阅览共计 二三六八人

每日平均 三九三人

借出馆外共计 七〇四人

每日平均 一〇一人

备注:前有学生倪君辉,借书已逾二十余天。本馆典藏处曾发通二十余次,迄无回信。十二日该生来馆向彼询问,讵云罚则太重(每日二分),不愿遵守。嗣又说书系失去,所说前后矛盾,显系遁辞。而出言不慎,对于馆员轻蔑咆哮。函请训育委员会加以训诫,并请追还原书,照章处罚。

三、款项出纳

本周未支学校银行存款,仍存三十元有零。

付现购书籍洋十四元四角八分。

四、馆务概况

编就中西文卡目 三百张

装订书籍 因欠款暂停付装,亦无收入装成书籍。查已付装而未装者,就计书籍一百二十份(四百余册),杂志三百四十份(五千余册)。

备注:近月来,正在赶编中文卡目。编目须在装订之后。装订一有停顿,编目事务因之迟滞。近三四星期以来,各装书作不能如期装成,殊费踌躇。

五、馆员请假

凌启宇 续假一星期

宋荫瀛 续病假二天

十二月十四日至廿日

一、书报收入

中文书籍　八十七册（内有旧书登记者五十六册）

西文书籍　　　二册

中文杂志　一〇三册

西文杂志　　二〇册

二、借阅统计（十二月九日至十五日）

来馆阅览共计　　二八八八人

　　每日平均　　　四六一人

借出馆外共计　　　七〇四人

　　每日平均　　　一〇一人

三、款项出纳

本周末支学校银行存款，仍存三十元有零。

现购书籍洋二元二角四分。

四、馆务概况

编就中西文卡目　　三二〇张

编就入库书卡　　一四〇〇张

收付装订书籍杂志一项，因款绌停止，函催装书作将平装者交来未果。

编目室暂停一部分工作，赶制报告教育部图书统计表，兹统计本馆藏书实数如下：

部数　八三三八部

册数　二六二二四册（内有大多数系连四五本装成一册者）

价值　三万七千二百六十七元六角六分

备注：现各室已装火炉，查本馆未置消防器，因具函校长办公处购办，且本馆建筑时，馆之附近未有自来水总龙头，将来接管时应注意及之。

五、馆员请假

许克诚 因校事赴京请假三日

宋荫瀛 续病假三日

(《暨南校刊》1930 年第 28—32 期)

洪年图书馆十一月份登记书籍报告

(十八年十二月四日作)

科别	书类	册数	实价
赠送书籍	西文	6	
赠送书籍	中文	53	
初中部	中文	1	43
高中部	中文	2	120
中文学系	中文	66	8500
本馆	中文	4	450
数理学系	西文	1	171
外文学系	西文	3	889
政治学系	西文	1	1500
共计		137	$ 11673

附注 { 西文共十一册
中文共一百二十六册

(《暨南校刊》1930 年第 28—32 期)

洪年图书馆藏书统计表

（十八年十二月作）

类别	本国文		日文		英文		德文		法文		其他		总数		价值		备注
	部数	册数	部数	册数	部数	册数	部数	册数	部数	册数	部数	册数	部数	册数			
普通类	589	4169	68	84	187	398	0	0	1	5	0	0	845	4656	6792	85	（一）左列各书，皆已装订，已编目，已入库。 （二）本国文各书籍，分两种装订法： 一种合四五册合订成一巨帙；一种合四五册装成一函，表中本国文项下之册数，若依原有册数计，当倍是。 （三）未装订未编目者尚余二千册，未列入表内。 （四）各种零星小册子，未整理，未列入。
哲理科学类	417	2437	31	36	257	340	0	0	0	0	0	0	705	2813	4055	15	
教育科学类	362	1924	8	18	216	269	0	0	0	0	0	0	586	2211	3220	74	
社会科学类	627	1346	194	337	394	416	0	0	20	47	0	0	1235	2146	4134	26	
艺术类	84	512	8	12	48	60	0	0	0	0	0	0	140	584	810	98	
自然科学类	256	1436	15	25	371	693	3	3	184	234	0	0	829	2391	3650	64	
应用科学类	408	1236	68	182	354	507	0	0	9	12	0	0	839	1937	3072	02	
语言类	265	1568	0	0	131	279	9	11	6	6	4	8	415	1872	2463	36	
文学类	594	2575	3	14	447	740	0	0	0	0	0	0	1044	3329	3601	51	
史地类	589	2159	36	59	248	379	1	19	1	1	0	0	875	2617	3942	49	
小说类	618	1364	0	0	211	304	0	0	0	0	0	0	829	1668	1473	66	
	4809	20726	431	767	2864	4385	13	33	221	305	4	8	8342	26224	37267	66	

（《暨南校刊》1930年第28—32期）

洪年图书馆布告

(十二,十三日)

张 凤

这不能算是布告或通告,只算是劝告。照各处的图书馆看来,就是这劝告也是多的;本馆为整饬图书馆的纪律计,特为申述如下:

(一)馆员对于借阅者理宜诚恳地接待,非仅如货物商一样,要极力招徕主顾,并且要同做媒介一样,把书籍与阅览者作一对对良好而且蜜意的伴侣。准此,则和蔼与亲昵的热诚,自然是不可缺少的。最好要于笑脸中带一点划一不二的老实。

(二)在借阅者的方面,也有几宗公共的道德应当遵守:

(1)不要用命令式的口气,宜用拟议式的(Conditional)口气方为合适。这在有程度的人向商店购买货物,尚且要如此,何况是到图书馆来,寻觅你的良好的伴侣呢?

(2)要遵照手续。凡叫做手续,总有几分麻烦的,然而不照了手续,则那种无名的麻烦,更加无从着手。好在检查一书,只要把下列三种卡片中的一种找一下便是:

(A)类名卡(B)著者卡(C)书名卡　三种中,找了一种或两种,总可找得,只此些些麻烦的手续,要请借阅者遵守;不要只管将不准确的书名乱问,恐怕馆员不知道这书名时,那就要耽搁你自己与别人的时间了。

(三)要遵守规则。图书馆的规则是整个的图书馆所遵订的,不是同借阅者个人逐一议妥的。即使有人不合意它,也是须得另行建议,一时间是无可如何的。那么,那种盖印、限期、罚款、赔偿以及参考书不携出馆外、无领导不得入书库等说是苛细而不苛细的规则,要不客气地请各位权且领受。领受了之后,也应一声不响地服从,这才见得到诸位修养的深沉与人格的伟大哩。

(《暨南校刊》1930 年第 28—32 期)

洪年图书馆星期报告

(十二月廿一日至廿七日)

一、书报收入

中文书籍	十五册	中文杂志	八十六册
西文书籍	八册	西文杂志	三十四册

二、借阅统计(十二月十六日至廿二日)

来馆阅览共计	三八二七人
每日平均	六〇六人
借出馆外共计	六八二人
每日平均	九七人

三、款项出纳

本周未支学校银行存款,仍存三十元有零。

现付印取书条一万张,洋八元。

欠付新装订费洋四百余元。

四、馆务概况

编就中西文卡片六百三十张。

收付装订书籍因款绌停止。

备注：本馆中文书目预定年底编成，现因款绌停止，装订后编目因而迟阻，计未编者尚余一千余册（不及馆中藏书二十分之一）。若就已编成者付印，将未编者附一略目于后，一俟款项拨到，即可出版。

五、馆员请假

曹　裕　事假半天

（《暨南校刊》1930 年第 33—36 期）

洪年图书馆阅览人数统计表

（十八年十二月十六日至十二月二十二日）

时间		星期一	星期二	星期三	星期四	星期五	星期六	星期日	本周合计	每日平均
上午	阅览室	44	78	104	67	112	124	73	602	86
	杂志室	46	91	124	85	138	138	83	705	101
	共计	90	169	228	152	250	262	156	1307	187
下午	阅览室	69	111	147	149	136		140	752	125
	杂志室	88	121	153	157	149		149	818	136
	共计	157	232	300	306	285		289	1570	261
晚间	阅览室	59	95	80	84	94		56	468	78
	杂志室	59	102	82	71	104		64	482	80
	共计	118	197	162	155	198		120	950	158
总计		365	598	690	613	733	262	565	3827	606

（《暨南校刊》1930 年第 33—36 期）

洪年图书馆阅览人数统计表

（十八年十二月十六日至十二月二十二日）

时间	星期														本周合计	每日平均
	一		二		三		四		五		六		日			
	A	B	A	B	A	B	A	B	A	B	A	B	A	B		
8—9			14	10	19	24	6	11	25	37	15	31	15	16	223	37
9—10	18	19	23	22	33	38	18	24	41	45	48	51	19	29	428	61
10—11	17	21	31	37	37	45	31	34	31	38	46	45	26	27	466	67
11—12	9	6	10	22	15	17	12	16	15	18	15	11	13	11	190	27
1—2	21	17	25	23	29	31	36	32	27	29			32	40	342	57
2—3	18	23	29	36	41	36	43	49	34	36			46	49	440	73
3—4	22	29	41	39	45	49	39	41	39	43			44	40	471	79
4—5	8	19	16	23	32	37	31	36	36	41			18	20	317	53
7—8	17	18	48	44	39	37	39	36	52	48			32	35	445	74
8—9	35	33	40	46	36	37	35	30	37	45			18	19	411	69
9—10	7	8	7	12	5	8	10	5	5	11			6	10	94	16
本日合计	172	193	284	314	331	359	300	314	342	391	124	138	269	296	3827	
每时平均	16	18	26	29	30	33	27	29	31	36	31	35	24	27	55	

A 阅览室 B 杂志室

（《暨南校刊》1930 年第 33—36 期）

洪年图书馆图书借阅次数统计表

（十八年十二月十六日至十二月二十二日）

星期	一			二			三			四			五			六			日			本周合计	每日平均	百分比
性质	借出	取阅	合计	借出	取阅	合计	借出	取阅	合计	借出	取阅	合计	借出	取阅	合计	借出	取阅	合计	借出	取阅	合计	借出取阅	借出取阅	
科别	共计	共计		共计	共计		共计	共计		共计	共计		共计	共计		共计	共计		共计	共计		合计	合计	
中国文学系	6	4	10	5	13	18	4	18	22	5	14	19	3	8	11	3	2	5	2	5	7	92	13	8.4
英国文学系	3	4	7	2	3	5	4	1	5	3		3	1		1				1		1	22	3	1.9
数学系	3	2	5	5	2	7	3		3	2		2	4		4		2	2	1		1	24	3	1.9
教育系	7	8	15	8	11	19	5	8	13	7	6	13	9	8	17	5	4	9	4	4	8	94	13	8.4
政治系	16	12	28	21	12	33	13	7	20	15	7	22	17	12	29	7	2	9	8	1	9	150	21	13.6
法律系	2	2	4	3	2	5	2	3	5	4	2	6	3		3	2		2	2		2	27	4	2.6
商学院	14	11	25	17	15	32	16	14	30	15	17	32	15	9	24	8		8	12	3	15	166	24	15.6
大学预科																								
高中部	24	13	37	31	12	43	23	12	35	30	15	45	27	17	44	11	3	14	13	9	22	240	34	22.3
初中部	23	7	30	22	7	29	25	7	32	24	9	33	25	11	36	7	1	8	11	8	19	187	27	17.5
教职员	14		14	9		9	7		7	5		5	4		4				3		3	42	6	3.9
历史社会学系	3	2	5	4	2	6	3	1	4	2	3	5	2	2	4				2		2	26	4	2.6
生物学系	2		2	3		3	2		2	3		3	1	1	2							12	2	1.3
总计	117	65	182	130	79	209	107	71	178	115	73	188	111	68	179	43	14	57	59	30	89	1082	154	100.0

（《暨南校刊》1930年第33—36期）

洪年图书馆各类图书借阅统计表

(十八年十二月十六日至十二月二十二日)

类别	星期							本周合计	每日平均	百分比
	一	二	三	四	五	六	日			
普通类	33	38	35	42	39		11	198	28	17.8
哲理科学	17	16	13	11	12	3	7	79	11	7.1
教育科学	15	18	12	14	15	9	11	94	13	8.4
社会科学	24	25	18	17	18	8	15	125	18	11.7
艺术	2		3			2		7	1	6
自然科学	11	14	9	12	9	4	7	66	9	6.5
应用科学	15	18	15	18	17	5	12	100	14	1.8
语言	4	4	5	6	4			23	3	1.9
文学	53	67	60	62	58	15	24	339	48	34.0
史地	8	9	8	6	7	3	2	43	6	3.9
总计	182	209	178	188	179	49	89	1074	151	100.0

(《暨南校刊》1930 年第 33—36 期)

洪年图书馆星期报告

(十八年十二月廿八日至十九年一月十日)

一、书报收入

中文书籍　　一册　　另预约《清代学者像传》一部
西文书籍　　无
中文杂志　　八十七册
西文杂志　　十九册

二、借阅统计(十八年十二月廿三日至廿九日)

来馆阅览共计　　三五一四人
　每日平均　　五八九人
借出馆外共计　　五九八人
　每日平均　　八五人

三、款项出纳

支学校银行存款五十元。

付购书及预约费十三元六角。

备注:十二月廿七日领到财政委员会订购杂志费五百元,现购书籍费三百元,合并提存学校银行。

四、馆务概况

编就中西文卡目　　二百五十张

装订书籍　　　　　仍前停止

备注:中文书目计分两种排列:(一)分类目录,(二)字典式目录。为进行先后计,先印分类目录。其未装订各书一千余册,亦可因类附录。所需钞印工款,下星期另行详报。

五、馆员请假

凌启宇　二天

宋荫瀛　二天

(《暨南校刊》1930 年第 37—40 期)

洪年图书馆图书借阅次数统计表

（十八年十二月二十三日至十二月二十九日）

星期	一			二			三			四			五			六			日			本周合计	每日平均	
性质	借出	取阅	合计	借出	取阅	合计	借出	取阅	合计	借出	取阅	合计	借出	取阅	合计	借出	取阅	合计	借出	取阅	合计	借出取阅	借出取阅	百分比
科别	共计	共计		共计	共计		共计	共计		共计	共计		共计	共计		共计	共计		共计	共计		合计	合计	
中国文学系	4	16	20	3	7	10	7	8	15	4	11	15	3	5	8	2		2	3	5	8	78	11	7.5
英国文学系	3	2	5	2		2	4		4	1		1	3	1	4	2		2				18	3	2.0
数学系	2		2	5	3	8	5		5	3		3	5	2	7							25	4	2.7
教育系	7	10	17	5	8	13	5	19	24	4	18	22	6	15	21	4	1	5	7	6	13	115	16	10.9
政治系	9	5	14	15	14	29	14	7	21	13	12	25	11	8	19	8		8	7	11	18	134	19	12.9
法律系	1		1	3	3	6	2		2	2	4	6	1		1	1		1	2		2	19	3	2.0
商学院	12	8	20	13	7	20	10	6	16	11	15	26	14	13	27	7	2	9	9	3	12	130	19	12.2
大学预科																								
高中部	21	17	38	23	15	38	27	16	43	21	16	37	24	15	39	13	5	18	16	4	20	233	33	21.4
初中部	17	14	31	18	12	30	24	14	38	18	12	30	21	12	33	10	4	14	14	3	17	193	28	19.2
教职员	5		5	4		4	8		8	7		7	6		6	5		5	2		2	37	5	3.4
历史社会学系	2	7	9	3		3	4	3	7	4	2	6	2	2	4	1		1	3	1	4	34	5	3.4
生物学系	1	3	4	2	1	3	2		2	1		1	3		3				2		2	15	2	1.4
总计	84	82	166	96	70	166	112	73	185	89	90	179	99	73	172	53	12	65	65	33	98	1031	148	100.0

（《暨南校刊》1930年第37—40期）

洪年图书馆阅览人数统计表

（十八年十二月二十三日至十二月二十九日）

时间		星期							本周合计	每日平均
		一	二	三	四	五	六	日		
上午	阅览室	106	143	117	63	59	51	54	593	85
	杂志室	116	143	140	75	50	54	52	630	90
	共计	222	286	257	138	109	105	106	1223	175
下午	阅览室	141	122	103	89	75		89	619	103
	杂志室	162	150	131	89	89		102	723	121
	共计	303	272	234	178	164		191	1342	224
晚间	阅览室	129	83	114	99	60			485	97
	杂志室	137	89	95	96	47			464	93
	共计	266	172	209	195	107			949	190
总计		791	730	700	511	380	105	297	3514	589

（《暨南校刊》1930年第37—40期）

洪年图书馆阅览人数统计表

（十八年十二月二十三日至十二月二十九日）

时间	星期一		星期二		星期三		星期四		星期五		星期六		星期日		本周合计	每日平均
	A	B	A	B	A	B	A	B	A	B	A	B	A	B		
8—9			32	28	18	22	12	15	12	11	14	15	9	10	198	33
9—10	47	51	42	48	46	52	19	28	21	18	15	13	17	18	435	62
10—11	44	49	50	47	38	49	21	24	17	19	17	18	23	21	437	62
11—12	15	16	19	20	15	17	11	8	9	2	5	8	5	3	153	22
1—2	35	41	18	29	26	35	21	23	21	25			16	23	313	52
2—3	36	48	37	36	33	41	24	26	20	23			24	26	374	62
3—4	39	45	39	48	35	39	26	29	19	25			26	31	401	67
4—5	31	28	28	37	9	16	18	11	15	16			23	22	254	42
7—8	65	61	40	48	52	46	49	54	34	29					478	96
8—9	57	63	29	32	48	40	41	38	19	15					382	76
9—10	7	13	14	9	14	9	9	4	7	3					89	18
本日合计	376	415	348	382	334	366	251	260	194	186	51	54	143	154	3514	592
每时平均	34	38	32	35	30	33	23	24	18	17	13	14	18	19	53	

A 阅览室　　B 杂志室

（《暨南校刊》1930 年第 37—40 期）

洪年图书馆图书借阅次数统计表

（十九年一月七日至一月十三日）

星期	一			二			三			四			五			六			日			本周合计	每日平均	百分比
性质	借出	取阅	合计	借出	取阅	合计	借出	取阅	合计	借出	取阅	合计	借出	取阅	合计	借出	取阅	合计	借出	取阅	合计	借出取阅	借出取阅	
科别	共计	共计		共计	共计		共计	共计		共计	共计		共计	共计		共计	共计		共计	共计		合计	合计	
中国文学系	4	2		5	11		3	9		2	8			7			11			7		69	10	8.5
英国文学系	2			1			2				2			3								10	1	0.9
数学系	3			2			3				3			2								13	2	1.7
教育系	5	7		4	8		5	12		4	9			18			5			4		81	12	10.3
政治系	11	6		13	5		10	7		3	8			21			7			6		97	14	12.0
法律系	2			2			3	3		1	2			4			1			3		21	3	2.6
商学院	13	12		12	15		12	8		5	7			19			9			11		123	18	15.4
大学预科																								
高中部	17	13		15	14		21	14		8	18			26			15			14		175	25	23.0
初中部	14	12		22	12		17	15		5	15			14			14			10		150	21	18.0
教职员	3			4			5				3			2						2		19	3	2.6
历史系	4	2		3	2		2	1		1	4			3			2			5		29	4	3.4
生物系	2	1		1	1		2	2			3			2			2			3		19	3	2.6
总计	80	55		84	68		85	71		29	82			121			66			65		806	116	100.0

（《暨南校刊》1930年第37—40期）

洪年图书馆阅览人数统计表

（十九年一月七日至一月十三日）

时间＼星期		一	二	三	四	五	六	日	本周合计	每日平均
上午	阅览室	59	92	151	97	160	90	112	761	109
上午	杂志室	57	116	169	103	172	113	140	870	124
上午	共　计	116	208	320	200	332	203	252	1631	233
下午	阅览室	120	109	155	136	187		176	883	147
下午	杂志室	134	160	150	163	213		200	1020	170
下午	共　计	254	269	305	299	400		376	1903	317
晚间	阅览室	60	57	75	71	88		75	426	71
晚间	杂志室	61	63	73	77	85		96	455	76
晚间	共　计	121	120	148	148	173		171	881	147
总　计		491	597	773	647	905	203	799	4415	

（《暨南校刊》1930 年第 37—40 期）

洪年图书馆阅览人数统计表

（十九年一月七日至一月十三日）

星期 时间	一		二		三		四		五		六		日		本周合计	每日平均
	A	B	A	B	A	B	A	B	A	B	A	B	A	B		
8—9			31	35	30	33	28	25	29	33	22	26	24	28	344	57
9—10	18	21	22	33	51	58	31	37	54	55	31	36	26	36	509	73
10—11	26	24	25	31	61	65	31	36	68	71	32	36	42	48	596	85
11—12	15	12	14	17	9	11	7	5	9	13	5	15	20	28	180	26
1—2	32	36	25	31	25	19	29	38	28	35			48	56	402	67
2—3	38	44	27	45	41	36	37	41	55	61			54	58	537	90
3—4	31	33	26	38	48	56	29	48	59	67			48	54	537	90
4—5	19	21	31	46	41	39	31	36	45	50			26	32	417	70
7—8	31	27	33	39	39	42	33	35	49	34			36	44	442	74
8—9	24	25	17	21	27	25	26	34	36	42			33	43	353	59
9—10	5	9	7	3	9	6	12	8	3	9			6	9	86	14
本日合计	239	252	258	339	381	390	294	343	435	470	90	113	363	436	4403	
每时平均	24	25	23	31	35	35	27	31	40	43	23	28	33	40	64	

A 阅览室　　　　B 杂志室

（《暨南校刊》1930 年第 37—40 期）

洪年图书馆星期报告

(一月十一日至十六日)

一、书报收入

中文书籍	一百三十八本
西文书籍	十四本
中文杂志	五十二本
西文杂志	十五本

二、借阅统计

来馆阅览本周共计	五零六五人
每日平均	七二三人
借出馆外	无

因放假伊迩,从十日起停止借书,只还不借。除一二学生因作报告未完,具函声明特准延期外,概须收还。

三、款项出入

支学校银行六百三十六元。

付定购西文杂志四十九种,五百元。别发行收条已有,外国各书店发票未来。

付装订费	一百一十六元
付现购书籍	十四元一角八分

付图书馆协会常会费五元。

四、馆务概况

收到已装订书籍　　一百七十二册

原书五百六十册

入箱卡片二百五十六张

付装订　　　　　　一千三百五十册　装成三百册

预计中文书目卡片总数,计分类卡五千余,字典式卡一万七千余,共二万余。为付印时估计印费,详另函各馆员认定,在寒假期内轮值,详另函存办公处。

五、馆员请假

宋荫奎　　请事假一星期,事务由宋荫瀛　金善培暂代

龙自强　　请事假两日

鲍益清　　请事假两日

张　凤　　因事未到馆一日

(《暨南校刊》1930 年第 41 期)

洪年图书馆新书目录

(民国十八年度下学期布告第一次
民国十九年二月廿五日)

(一)中文

书　码	著　者	书　名	册数	发行所

000　总记

000.4－806	仰光日报	仰光日报第八周年纪念特刊	1	缅甸仰光日报馆
014.2－805	北平图书馆	国立北平图书馆概况	1	北平北平图书馆
014.8－804	中山大学	国立中山大学图书馆概况	1	广州中大图书馆
019.16－805	北平图书馆	国立北平图书馆图书展览会陈列目录	1	北平北平图书馆
019.922－812	冯汉骥	湖北省立图书馆图书目录	1	武昌湖北省立图书馆
019.94－912	景堂图书馆	图书目录	2	新会景堂图书馆
019.98－808.9	万国鼎	金陵大学图书馆中文地理书目	1	南京金大图书馆
019.98－811	查　修	清华学校图书馆中文书籍目录	1	北京清华图书馆
032.9－151	李昉等	太平御览	24	歙鲍氏校宋板刻
042.4－820	觉民日报	觉民日报第十六周年纪念特刊	1	仰光觉民日报
082－598	赵学南	又满楼丛书	2	南京萃文书局
082.1－590	廖　平	六译馆丛书	16	四川存古局刊本

100　哲理科学

121.3107－271	胡怀琛	墨子学辨	1	上海中国学会

200 教育科学

202.223-1	浙江大学	浙江省教育统计图表	2	浙江大学
204-938	长谷川继太郎	本校教育要义	1	上海日本寻常高小校
204-938.3	长谷川继太郎	本校教育衍义	1	上海日本寻常高小校
228.2-908	金陵大学	同学录	1	南京金大
228.5-916	燕京大学	燕大年刊	1	北京燕大

300 社会科学

329.281-727	谢瀛洲	共产与民生	1	北平北大法学院
329.2811-804	中国国民党中宣部	总理关于国庆纪念的遗教	1	南京中央宣传部
329.282-804	中国国民党中宣部	十七年度部务一览	1	南京中央宣传部
329.289-375	孙 璞	总理奉移纪念册	1	迎榇办事处
329.289-912	劳动大学	总理奉安纪念册	1	上海劳大
331.2-803	上海市政府社会局	上海特别市工资指数之试编	1	上海社会局
352.5-803-1	上海特别市工务局	业务报告	1	上海工务局
369-864	中国建设会	中国建设协会成立纪念专刊	1	上海建设协会
376.71-248	周庆云	盐法通志	8	上海文明书局

400 艺术

428.1-164	吴 徵	吴待秋画稿	2	上海商务
428.1-21	王学浩	王椒畦先生诗画	1	上海商务

428.1－397	奚 冈	奚蒙泉诗书画册	1	上海商务
428.1－441	陈洪绶	陈老莲画册	1	上海商务
428.1－598	赵之谦	赵㧑叔梅石画法册	1	上海中华
428.3－151	李似山	李似山墨竹谱	1	上海中华
428.3－22	王 武	王忘庵花卉册	1	苏州振新
428.3－352	马元驭	马扶羲梅花册	1	上海中华
428.3－352.2	马元驭	马扶羲花鸟草虫册	1	上海文明
428.3－375	杨韫华	杨稚云墨梅册	1	上海中华
428.3－441	陈 淳	陈白阳花卉册	1	上海中华
428.3－442	陈继儒	陈眉公梅花诗画册	1	上海中华
428.3－476	恽 格	恽南田花卉册	1	上海文明
428.3－575	邹一桂	邹小山诗画册	1	上海中华
428.4－128	沈 焯	沈竹宾山水册	1	苏州振新
428.4－164	吴谷祥	吴秋农山水画册	1	苏州振新
428.4－412	郭忠恕	郭忠恕辋川图卷	1	上海商务
428.4－423	梅 清	梅瞿山画山水册	1	上海商务
428.4－423.6	梅 清	梅瞿山黄山图册	1	上海中华
428.4－434	陆廉夫	陆廉夫临恽南田山水册	1	苏州振新
428.4－491	黄 易	黄小松山水册	1	上海商务
428.4－509	华 喦	华新罗写景山水	1	上海文明
428.4－568	董其昌	董香光山水册	1	上海中华
428.4－749	戴 熙	戴醇士山水十二帧	1	上海商务
428.4－753	蓝 瑛	蓝田叔仿梅道人山水卷	1	上海商务

428.5－775	罗 聘	罗两峰画罗汉册	1	上海中华
428.9－661	郑 岳	郑曼青写生佳品	1	上海中华
429.4－151	李氏观槿斋	天籁阁旧藏宋人画册	1	上海商务
432.814	广仓学窘	广仓学窘艺术临时增刊	1	上海广仓学窘
432.3－434	陆增祥	八琼室金石补正	12	
448.5－393.8	徐悲鸿	悲鸿描集	1	上海中华
448.5－393.9	徐悲鸿	悲鸿绘集	1	上海中华

600 应用科学

610.6－864	中山大学第一医院	中山大学第一医院概况	1	广州中大医院
627－674	刘寰伟	水利刍言	1	上海中国科学社
634.9－803	上海社会局	植树式纪念刊	1	上海植树式筹备会

800 文学

821.151	李 绂	穆堂初稿	9	
822.1－335	席启寓	唐诗百名家全集	40	上海扫叶山房

900 历史地理

920－15－674	六十七	台湾府志	3	
920－17－1	孙灏等	河南通志	8	
920－17－101	张淑载	祥符县志	2	
920－17－105	周 玑	杞县志	3	
920－17－159	吴中奇	临颍县志	2	
920－17－2	阿思哈等	续河南通志	4	
920－17－139	吴文炘	原武县志	5	
920－17－243	仇汝瑚	孟县志	2	

920－17－327	郭光澍	卢氏县志	2
920－17－400	邱天英	汝阳县志	3
920－17－415	蒋光祖	邓州志	2
920－17－423	王德瑛	舞阳县志	1
920－17－447	谢聘等	固始县志	3
920－17－453	徐光第	淅川厅志	1
920－19－113	吴　云	焦山志	2
920－19－113.2	陈任旸	焦山续志	1
920－20－227	李德淦等	泾县志	4
920－22－117	饶安鼎等	福清县志	3
920－22－200	周　凯	厦门志	2
920－22－407	卢兴邦	尤溪县志	2
920－30－201	欧樾华等	曲江县志	2
920－30－221	凌锡华	广东连山县志	1
920－30－301	李书吉等	澄海县志	2
926－31	王鸿绪	明史稿	20

C　学校章程

C－0811	南京中华女中	一览	1
C－5424	广东省立二师	章程	1
C－6110－1927	闽北男女中学	章程	1

(《暨南校刊》1930 年第 45 期)

洪年图书馆星期报告

(十八年度下学期二月廿二日至廿八日)

一、书报收入(连寒假期内收到者在内)

中文书籍	一百〇五册
西文书籍	十四册
中文杂志	九十四册
西文杂志	三十七册

二、借阅统计(二月十九日至廿三日)

来馆阅览五日共计	四八一人
每日平均	九六人
借出馆外五日共计	三一八人
每日平均	六四人

注:借阅书籍与典藏职务因时间与手续关系每多繁琐,对于借出馆外尤难如期如数收回。于去年七月起,除直接函催派人领回外,另在去校教员发薪通知单内附催还书。今年对于教职员借书另用借书便册,但以历来积习一时未易更新,开学后发生因借书而口角者二事:

一、因催促而发生误会事;

二、因教员借书过限,去信催还未得覆信,继来馆借书又口头举告而致生气事。

三、款项出纳(连假期迄今)

新存 一百元,连旧存共一百九十四元

支 一百七十九元

付 现购图书及装订费共洋二百五十四元三角六分

注:旧有零星欠款,去岁杪由财务室直接付清者不办列

四、馆务进行

(一)一月十四日校长允捐薪水二万元作本馆基金;

(二)扩充书库预办建筑;

(三)养成典藏人员;

(四)编纂新书介绍,陆续发交校刊;

(五)装成书籍三百三十五册(原册一千五百十本);

(六)入库书籍四百十七册;

(七)编成中西卡目一千五百张。

五、馆员请假与出入

校长派吕家伟到馆办事。

呈请校长辞退凌启宇。

试用黄允熙为典藏股练习员。

龙自强请假两日。

(《暨南校刊》1930 年第 47 期)

洪年图书馆阅览人数统计表

（十九年二月十九日至二月廿三日）

时间＼星期		一	二	三	四	五	六	日	本周合计	每日平均
上午	阅览室			35	40	17	21	16	129	26
	杂志室			31	40	27	17	19	134	27
	共　计			66	80	44	38	35	263	53
下午	阅览室			13	14	27		9	63	16
	杂志室			25	50	39		18	132	33
	共　计			38	64	66		27	195	49
晚间	阅览室							10	10	10
	杂志室							13	13	13
	共　计							23	23	23
总　　计				104	144	110	38	85	481	

（《暨南校刊》1930 年第 47 期）

洪年图书馆各类图书借阅统计表

(十九年二月十九日至二月二十三日)

类别 \ 星期	一	二	三	四	五	六	日	本周合计	每日平均	百分比
普通类			20	17	21	5	7	70	14	15. 1
哲理科学			11	4	5	2	4	26	5	5. 4
教育科学			9	7	7	3	5	31	6	6. 4
社会科学			25	19	13	8	9	74	15	16. 2
艺　术			3	2	1			6	2	1. 1
自然科学			18	11	7	2	1	39	8	8. 6
应用科学			20	13	8	2	2	45	9	9. 7
语　言				3	5			8	4	2. 1
文　学			48	32	43	9	13	145	29	31. 1
史　地			7	5	6	1		19	4	4. 3
总　计			161	113	116	32	41	463	93	100. 0

(《暨南校刊》1930 年第 47 期)

国立暨南大学洪年图书馆阅览人数统计表

(十九年二月十九日至二月二十三日)

时间	星期一	星期二	星期三		星期四		星期五		星期六		星期日		本周合计	每日平均
			A	B	A	B	A	B	A	B	A	B		
8—9			6	5	6	7	5	8	6	3	3	5	54	11
9—10			12	9	15	14	7	7	7	6	5	6	88	18
10—11			14	15	13	14	4	9	6	6	5	6	92	18
11—12			3	2	6	5	1	3	2	2	3	2	29	6
1—2			3	6	1	10	8	10			1	3	42	11
2—3			5	8	3	13	11	13			4	8	65	16
3—4			2	6	7	15	5	10			2	5	52	13
4—5			3	5	3	12	3	6			2	2	36	9
7—8											3	6	9	9
8—9											4	4	8	8
9—10											3	3	6	6
本日合计			48	56	54	90	44	66	21	17	35	50	481	125
每时平均			6	7	7	11	6	8	5	4	3	5	12	

A 阅览室　　B 杂志室

(《暨南校刊》1930 年第 47 期)

洪年图书馆图书借阅次数统计表

（十九年二月十九日至二月廿三日）

星　期	三			四			五			六			日			本周合计	每日平均	百分比
性　质	借出	取阅	合计	借出	取阅	合计	借出	取阅	合计	借出	取阅	合计	借出	取阅	合计	借出取阅	借出取阅	
科　别	共计	共计		共计	共计		共计	共计		共计	共计		共计	共计		合计	合计	
中国文学系	4	3	7	3	4	7	2	2	4		3	3	1	3	4	25	5	5, 4
英国文学系	1	2	3	2		2	2		2							7	2	1. 1
数　学　系	2		2	2		2	3	2	5							9	3	2. 1
教　育　系	8	4	12	7	4	11	9	5	14	2	5	7	4	2	6	50	10	10. 8
政　治　系	9	3	12	4	5	9	6	6	12	2		2	3	3	6	41	8	8. 5
法　律　系	3	2	5	1		1	1		1							7	2	2. 1
商　学　院	12	5	17	8	4	12	12	3	15	2	3	5	4	2	6	55	11	12. 0
高　中　部	27	11	38	13	7	20	15	5	20	2	4	6	6	5	11	95	19	20. 5
初　中　部	22	8	30	11	6	17	12	4	16		2	2	3	3	6	71	14	15. 1
教　职　员	27	3	30	25	3	28	23	2	25	7		7				90	23	19. 1
历史社会学系	2	1	3	2	2	4	1		1				1		1	9	2	2. 1
生物学系		2	2					1	1						1	4	1	1. 1
														1				
总　　计	117	44	161	78	35	113	86	30	116	15	17	32	22	19	41	463	100	100. 0

（《暨南校刊》1930年第47期）

洪年图书馆一二月份书籍登记报告表

科 别	书类	册数	实价	
赠送书籍	西文	31		
赠送书籍	中文	249		
初中部	中文	7	4	20
高中部	西文	1		72
中文学系	中文	60	40	□□
商学院	西文	3	16	98
商学院	中文	1	1	35
本 馆	中文	43	14	10
本 馆	西文	1	1	75
数理学系	中文	1		65
教育学系	中文	1	1	73
英文学系	西文	2	10	74
政治学系	中文	1	2	38
共 计		401	94	60
十九年三月七日登录				

(《暨南校刊》1930年第52期)

洪年图书馆星期报告

(三月十五日至四月十一日)

一、书报收入

中文书籍	三十七册(赠送刊物尚未计入)
西文书籍	二十二册
中文杂志	一百六十五册
西文杂志	一百三十册

二、借阅统计 (三月十七日至三十日)

来馆阅览共计	三八〇一人
每日平均	二七一人
借出馆外共计	一二一二人
每日平均	八七人

三、款项出纳

旧管　存学校银行洋五元零六分

新收　三月念八日、四月八日共收财务室洋五百元

开支　装订费共计洋一百八十八元

购书费共计洋一百零八元八分

实存　余存银行

四、馆务状况

付装书籍	三百二十册装八十函

入库书籍	中文杂志　一〇三本
	西文杂志　四七本
	西文书　十三本
编成书卡	七百念余张
新书介绍	编成四则

五、馆员假期

张　凤	因公到南京十日　本月八日到
宋荫奎	病愈销假　九日到
龙自强	事假五日　十日到
周梅庵	事假五日　十日到
曹　裕	因出席全运大会假期十日
鲍益清	未告假　假期未计
金善培	辞职已准

（《暨南校刊》1930年第53期）

洪年图书馆阅览人数统计表

（十九年三月十七日至三月廿三日）

时间＼星期		一	二	三	四	五	六	日	本周合计	每日平均
上午	阅览室	21	37	31	37	39	32	45	242	35
	杂志室	35	48	39	38	43	50	62	315	45
	共计	56	85	70	75	82	82	107	557	80
下午	阅览室	32	23	44	39	40		44	222	37
	杂志室	45	37	49	48	56		53	288	48
	共计	77	60	93	87	96		97	510	85
晚间	阅览室	47	34	61	56	31		35	264	44
	杂志室	39	45	61	76	30		30	281	47
	共计	86	79	122	132	61		65	545	91
总计		219	224	285	294	239	82	269	1612	

（《暨南校刊》1930 年第 55 期）

洪年图书馆各类图书借阅统计表

（十九年三月十七日至三月廿三日）

星期 类别	一	二	三	四	五	六	日	本周合计	每日平均	百分比
普通类	23	16	20	29	15	5	14	122	17	13.9
哲理科学	14	7	15	18	9	3	5	71	10	8.2
教育科学	18	11	73	22	16	7	6	153	22	10.7
社会科学	21	17	18	27	22	8	11	124	18	14.7
艺术	4	2		3				9	1	8
自然科学	7	8	9	11	8	7	3	53	8	6.6
应用科学	12	9	10	17	13	4	5	70	10	8.2
语言	3	4	2	4	2		2	17	2	1.6
文学	42	31	45	51	42	30	21	262	37	31.2
史地	5	3	3	7	7	3	2	30	4	4.1
总计	149	108	195	189	134	67	69	911	130	100.0

（《暨南校刊》1930年第55期）

洪年图书馆阅览人数统计表

（十九年三月十七日至三月廿三日）

星期／时间	一		二		三		四		五		六		日		本周合计	每日平均
	A	B	A	B	A	B	A	B	A	B	A	B	A	B		
8—9			9	14	7	9	12	8	8	8	7	9	10	14	115	19
9—10	7	13	13	13	9	10	11	9	11	15	12	23	15	17	178	25
10—11	9	14	11	15	11	15	9	14	15	14	9	13	15	23	187	27
11—12	5	8	4	6	4	5	5	7	5	6	4	5	5	8	77	11
1—2	6	9	5	8	5	8	9	11	7	9			6	11	94	16
2—3	14	15	9	11	9	13	16	13	13	19			14	17	163	27
3—4	9	13	4	9	14	15	8	15	11	18			12	17	145	24
4—5	3	8	5	9	16	13	6	9	9	10			12	8	108	18
7—8	21	24	17	25	29	32	25	33	31	30			35	30	332	55
8—9	19	9	12	19	25	27	24	34							169	42
9—10	7	6	5	1	7	2	7	9							44	11
本日合计	100	119	94	130	136	149	132	162	110	129	32	50	124	145	1612	
每时平均	9	11	9	12	12	14	12	15	12	14	8	13	14	16	25	

A 阅览室　　　　B 杂志室

（《暨南校刊》1930 年第 55 期）

洪年图书馆图书借阅次数统计表

（十九年三月十七日至三月念三日）

时间 星期 科别 性质	一			二			三			四			五			六			日			本周合计	每日平均	百分比
	借出共计	取阅共计	合计	借出共计	取阅共计	合计	借出共计	取阅共计	合计	借出共计	取阅共计	合计	借出共计	取阅共计	合计	借出共计	取阅共计	合计	借出共计	取阅共计	合计	借出取阅合计	借出取阅合计	
中国文学系	4			4	4		3			7	4		5	2		4			□	3		4□	6	4.9
英国文学系	3	3		3	3		4	□		3	5		6	4		2			2			41	6	4.9
数学系	2			3	2		2	3		5												1□	2	1.6
教育系	13	5		12	7		15	8		21	8		10	5		5	4		10	6		1□2	19	15.6
政治系	15	7		13	4		12	5		18	12		13	7		6	3		5	3		123	17	13.8
法律系	4	4		3			5	2		4	3		2			2	1		3			34	5	4.1
商学院	17	11		5	3		18	4		21	7		15	10		5	4		4	7		131	19	15.6
高中部	16	5		9	7		16	6		20	6		15	8		11	6		7	6		138	20	16.4
初中部	17	4		11	5		17	4		19	5		14	6		3	3		5	3		116	17	13.9
教职员	9			5			6			8			9			8						45	6	4.9
历史系	6	2		4			2	2		5	2		3						2	1		29	4	3.3
生物系	1						1			2	1											5	1	0.8
总计	107	41	149	72	36	108	101	37	138	135	53	189	92	42	134	46	21	67	41	28	69	854	122	100

（原载《暨南校刊》1930年第37—40期）

洪年图书馆阅览人数统计表

（十九年三月廿四日至三月三十日）

时间＼星期		一	二	三	四	五	六	日	本周合计	每日平均
上午	阅览室	31	42	46	46	36	24	65	290	41
	杂志室	37	60	64	58	58	39	65	381	54
	共 计	68	102	110	104	94	63	130	671	95
下午	阅览室	48	52	99	49	58		47	353	54
	杂志室	51	59	97	59	41		36	343	57
	共 计	99	111	196	108	99		83	696	111
晚间	阅览室	52	68	68	68	73		64	393	66
	杂志室	74	92	61	96	85		51	459	77
	共 计	126	160	129	164	158		115	852	143
总 计		293	373	435	376	351	63	328	2219	

（《暨南校刊》1930 年第 56 期）

洪年图书馆各类图书借阅统计表

（十九年三月廿四日至十九年三月三十日）

类别＼星期	一	二	三	四	五	六	日	本周合计	每日平均	百分比
普通类	22	20	18	24	26	8	13	131	19	15.2
哲理科学	13	9	5	11	7	6	5	56	8	7.4
教育科学	18	22	21	17	15	11	8	112	16	12.8
社会科学		29	24	24	21	13	14	148	21	16.8
艺术	23	4	2	1	1		2	10	1	0.8
自然科学	9	12	10	14	13	9	5	72	10	8.0
应用科学	12	17	14	11	10	9	8	81	12	9.6
语言	3	3	3	2	4	2	3	19	3	2.4
文学	45	38	35	39	28	30	17	213	30	24.0
史地	5	7	8	4	3	3	4	33	5	4.0
总计	150	160	140	147	128	67	70	875	125	100.0

（《暨南校刊》1930年第56期）

洪年图书馆阅览人数统计表

（十九年三月廿四日至三月三十日）

星期 时间	一		二		三		四		五		六		日		本周合计	每日平均
	A	B	A	B	A	B	A	B	A	B	A	B	A	B		
8—9			9	12	14	19	15	17	9	18	4	3	22	17	159	27
9—10	1	13	14	18	17	23	12	16	11	20	9	12	20	18	214	31
10—11	13	15	13	17	13	15	14	18	11	17	7	15	17	25	210	30
11—12	7	9	6	13	2	7	5	7	5	3	4	9	6	5	88	13
1—2	6		11	15	16	21	11	8	9	11			10	9	134	22
2—3	15		16	16	18	24	13	15	19	13			13	8	186	31
3—4	16	19	15	17	10	27	16	19	20	12			14	15	209	35
4—5	11	9	10	11	16	25	9	17	10	5			10	4	137	26
7—8	24	36	32	38	34	29	34	42	38	41			32	27	407	68
8—9	23	31	31	43	26	20	25	31	19	26			25	19	329	55
9—10	5	7	5	11	8	12	9	23	6	18			7	5	116	19
本日合计	131	162	162	211	183	222	163	213	167	184	24	39	176	152	2189	
每时平均	12	15	15	19	17	20	15	19	15	17	6	10	16	14	32	

A 阅览室　　　B 杂志室

（《暨南校刊》1930 年第 56 期）

洪年图书馆图书借阅次数统计表

（十九年三月廿四日至三月三十日）

时间 星期 科别 性质	一			二			三			四			五			六			日			本周合计	每日平均	百分比
	借出共计	取阅共计	合计	借出共计	取阅共计	合计	借出共计	取阅共计	合计	借出共计	取阅共计	合计	借出共计	取阅共计	合计	借出共计	取阅共计	合计	借出共计	取阅共计	合计	借出取阅合计	借出取阅合计	
中国文学系	4			5	4	9	3	2	5	6	2	8	7	4	11	3	1	4	2	5	7	48	7	5.6
英国文学系	2	4	6	3	4	7	2	3	5	1	3	4	5	3	8	1	1	2	1	1	2	34	5	4.0
数学系				3		3	1	2	3	3		3		1	1	1		1	1	1	2	13	2	1.6
教育系	15	5	□	17	8	25	14	6	20	11	8	19	11	8	19	6	4	10	9	7	16	129	18	14
政经系	17	6	22	11	7	21	11	5	16	14	5	19	9	3	12	4	2	5	5	4	9	106	15	12.0
法律系	3	4	7	2		2	4		4	3		3	1		1	1	1	2	1		1	20	3	2.4
商学院	18	11	29	17	5	22	22	3	25	15	4	19	17	5	20	6	5	11	3	8	11	139	20	16.0
大学预科																								
高中部	16	7	32	21	8	29	19	6	25	24	□	30	10	6	21	13	5	18	6	8	14	162	23	18.4
初中部	15	5	20	18	6	24	13	4	17	18	6	24	11	4	15	2	4	6	8	6	14	120	17	13.6
教职员	13		13	11	1	12	14		14	9		9	11	1	12	10		10		1	1	71	10	8.0
历史系	4	1	5	3	1	4	4	1	5	4	1	5	3	1	4				1	1	2	25	4	3.2
生物系				2		2	1		1	2		2	1	1	2	1		1		1	1	9	1	0.8
总计	107	4	150	115	44	160	108	32	140	110	37	147	91	37	128	48	23	71	37	42	79	875	125	100.0

（原载《暨南校刊》1930年第56期）

洪年图书馆星期报告

（四月十二日至十八日）

一、书报收入

中文书籍	十册	中文杂志	五十五册
西文书籍	五册	西文杂志	四十二册

二、借阅统计（三月卅一日至四月六日）

来馆阅览共计	一〇七〇人
每日平均	一五四人
借出馆外共计	六〇〇人
每日平均	八六人

三、款项出纳

旧存	结存二百十一元五角
新收	无
开支	十三元六角
滚存	一百九十七元九角

四、馆务状况

装成书籍	一百七十三册
付装书籍	无
入库书籍	杂志三十二册
编成书卡	三百十余册

新书介绍　　　　　　　　付印五册

馆员职务更动

中西文编目不分股,主任由许克诚兼理;典藏股主任曹裕与登录股主任尹霭川对调。

抽派龙自强、尹霭川、汪善录三人轮流值夜。

五、馆员请假

鲍益清　　　　　　　　事假二日

(《暨南校刊》1930 年第 57 期)

洪年图书馆各类图书借阅统计表

(十九年三月卅一日至四月六日)

类别＼星期	一	二	三	四	五	六	日	本周合计	每日平均	百分比
普通类	21	26	19	13	71	15	9	120	17	12.7
哲理科学	11	13	15	8	6	7	4	64	9	6.7
教育科学	16	16	14	11	9	8	3	77	11	8.2
社会科学	23	27	22	15	19	12	11	129	18	13.4
艺术	7	2	1	1			1	6	1	7
自然科学	12	13	15	12	9	9	6	76	11	8.2
应用科学	18	26	23	13	20	15	8	123	18	13.7
语言	7	5	8	2	3	2	1	28	14	2.9
文学	51	58	52	22	38	23	15	259	37	27.6
史地	8	13	9	7	6	8	5	56	8	5.9
总计	168	199	178	104	127	99	63	938	134	100.0

(《暨南校刊》1930 年第 57 期)

洪年图书馆阅览人数统计表

（十九年三月卅一日至四月六日）

星期 时间	一		二		三		四		五		六		日		本周合计	每日平均
	A	B	A	B	A	B	A	B	A	B	A	B	A	B		
8—9			14	11	15	16	3	2	8	4	2	8	9	7	99	17
9—10	7	9	15	9	17	11	4	8	9	11	11	9	13	9	142	20
10—11	11	15	16	10	12	13	4	3	10	8	5	9	10	5	131	19
11—12	5	8	15	7	7	6	3	5	3	5	8	4	4	1	81	12
1—2	5	6	23	12	6	9	6	3	11	12			6	4	103	17
2—3	14	13	15	14	12	13	8	4	7	10			7	6	123	21
3—4	10	15	11	11	11	14	7	6	9	8			7	5	115	19
4—5	6	11	5	9	6	9	4	2	4	5			4	8	73	12
7—8	19	24	19	13	9	4									98	33
8—9	21	18	18	14	2	8									81	27
9—10	4	6	2	6	1	5									24	8
本日合计	113	125	153	116	98	108	39	33	61	63	26	30	60	45	1070	
每时平均	10	11	14	11	9	10	5	4	8	8	6	8	8	6	118	

A 阅览室　　B 杂志室

（《暨南校刊》1930 年第 57 期）

洪年图书馆图书借阅次数统计表

（十九年三月卅一日至四月六日）

时间科别 星期性质	一			二			三			四			五			六			日			本周合计	每日平均	百分比
	借出共计	取阅共计	合计	借出共计	取阅共计	合计	借出共计	取阅共计	合计	借出共计	取阅共计	合计	借出共计	取阅共计	合计	借出共计	取阅共计	合计	借出共计	取阅共计	合计	借出取阅合计	借出取阅合计	
中国文学系	3	4	7	5	4	9	7	5	12	3	2	5	4	2	6	2	5	7	2	1	3	49	7	5.8
英国文学系	2	2	4	3	2	5	4	1	5	2	1	3	3	2	5	4	1	5	2	3	5	32	5	3.7
数学系	1	4	5	2	1	3	3		3	2	1	3	3	2	5	1	3	4		1	1	24	3	2.2
教育系	13	3	16	21	9	30	18	4	22	13	4	17	10	5	15	9	3	12	4	3	7	119	17	12.7
政经系	15	8	23	11	6	17	15	3	18	7	5	12	11	7	18	5	5	10	5	2	7	105	15	11.2
法律系	2	3	5	4	1	5	2		2	3	1	4	1		1	2	1	3				20	3	2.2
商学院	21	13	34	18	9	27	23	16	39	13	6	19	9	6	15	8	7	15	4	8	12	160	23	17.2
大学预科																								
高中部	18	9	27	22	15	37	13	17	24	13	8	22	18	11	27	12	8	20	9	6	15	171	24	17.9
初中部	14	17	25	19	13	32	17	9	26	8	6	14	15	12	27	10	9	19	2	7	9	152	22	16.4
教职员	15		15	25	3	28	19		19	3		3	2	1	3					3	3	71	10	7.5
历史系	5	7	6	3	2	5	4	1	5	1		1		2	2		1	1				20	3	2.2
生物系	1		1	1		1	2	1	3	1	1	2	3		3	2	1	3		1	1	14		
总计	110	58	168	134	65	199	127	51	178	69	35	104	77	50	127	55	44	99	28	35	63	938	134	100

（原载《暨南校刊》1930年第57期）

洪年图书馆阅览人数统计表

（十九年三月卅一日至四月六日）

时间＼星期		一	二	三	四	五	六	日	本周合计	每日平均
上午	阅览室	23	60	51	14	30	26	36	240	34
	杂志室	32	37	46	18	28	30	22	213	30
	共　计	55	97	97	32	58	56	58	453	64
下午	阅览室	36	54	35	25	31		24	205	29
	杂志室	45	46	45	15	35		23	209	31
	共　计	81	100	80	40	66		57	414	60
晚间	阅览室	54	39	12					105	15
	杂志室	48	33	17					98	14
	共　计	102	72	29						29
总　　计		238	269	206	72	124	56	115	1070	154

（《暨南校刊》1930 年第 57 期）

洪年图书馆新书目录

(民国十九年度下学期布告第三次
民国十九年四月十八日)

书码	著者	书名	册数	发行处
		000 总记		
000.2-914-1929	缅甸华侨中学	第五届毕业纪念册	1	缅甸华侨中学
003.2-674	暨大南洋文化事业部	南洋荷属东印度之实业教育	2	暨大南洋文化事业部
010.92-242	金敏甫	中国现代图书馆概况	1	广州图协会
019.921-812	湖南省立中山图	图书分类目录十卷	2	湖南中山图书馆
042-912	劳动大学	劳大论丛	1	江湾劳动大学
042.4-811	绍兴民国日报	元旦特刊	1	绍兴民国日报
060.4-861	留德学会	年鉴(16年)	1	留德学会
		100 哲理科学		
109-441	陈筑山	哲学之故乡	1	上海中华
150-412-7	郭任远	心理学与遗传	1	上海商务
150-621	潘菽	心理学概论	1	上海北新
150.4-412	郭任远	郭任远心理学论丛	1	上海开明

152.2 -1 -118 -2	李浩吾译	青年期的心理与教育	1	上海世界
171 -650	蒋维乔	青年之人生观	1	上海商务

200 教育科学

200 -870	展社出版部	教育之理论与实施	1	展社出版部
228.6 -909	南大附中	民十七年之南大附中	1	广州岭南大学
228.7 -598	赵　琛	上海法科大学三周纪念特刊	1	上海法大
260.535	程其保	小学教育概论	1	上海商务
268.1 -580	盛振声	天才儿童教育实施计划	1	上海市立第一实小

300 社会科学

311.2 -2	丁同力译	失业统计法	1	上海商务
317.352 -164	国民党中执统计处	国民政府建都南京后各项革新与建设	2	南京国民党中执
325.5 -811	中国国民党中执宣部	收回租界运动	1	南京国民党中执
327.14 -811	中国国民党中执宣部	撤废领事裁判权运动	1	南京国民党中执
327.27 -803	工商部工商访问局	中东铁路问题	1	工商部工商访问局
327.27 -811	中国国民党中执宣部	中俄关于中东路之交涉史略	1	南京国民党中执宣部

327.66-935-2	新东北学会	节译田中内阁对满蒙积极政策奏章	1	新东北学会
329.281-811-2	淞沪警备司令部政治训练处	基本政治训练大纲	1	上海淞沪警备司令部
329.2811-437	国民党上海执行委员会训练部	民族主义提要	1	
329.2811-817	总理逝世五周年纪念会	总理演讲新编	1	
329.282-811	国民党中执宣部	中国国民党第二次全国代表大会宣言及决议案宣传大纲	1	南京国民党中执宣部
329.288-811	国民党中执宣部	党旗和国旗	1	南京国民党中执宣部
329.4-864	中国经济学社	经济建设	1	上海商务
334.92-428	张镜予	中国农村信用合作运动	1	上海商务
338.1-598	董时进	食料与人口	1	上海商务
341.71-164	吴颂皋	治外法权	1	上海商务
352.2-502.1	费绍宏	上海特别市政府会计规程释义	1	上海北新
352.37-135	汪翰章	法院编制法参考	1	上海暨大
370-156	杨荫溥	上海金融组织概要	1	上海商务

371－E26.2	耿爱德	中国货币论	1	上海商务
372－352	马寅初	中华银行论	1	上海商务
374－21	王效文	保险学	2	上海商务
392.14－15	方欣安	欧洲社会进化史讲义	2	上海暨大

500 自然科学

529.5-904-1930	中央研究院	天文年历	1	天文研究所
581.2－211	林乔年	植物病理学	2	上海暨大

600 应用科学

628.1－811	国都设计技术专员办事处	首都计划	1	
655.92－815	胶济铁路	胶济铁路接收七周纪要	1	
660.72－265	施伯珩	珠笔算合璧	1	上海商务
664.650	蒋裕泉	实用广告学	1	上海商务
668.7－803	工商部	中国输出贸易指数表	1	南京工商部
670.6－803－2	工商部中华国货展览会	纪念册	1	

700 语言学

721－428	张世禄	语音学	1	上海暨大
722－393	徐中舒	中国文字学	1	上海暨大
722.41－428	张世禄	古音学	1	上海暨大
722.43－441	陈 澧	切韵外篇考	1	上海暨大

800 文学

820.1－322	段凌辰	中国文学概论	1	瑞安集古斋书社
823.1－441	陈钟凡	散　文	1	上海暨大
829.6－21	王鞠侯	宁波谜语	1	民俗学会

900 历史地理

914.5－441	陈叔谅	近世欧洲革命	1	上海商务
917.1－228	孟　森	清朝前纪	1	上海商务
920.153－A11－2	孙健初译	北满矿产志	1	农矿部
920－19.101－3	国民党中执宣部	国都南京的认识	1	

C 学校章程

C－0302－1928	山西一中	十七年度一览	1	
C－0304.2－1930	山东高级中学	一览	1	
C－0713－1929	武汉大学	一览	1	
C－0934－1929	新会女中	学校概览	1	
C－2520－1930	清华大学	一览	1	
C－5500－3－1929	暨大文学院	课程指导书	1	
C－5500－4－1929	暨大商学院	课程指导书	1	

(《暨南校刊》1930 年第 57 期)

国立暨南大学经临收入明细表

年	月	科　　目	收　　入	合　　计
			十万千百十元角分厘	十万千百十元角分厘
		图　书　费		
16 年	9 月		1,490.000	
	10 月		140.000	
	11 月		40.000	
	12 月		26.000	
17 年	1 月		8.000	
	6 月		1,616.000	
	7 月		20.000	
	8 月		2.000	
	9 月		2,981.000	
	10 月		234.000	
	11 月		111.000	
	12 月		48.000	
18 年	1 月		45.000	
	2 月		27.000	
	4 月		2,952.000	
	5 月		63.000	
	6 月		105.000	9,938.000

[《暨南校刊》(财务特刊)1930 年第 59 期]

洪年图书馆阅览人数统计表

（十九年四月廿一日至四月廿七日）

时间＼星期	一		二		三		四		五		六		日		本周合计	每日平均
	A	B	A	B	A	B	A	B	A	B	A	B	A	B		
8—9			10	3	8	7	9	12	6	8	10	11	10	11	105	17
9—10	8	9	9	13	16	13	13	15	6	10	19	26	17	15	189	27
10—11	15	19	8	10	15	15	12	12	5	14	22	25	19	17	208	30
11—12	4	5	7	8	2	6	9	11	5	6	12	11	2	4	92	13
1—2	5	8	11	15	2	3	9	15	1	2			10	8	89	14
2—3	7	9	16	19	9	14	14	15	3	3			11	10	130	21
3—4	13	15	13	17	13	15	8	13	3	5			3	8	126	21
4—5	6	11	7	8	6	9	7	8	3	3			2	8	78	13
7—8	34	27	33	27	34	31							28	25	239	60
8—9	29	20	25	20	22	31							26	23	196	49
9—10	5	2	11	7	4	3									32	11
本日合计	126	125	150	147	131	147	81	101	32	51	63	73	128	129	1484	
每时平均	13	13	14	13	12	13	10	13	4	6	16	18	12	12	169	

A　阅览室　　B　杂志室

（《暨南校刊》1930 年第 60—61 期）

洪年图书馆阅览人数统计表

（十九年四月廿一日至四月廿七日）

时间＼星期		一	二	三	四	五	六	日	本周合计	每日平均
上午	阅览室	27	34	41	43	22	63	48	278	39
	杂志室	33	34	41	50	38	73	47	316	46
	共　计	60	68	82	93	60	136	95	594	85
下午	阅览室	31	47	30	38	10		26	172	25
	杂志室	43	59	41	51	13		34	241	25
	共　计	74	106	71	89	23		60	423	60
晚间	阅览室	68	69	60				54	251	36
	杂志室	49	54	65				48	216	31
	共　计	117	123	125				102	467	67
总　计		251	297	278	182	83	136	257	1484	212

（《暨南校刊》1930 年第 60—61 期）

洪年图书馆各类图书借阅统计表

（十九年四月廿一日至四月廿七日）

类别＼星期	一	二	三	四	五	六	日	本周合计	每日平均	百分比
普通类	15	29	14	11	21	13	9	112	16	12.8
哲理科学	4	13	8	6	7	8	5	51	7	5.2
教育科学	8	24	14	8	13	12	8	87	12	9.5
社会科学	18	29	19	14	19	19	15	133	19	15.1
艺术	5	1	1	0		2	0	9	1	0.8
自然科学	9	9	11	9	13	14	9	74	11	8.7
应用科学	16	27	17	13	18	19	13	123	18	14.2
语言	0	3	1	1	3	5	1	14	2	1.6
文学	38	51	41	31	38	29	20	248	35	27.8
史地	8	10	5	3	4	2	2	34	5	3.2
总计	121	196	131	96	136	123	82	885	126	100.0

（《暨南校刊》1930年第60—61期）

洪年图书馆图书借阅次数统计表

（十九年四月廿一日至四月廿七日）

科别＼时间＼性质＼星期	星期一								合计	星期二								合计	星期三								合计	星期四								合计
	借出				取阅					借出				取阅					借出				取阅					借出				取阅				
	上午	下午	晚	共计	上午	下午	晚	共计		上午	下午	晚	共计	上午	下午	晚	共计		上午	下午	晚	共计	上午	下午	晚	共计		上午	下午	晚	共计	上午	下午	晚	共计	
中国文学系				9				8	17				11				9	20				8				2	10				5				2	7
英国文学系				4				2	6				5				3	8				2				2	4				1				1	2
数学系				3				1	4				7				2	9				2				3	5				2				3	5
教育系				6				4	10				15				13	28				11				3	14				8				5	13
政治系				6				5	11				23				11	34				16				6	22				13				4	17
法律系				3				1	4				2					2				2				1	3								1	1
商学院				11				9	20				18				13	31				18				9	27				15				4	19
大学预科																																				
高中部				10				9	19				16				8	24				11				8	19				9				2	11
初中部				9				4	13				9				6	15				5				2	7				6				5	11
教职员				6				3	9				13				1	14				14					14				7				1	8
历史系				3				4	7				8				2	10				2				3	5				1				1	2
生物系								1	1				1					1				1					1									
总计				70				51	121				128				68	196				92				39	131				67				29	96

（续表）

星期 / 性质 / 时间 / 科别	星期五								合计	星期六								合计	星期日								合计	本周合计			每日平均			百分比
	借出				取阅					借出				取阅					借出				取阅					借出	取阅	合计	借出	取阅	合计	
	上午	下午	晚	共计	上午	下午	晚	共计		上午	下午	晚	共计	上午	下午	晚	共计		上午	下午	晚	共计	上午	下午	晚	共计								
中国文学系				8				1	9				7				2	9				11				3	14			85			12	9.3
英国文学系				3				2	5				1				5	6				3				1	4			35			5	4.0
数学系				1				4	5				5				6	11				4				2	6			45			9	7.0
教育系				12				7	19				13				4	17				9				1	10			112			16	12.4
政治系				16				1	17				12				2	14				11				3	14			129			18	14.0
法律系								1	1				2				2	4								1	1			16			2	1.6
商学院				14				8	22				9				10	19				5				5	10			148			21	16.3
大学预科																																		
高中部				12				4	16				6				7	13				8				6	14			116			17	13.2
初中部				8				9	17				5				8	13				4				2	6			82			12	9.3
教职员				15				2	17				9				1	10												72			10	7.8
历史系				3				4	7				2				4	6				2					2			39			6	4.7
生物系				1					1				1					1				1					1			6			1	0.8
总计				93				43	136				72				51	123				58				24	82			885			129	100.0

（《暨南校刊》1930年第60—61期）

洪年图书馆星期报告

（五月三日至九日）

一、书报收入

中文书籍	卅五册	西文书籍	二册
中文杂志	六十三册	西文杂志	三十五册

二、借阅统计（四月廿八日至五月四日）

来馆阅览共计	二〇〇二人	每日平均	二八六人
借出馆外共计	七七八人	每日平均	一一一人

三、款项出纳

旧管	一百零五元七角三分
新收	二百元
开支	七十三元四角四分
滚存	二百三十二元二角九分

四、馆务状况

付装书籍　无　　装成书籍　无

入库书籍　中文　六十八册；西文　二册

编成卡目　一千余张

新书介绍　二则　（一）安阳发掘报告　（二）石雅

总务股分立拟订办事细则

五、馆员请假

鲍益清　　事假二日　　　　曹　裕　　续假

(《暨南校刊》1930 年第 62 期)

洪年图书馆阅览人数统计表

（十九年四月廿八日至五月四日）

时间＼星期		一	二	三	四	五	六	日	本周合计	每日平均
上午	阅览室	17	31	55	67	58	39	39	306	44
	杂志室	22	38	40	71	83	47	39	349	46
	共　计	39	69	95	138	141	86	78	655	93
下午	阅览室	40	54	44	60	46		49	293	49
	杂志室	46	45	75	78	59		62	365	61
	共　计	86	99	119	138	105		111	658	110
晚间	阅览室	59		73	56	110		60	358	72
	杂志室	66		66	51	106		51	340	68
	共　计	125		139	107	216		111	698	140
总　计		250	168	353	383	462	86	300	2002	343

(《暨南校刊》1930 年第 62 期)

洪年图书馆各类图书借阅统计表

（十九年四月廿八日至五月四日）

类别＼星期	一	二	三	四	五	六	日	本周合计	每日平均	百分比
普通类	39	22	28	23	21	18	6	157	22	12.7
哲理科学	15	14	17	11	13	11	8	89	13	7.5
教育科学	24	17	19	16	17	12	15	120	17	9.8
社会科学	48	31	38	25	26	24	16	208	30	17.3
艺术	2		1	3	1		1	8	1	0.6
自然科学	16	17	26	14	13	12	11	109	14	8.1
应用科学	48	28	45	39	16	19	9	204	29	16.8
语言	2	1	3	1	4	1		12	2	1.2
文学	68	34	38	34	33	31	29	267	38	20.0
史地	8	1	9	5	7	1	3	34	5	2.9
总计	270	165	224	171	151	129	98	1208	173	100.0

（《暨南校刊》1930 年第 62 期）

洪年图书馆阅览人数统计表

（十九年四月廿八日至五月四日）

星期 / 时间	一		二		三		四		五		六		日		本周合计	每日平均
	A	B	A	B	A	B	A	B	A	B	A	B	A	B		
8—9			12	10	15	11	14	10	19	17	8	13	3	1	133	22
9—10	5	4	10	9	17	10	21	27	18	30	18	15	15	12	211	20
10—11	9	11	5	11	16	14	18	15	17	25	7	9	14	22	193	28
11—12	3	7	4	8	7	5	14	19	4	11	6	10	7	4	109	16
1—2	12	16	14	13	9	16	21	29	13	15			14	17	189	32
2—3	9	14	15	9	11	20	15	18	11	16			15	20	173	29
3—4	10	8	17	13	11	21	14	19	13	15			15	16	172	29
4—5	9	8	8	10	13	18	10	12	9	13			5	9	124	21
7—8	33	38			36	31	25	25	52	39			22	14	315	63
8—9	22	25			25	26	24	21	30	41			31	26	271	54
9—10	4	3			12	9	7	5	28	26			7	11	112	22
本日合计	116	134	85	83	172	181	183	200	214	248	39	47	148	152	2002	
每时平均	12	12	11	10	16	16	16	18	19	23	10	12	13	15	203	

A　阅览室　　B　杂志室

（《暨南校刊》1930 年第 62 期）

洪年图书馆图书借阅次数统计表

（十九年四月廿八日至五月四日）

科别	星期一 借出 上午	星期一 借出 下午	星期一 借出 晚	星期一 借出 共计	星期一 取阅 上午	星期一 取阅 下午	星期一 取阅 晚	星期一 取阅 共计	合计
中国文学系				7				5	12
英国文学系				4				4	8
数学系				5				4	9
教育系				15				19	34
政治系				17				8	25
法律系				3				3	6
商学院				36				18	54
大学预科									
高中部				42				15	57
初中部				24				9	33
教职员				11				3	14
历史系				8				3	11
生物系				5				2	7
总计				177				93	270

科别	星期二 借出 上午	星期二 借出 下午	星期二 借出 晚	星期二 借出 共计	星期二 取阅 上午	星期二 取阅 下午	星期二 取阅 晚	星期二 取阅 共计	合计
中国文学系				12				5	17
英国文学系				3				2	5
数学系				9				2	11
教育系				11				8	19
政治系				16				3	19
法律系				7					23
商学院				15				8	
大学预科									
高中部				28				6	34
初中部				8				5	13
教职员				6					6
历史系				5				2	7
生物系				3				1	4
总计				128				42	165

科别	星期三 借出 上午	星期三 借出 下午	星期三 借出 晚	星期三 借出 共计	星期三 取阅 上午	星期三 取阅 下午	星期三 取阅 晚	星期三 取阅 共计	合计
中国文学系				8				3	11
英国文学系				6				4	10
数学系				11				7	18
教育系				18				15	33
政治系				31				37	68
法律系				5					5
商学院				26				13	39
大学预科									
高中部				12				5	17
初中部				7				2	9
教职员				9					9
历史系				3					3
生物系				2					2
总计				138				86	224

科别	星期四 借出 上午	星期四 借出 下午	星期四 借出 晚	星期四 借出 共计	星期四 取阅 上午	星期四 取阅 下午	星期四 取阅 晚	星期四 取阅 共计	合计
中国文学系				8				3	11
英国文学系								2	2
数学系				5				3	8
教育系				21				6	27
政治系				9				10	19
法律系				6				1	7
商学院				23				15	38
大学预科									
高中部				18				8	26
初中部				13				2	15
教职员				11					11
历史系				5					5
生物系				2					2
总计				212				50	171

（续表）

星期 性质 时间 科别	星期五								合计	星期六								合计	星期日								合计	本周合计	每日平均	百分比
	借出				取阅					借出				取阅					借出				取阅					借出取阅合计	借出取阅合计	
	上午	下午	晚	共计	上午	下午	晚	共计		上午	下午	晚	共计	上午	下午	晚	共计		上午	下午	晚	共计	上午	下午	晚	共计				
中国文学系				3				7	10				4				2	6				3				6	9	76	11	6.4
英国文学系				3				3	6				1				1	2								2	2	35	5	2.9
数学系				2				1	3				2				2	4				1				1	2	55	8	4.6
教育系				7				11	18				15				8	23				11				9	20	174	25	14.5
政治系				11				13	24				21					21				15				9	24	200	29	16.8
法律系				3				1	4				1				6	7								1	1	37	5	2.9
商学院				15				11	26				18				8	26				9				3	12	218	31	17.9
大学预科																														
高中部				14				16	30				11				5	16				7				8	15	195	28	16.2
初中部				8				9	17				9				5	14				4				5	9	110	16	9.2
教职员				8				1	9				5					5										54	8	4.6
历史系				2				1	3				3				1	4				1				2	3	36	5	2.9
生物系								1	1				1					1				1					1	18	3	1.7
总计				76				75	151				91				38	129				52				46	89	1208	173	100.0

（《暨南校刊》1930年第62期）

洪年图书馆星期报告

（五月十七日至廿三日）

一、书报收入

中文书籍	十六册
西文书籍	无
中文杂志	卅二册
西文杂志	廿五册

二、借阅统计（五月十二日至十八日）

来馆阅览共计	二三六九人
每日平均	三七六人
借出馆外共计	五六八人
每日平均	八九人

三、款项出纳

旧管	八十元零三角四分
新收	无
开支	三十九元八角五分
滚存	四十元零四角九分

四、馆务状况

付装书籍	无
装成书籍	六十函

入库书籍	中文	二百五十八册
	西文	七册
编成卡目	中文	九百余张
	西文	三十余张

五、馆员请假

曹　裕　出席远东运动会续假

六、杂记

法人马古烈、教育部视察员丁肇青到馆参观,入库浏览,索出版物及西文书目等两份。

廿三日教育部视察员四人到馆参观,索各项规程表卡概况及西文书目共四份。

(《暨南校刊》1930 年第 65—66 期)

洪年图书馆阅览人数统计表

（十九年五月十二日至五月十八日）

星期 时间	一		二		三		四		五		六		日		本周合计	每日平均
	A	B	A	B	A	B	A	B	A	B	A	B	A	B		
8—9			11	9	16	18	9	12	12	14	14	16	10	11	152	25
9—10	8	9	14	13	18	21	26	28	17	19	22	28	17	15	255	36
10—11	16	19	9	12	15	13	18	23	20	26	18	9	12	20	230	33
11—12	5	4	8	9	10	5	9	13	5	3	9	8	10	17	115	16
1—2	12	15	9	11	9	12	6	8	6	11			10	9	118	20
2—3	13	19	18	19	8	15	9	13	11	15			12	15	167	28
3—4	11	13	15	18	6	11	14	15	13	19			13	16	164	27
4—5	5	8	14	13	3	5	11	13	6	5			5	8	96	16
7—8	43	52	36	45	35	32	35	32	37	46			37	34	464	77
8—9	35	50	29	36	32	30	36	38	34	32			35	41	428	71
9—10	20	35	11	8	18	7	18	19	20	11			7	6	180	30
本日合计	168	224	174	193	170	169	191	214	181	201	63	61	168	192	2369	
每时平均	28	37	25	28	24	24	27	31	26	29	16	15	24	27	361	

A　阅览室　　B　杂志室

（《暨南校刊》1930 年第 65—66 期）

洪年图书馆阅览人数统计表

（十九年五月十二日至五月十八日）

时间＼星期		一	二	三	四	五	六	日	本周合计	每日平均
上午	阅览室	29	42	59	62	54	63	49	358	51
	杂志室	32	43	57	76	62	61	63	394	56
	共计	61	85	116	138	116	124	112	752	107
下午	阅览室	41	56	26	40	36		40	239	40
	杂志室	55	61	43	49	50		48	306	51
	共计	96	117	69	89	86		88	545	91
晚间	阅览室	98	76	85	89	91		79	518	86
	杂志室	137	89	69	89	89		81	554	92
	共计	235	165	145	178	180		160	1072	178
总计		392	367	339	405	382	124	360	2369	376

（《暨南校刊》1930 年第 65—66 期）

洪年图书馆各类图书借阅统计表

（十九年五月十二日至五月十八日）

类别＼星期	一	二	三	四	五	六	日	本周合计	每日平均	百分比
普通类	10	5	15	18	15	8	1	72	10	7.5
哲理科学	6	10	7	10	12	3	7	55	8	6.0
教育科学	14	10	13	12	12	9	5	75	11	8.2
社会科学	25	15	37	46	43	12	13	191	27	20.3
艺术		2		3	4			9	1	0.8
自然科学	7	10	23	17	15	9	3	84	12	9.0
应用科学	18	7	22	10	11	4	3	75	11	8.2
语言	1		7	2	2	1		13	2	1.5
文学	68	43	59	21	50	34	26	301	43	32.3
史地	9	12	9	5	3	12	6	56	8	6.0
总计	158	114	192	144	167	92	64	931	133	100.0

（《暨南校刊》1930 年第 65—66 期）

洪年图书馆图书借阅次数统计表

（十九年五月十二日至五月十八日）

科别	星期一 借出 上午	星期一 借出 下午	星期一 借出 晚	星期一 借出 共计	星期一 取阅 上午	星期一 取阅 下午	星期一 取阅 晚	星期一 取阅 共计	星期一 合计	星期二 借出 上午	星期二 借出 下午	星期二 借出 晚	星期二 借出 共计	星期二 取阅 上午	星期二 取阅 下午	星期二 取阅 晚	星期二 取阅 共计	星期二 合计	星期三 借出 上午	星期三 借出 下午	星期三 借出 晚	星期三 借出 共计	星期三 取阅 上午	星期三 取阅 下午	星期三 取阅 晚	星期三 取阅 共计	星期三 合计	星期四 借出 上午	星期四 借出 下午	星期四 借出 晚	星期四 借出 共计	星期四 取阅 上午	星期四 取阅 下午	星期四 取阅 晚	星期四 取阅 共计	星期四 合计
中国文学系				6				4	10				7				3	10				13				14	27				6				4	10
英国文学系				10				5	15				2				2	4				13				8	21				6				3	9
数学系				3				1	4				3				1	4				4				2	6				6				6	12
教育系				8				9	17				13				9	22				15				11	26				13				9	22
政治系				19				8	27				5				3	8				19				18	37				7				8	15
法律系				8				1	9													3				1	4				2				1	3
商学院				11				12	23				11				8	19				9				8	17				6				9	15
大学预科																																				
高中部				13				8	21				14				8	22				16				9	25				13				11	24
初中部				12				5	17				8				4	12				10				7	17				9				6	15
教职员				9				1	10				10				2	12				7					7				5				1	6
历史系				2				1	3				1					1				3				2	5				6				4	10
生物系				2					2																						2				1	3
总计				103				55	158				74				40	114				112				80	192				81				63	144

（续表）

科别 \ 星期·性质·时间	星期五 借出 上午	星期五 借出 下午	星期五 借出 晚	星期五 借出 共计	星期五 取阅 上午	星期五 取阅 下午	星期五 取阅 晚	星期五 取阅 共计	合计	星期六 借出 上午	星期六 借出 下午	星期六 借出 晚	星期六 借出 共计	星期六 取阅 上午	星期六 取阅 下午	星期六 取阅 晚	星期六 取阅 共计	合计	星期日 借出 上午	星期日 借出 下午	星期日 借出 晚	星期日 借出 共计	星期日 取阅 上午	星期日 取阅 下午	星期日 取阅 晚	星期日 取阅 共计	合计	本周合计 借出	本周合计 取阅	本周合计 合计	每日平均 借出	每日平均 取阅	每日平均 合计	百分比
中国文学系				7				3	10				1				2	3				3				2	5			75			11	8.2
英国文学系				2				1	3								1	1				4				1	5			58			8	6.1
数学系				5				2	7				5				4	9				2				1	3			45			6	4.5
教育系				10				6	16				6				5	11				8				6	14			123			18	13.5
政治系				10				8	18				9				6	15				6				4	10			130			19	14.2
法律系				2				1	3				3				1	4				1					1			24			3	2.2
商学院				21				13	34				6				4	10				2				2	4			122			17	12.9
大学预科																																		
高中部				25				13	38				13				9	22				6				5	11			163			23	17.6
初中部				9				6	15				8				5	13				5				3	8			97			14	10.5
教职员				7				4	11				3				1	4												50			7	5.2
历史系				7				5	12													2				1	3			34			5	3.7
生物系																														5			1	0.8
总计				105				62	167				54				38	92				39				25	64			931			133	100.0

（《暨南校刊》1930 年第 65—66 期）